教师教育系列教材

学前特殊儿童教育
(第2版)

王　萍　主　编

张莉娜　苑海燕
赵　新　王紫东　副主编

清华大学出版社
北京

内 容 简 介

本书是一本学前特殊教育的书籍，具体阐述了学前特殊教育的理论基础和发展概况，并分别对视觉障碍、听觉障碍、语言障碍、智力超常与智力落后等特殊儿童的表现进行了分析与归因，同时也对学前特殊儿童的有效训练进行了阐述。本书既具知识深度，又有很强的实用性，内容通俗易懂。在每章内容之后有思考与练习，能让读者学以致用，从而进行创造性的学习。

本书适用于在读的本、专科学前教育专业学生阅读，也适用于幼儿园教师、家长阅读。

本书封面贴有清华大学出版社防伪标签，无标签者不得销售。
版权所有，侵权必究。举报：010-62782989，beiqinquan@tup.tsinghua.edu.cn。

图书在版编目(CIP)数据

学前特殊儿童教育/王萍主编. —2版. —北京：清华大学出版社，2023.9（2025.8 重印）
教师教育系列教材
ISBN 978-7-302-64617-4

Ⅰ.①学… Ⅱ.①王… Ⅲ.①学前儿童—儿童教育—特殊教育—师资培训—教材 Ⅳ.①G76

中国国家版本馆 CIP 数据核字(2023)第 168810 号

责任编辑：陈冬梅
封面设计：刘孝琼
责任校对：徐彩虹
责任印制：刘海龙

出版发行：清华大学出版社
网　　址：https://www.tup.com.cn, https://www.wqxuetang.com
地　　址：北京清华大学学研大厦 A 座　　邮　编：100084
社 总 机：010-83470000　　邮　购：010-62786544
投稿与读者服务：010-62776969, c-service@tup.tsinghua.edu.cn
质量反馈：010-62772015, zhiliang@tup.tsinghua.edu.cn
课件下载：https://www.tup.com.cn, 010-62791865

印 装 者：三河市龙大印装有限公司
经　　销：全国新华书店
开　　本：185mm×260mm　　印　张：14.75　　字　数：353 千字
版　　次：2019 年 2 月第 1 版　2023 年 10 月第 2 版　印　次：2025 年 8 月第 6 次印刷
定　　价：45.00 元

产品编号：097453-01

前　　言

习近平总书记在中国共产党第二十次全国代表大会上的报告中明确指出，要办好人民满意的教育，全面贯彻党的教育方针，落实立德树人根本任务，培养德智体美劳全面发展的社会主义建设者和接班人，加快建设高质量教育体系，发展素质教育，促进教育公平。本书在编写过程中深刻领会党对高校教育工作的指导意见，认真执行党对高校人才培养的具体要求。

随着中国特殊教育事业的发展，学前特殊儿童教育开始备受各界人士关注，人们逐渐认识到特殊儿童早期教育，或者说学前特殊儿童教育的重要性。据统计，世界上约有1.5亿名残障儿童，这些儿童在早期得到的关怀和教育对他们今后一生的发展都至关紧要。本书旨在为特殊儿童在0～6岁阶段的发展提供指导，能够帮助家长和幼儿工作人员了解学前特殊儿童的特征，走进学前特殊儿童的世界，用最简便实用的教育方法促进学前特殊儿童教育的发展。

儿童在生命最初的6年发展比其在任何时期发展得都要快。儿童是通过与他们能看见的周围的人和事物进行互动，来"自然地"学习移动身体、学习与人交流和了解世界。学前特殊儿童则需要通过外界的帮助来使他们探索和了解周围的世界，与外界互动。

本书共分10章内容，紧紧围绕特殊儿童"早发现、早诊断、早康复"的教育理念，以满足学前特殊儿童早期教育、康复需要为出发点，将基础理论与实践技能相结合，全面介绍学前特殊儿童的相关理论，各类特殊儿童的概念，导致障碍的原因、分类、心理和行为特征，诊断与鉴别，早期训练与指导及家庭康复等相关知识，早期训练的常用方法等。本书通过丰富的理论和相应的方法，能够有效帮助读者形成有关学前特殊儿童教育的基本认识。

本书可作为本科学前教育专业、高职高专院校特殊教育专业、特殊儿童康复专业的教材或参考书，也可作为学前教育专业学生的延伸阅读教材，以及特殊儿童早期康复机构工作人员、特殊儿童家长和相关工作人员的指导教材。

本书是在第一版的基础上，结合现代特殊儿童的认知特点，将部分内容进行缩减和扩充，使教材内容更符合当今学前教育课程的需要。

本书由王萍担任主编，张莉娜、苑海燕、赵新、王紫东任副主编。第一、七、九章由苑海燕编写，第三、六、八章由张莉娜编写，第二章由赵新编写，第四章由王紫东编写，第五、十章由王萍编写。

本书参考了大量的资料，在此对作者表示由衷的感谢。同时，也恳请各位读者对书中内容提出宝贵意见，以便我们及时改进。

编　者

目 录

第一章　学前特殊教育概述……………1

第一节　学前特殊教育的定义……………2
　　一、特殊儿童……………2
　　二、学前特殊教育……………3
第二节　学前特殊教育的产生与发展……………4
　　一、学前特殊教育的产生……………4
　　二、学前特殊教育的发展……………5
本章小结……………8
思考与练习……………9

第二章　学前特殊教育的理论基础……………10

第一节　学前特殊教育的生物学基础……………11
　　一、生物学的基本观点……………11
　　二、生物学在学前特殊教育中的应用……………12
第二节　学前特殊教育的心理学基础……………12
　　一、心理学的基本观点……………12
　　二、心理学在学前特殊教育中的应用……………14
第三节　学前特殊教育的发展生态学基础……………15
　　一、发展生态学的基本观点……………15
　　二、发展生态学在学前特殊教育中的应用……………17
第四节　学前特殊教育的教育学基础……………18
　　一、教育学的基本观点……………18
　　二、教育学观点在学前特殊教育中的应用……………19
本章小结……………20
思考与练习……………20

第三章　学前生理发展障碍儿童的教育……………21

第一节　学前视觉发展障碍儿童的教育……………22
　　一、学前视觉发展障碍儿童概述……………22
　　二、学前视觉障碍儿童的鉴定与评估……………23
　　三、学前儿童视觉障碍的成因……………25
　　四、学前视觉障碍儿童的心理特点……………29
　　五、学前视觉障碍儿童的教育干预……………41
第二节　学前听觉发展障碍儿童的教育……………47
　　一、听觉发展障碍概述……………47
　　二、听觉障碍的成因……………50
　　三、听觉障碍儿童的鉴定与评估……………52
　　四、听觉障碍儿童的心理特点……………54
　　五、听觉障碍儿童的教育干预……………61
本章小结……………64
思考与练习……………64

第四章　学前智力落后儿童的教育……………65

第一节　智力落后儿童教育概述……………66
　　一、智力落后的概念……………66
　　二、智力落后的分类……………67
　　三、智力落后的原因……………68
第二节　智力落后儿童的测查、鉴定方法……………68
　　一、智力落后儿童测查中的基本概念和知识……………68
　　二、智力落后儿童的测查……………69
　　三、智力落后儿童的鉴定……………71
第三节　智力落后儿童的早期训练与指导……………72
　　一、智力落后教育的教学原则……………72
　　二、学前智力落后儿童的教育和训练的计划与方法……………74
第四节　智力落后儿童的早期干预案例……………76
　　一、智力落后儿童的特点……………76
　　二、学前智力落后儿童教育的目标和干预的内容……………80
本章小结……………81

思考与练习 81

第五章　学前超常儿童的教育 82

第一节　超常儿童概述 83
　　一、超常儿童的概念 83
　　二、学前超常儿童的类型 84
　　三、超常儿童的身心发展特征 85
第二节　学前超常儿童的鉴别 87
　　一、学前超常儿童产生的原因 87
　　二、学前超常儿童的鉴别方法 87
第三节　学前超常儿童的教育 89
　　一、学前超常儿童的家庭教育 89
　　二、学前超常儿童的幼儿园教育 90
本章小结 92
思考与练习 92

第六章　学前语言发展障碍儿童的教育 93

第一节　学前儿童语言障碍概述 94
　　一、学前儿童语言障碍的定义 94
　　二、学前儿童语言障碍的出现率 95
　　三、学前儿童语言障碍的分类 95
　　四、学前儿童语言障碍的产生原因 .. 99
第二节　学前语言发展障碍儿童的鉴定与评估 101
　　一、语言障碍儿童的鉴定与评估的目的 101
　　二、鉴定与评估的过程 101
　　三、鉴定与评估的内容和方法 102
第三节　学前语言发展障碍儿童的早期训练与指导 107
　　一、构音障碍的早期训练与指导 ... 108
　　二、发音障碍的早期训练与指导 ... 111
　　三、流畅性障碍的早期训练与指导 114
　　四、语言发展障碍儿童的早期训练与指导 117
本章小结 123
思考与练习 123

第七章　学前情绪与行为问题儿童的教育 124

第一节　学前情绪与行为问题儿童概述 125
　　一、情绪与行为问题儿童概念的界定 125
　　二、情绪与行为问题儿童心理行为特征及表现 125
第二节　自闭症儿童的教育 127
　　一、自闭症的研究 127
　　二、自闭症的概念 128
　　三、早期自闭症的筛查与诊断 128
　　四、儿童自闭症的成因 129
　　五、自闭症儿童的表现 130
　　六、儿童自闭症的预防 131
　　七、自闭症儿童的治疗 132
第三节　多动症儿童的教育 136
　　一、导致儿童多动症的主要因素 ... 136
　　二、儿童多动症的表现特征 137
　　三、多动症儿童的鉴定和干预 139
本章小结 145
思考与练习 145

第八章　学前其他障碍类型儿童的教育 147

第一节　恐惧及焦虑障碍儿童的教育 .. 148
　　一、恐惧障碍儿童的教育 148
　　二、焦虑障碍儿童的教育 153
第二节　肢体与健康障碍儿童的教育 .. 157
　　一、肢体障碍儿童概述 158
　　二、健康障碍儿童概述 162
　　三、肢体与健康障碍儿童的早期治疗与教育干预 166
第三节　脑瘫儿童的教育 167
　　一、脑瘫儿童概述 167
　　二、脑瘫儿童的心理特点 168
　　三、脑瘫儿童的成因 170
　　四、脑瘫儿童的鉴定与评估 171
　　五、脑瘫儿童的早期干预 174

本章小结 177
思考与练习 178

第九章 特殊儿童早期训练与指导多元干预方法介绍......179

第一节 蒙台梭利教育法......180
　一、蒙台梭利特殊教育思想概述......181
　二、蒙台梭利特殊儿童教育的方法......183
第二节 奥尔夫音乐教育法......186
　一、奥尔夫音乐教育概述......186
　二、奥尔夫音乐教育在特殊儿童治疗中的应用......190
第三节 感觉统合训练......191
　一、感觉统合训练的领域......191
　二、感觉统合训练在特殊儿童群体中的应用......192
第四节 沙盘游戏......196
　一、沙盘游戏在特殊儿童早期训练中的操作过程......196
　二、沙盘游戏疗法应用于特殊儿童教育的特点......196
　三、沙盘游戏在语言障碍儿童干预中的应用......197
　四、沙盘游戏在自闭症儿童干预中的应用......198
　五、沙盘游戏在注意力缺陷多动障碍儿童中的干预应用......199
第五节 游戏疗法......201
　一、游戏治疗相关理论概述......201
　二、游戏疗法在特殊儿童早期训练与指导中的应用......202
本章小结......204
思考与练习......205

第十章 学前特殊教育相关法律法规......206

第一节 中华人民共和国成立前的特殊教育立法......207
　一、涉及特殊教育问题的教育法规......207
　二、对特殊教育的若干规定......208
第二节 中华人民共和国成立后的特殊教育立法......209
　一、中华人民共和国成立至20世纪70年代后期的特殊教育立法......209
　二、改革开放时期的特殊教育立法......210
第三节 有关特殊义务教育的若干法规内容......212
　一、关于发展特殊教育的基本方针......212
　二、关于特殊义务教育的发展指标......213
　三、关于特殊学校(班)的教学工作......214
　四、关于特殊学校的办学经费......215
　五、关于特殊教育教师的待遇......216
第四节 关于学前特殊教育的法律条例......216
　一、《残疾人教育条例》......216
　二、《残疾人教育条例》的修订......217
　三、修订后的《残疾人教育条例》之亮点......219
　四、第一期特殊教育提升计划......220
　五、第二期特殊教育提升计划......221
本章小结......223
思考与练习......224

参考文献......225

初期教育应是一种娱乐，这样才更容易发现一个人天生的爱好。

——古希腊哲学家 柏拉图

第一章 学前特殊教育概述

本章学习目标

- 掌握学前特殊教育的含义。
- 了解学前特殊教育的产生与发展。

核心概念

特殊儿童(spcial children) 学前特殊教育(preschool special education)

引导案例

我国学前特殊教育发展概况[①]

学前特殊教育是指对身心具有异常特征的学龄前儿童实施的教育和功能康复训练。发展心理学的研究成果表明，0~6岁是儿童身心发展的关键阶段，在这个阶段对儿童实施教育能够达到事半功倍的效果。我国学者从20世纪90年代便开始关注学前特殊教育问题。目前，在教育机会、教育条件等方面，学前特殊儿童均不能享受与正常儿童相同的待遇。

在关于学前特殊教育机会的调查中发现，一方面，我国多数普通学前教育机构缺乏接纳残疾儿童的条件；另一方面，专门为残疾儿童提供学前教育的机构严重匮乏。目前，我国特殊教育学校的数量严重不足，3~6岁残疾儿童的教育状况亟待改善。

从表面上看，我国并不缺乏特殊教育专任教师，不过，本文中的"特殊教育学校"主要是指"义务教育阶段特殊教育学校""特殊教育普通高中班"和"残疾人职业学校"，并不包含为残疾儿童提供普惠性学前教育的机构。因此，从统计数据中我们无法看出学前特殊教育机构的数量能否满足学前特殊儿童的需求。目前，我国已建立的学前特殊教育机构大多条件简陋、教学设施不齐备、专业教师匮乏，教育质量无法得到保证。

[①] 张婕. 我国学前特殊教育的现状和改进策略[J]. 新乡学院学报，2016(10).

案例分析

这个案例为我们描述了我国学前特殊教育的发展现状。从案例中能够看出，目前我国的学前特殊教育工作存在诸多问题，要解决这些问题，一方面，要从国家层面制定出针对学前特殊教育具有可操作性的法律法规，并给予资金支持；另一方面，应加大对学前特殊教育师资的培养力度，通过培养优秀师资队伍来提高学前特殊教育的总体质量。

学习指导

本章介绍了学前特殊教育的定义及其发展史，并全面探讨了全纳教育。在学习的过程中，首先要仔细阅读教材，理解特殊儿童的含义、分类与学前特殊教育的概念；其次通过查阅相关资料，加深对学前特殊教育产生与发展的了解；最后，通过阅读二维码文字内容，了解全纳教育的概念、发展历程与基本理念。

第一节　学前特殊教育的定义

学前特殊教育是一门研究儿童发展异常和教育干预的学科。目前，普遍认为早期的教育干预可以有效地帮助从出生到 6 岁年幼残疾或发展上有障碍的儿童及其家庭，目的是避免发展延迟、改善已有的缺陷和预防新增的缺陷。下面我们首先深入了解一下学前特殊教育的相关概念。

一、特殊儿童

究竟什么样的孩子可以被称为特殊儿童？特殊儿童是怎样被分类的？我们怎么对特殊儿童进行早期筛查呢？下面我们将对这三个问题进行阐述。

(一)特殊儿童的概念

毛连塭的《特殊儿童教学法》[1]认为，特殊儿童是指在生理上、心理上及智力上异于普通儿童，具有特殊教育需要的儿童。其特殊需要包括：特殊的教育场所、特殊的教育方法、受过特殊教育训练的教育者和特殊的教学手段等，因其在正常教育环境下无法发挥其最大潜能，必须借助特殊方法，才能使其得到最大的发展。

从上述概念可以看出，具有特殊教育需要的儿童即为特殊儿童，而具有特殊需要的0～6岁的儿童即为学前特殊儿童。

(二)特殊儿童的分类

特殊教育领域中的学者对特殊儿童提出了多种分类方式，不同的分类方式因其依据不

---

[1] 毛连塭. 特殊儿童教学法[M]. 台北：心理出版社，1999.

同，所划分出的种类及其数量也有所不同。众多学者主要从儿童发展的角度归纳出几个大的类别，如陈云英将特殊儿童划分为听觉障碍儿童、发展障碍儿童(主要指智力落后、学习障碍和自闭症儿童)、视觉障碍儿童、超常儿童；周兢将特殊儿童划分为认知发展障碍儿童、生理发展障碍儿童、语言发展障碍儿童、情绪和行为问题儿童、超常儿童等。

雷江华主编的《学前特殊儿童教育》[①]从特殊儿童作为自然人与社会人生存与发展的条件异常的角度出发，将其综合划分为以下四种类型：①生理发展障碍儿童的提出，即特殊儿童作为自然人在生存的生命活动和官能上发生了障碍，是指生物的生命活动和体内各器官的技能异于正常水平，主要包括听觉障碍、视觉障碍、肢体障碍和身体病弱儿童。②智力异常儿童主要包括智力正态分布两端的儿童，即智力超常儿童和智力落后儿童。智力超常儿童主要指智商超过130的儿童或在其他方面具有特殊才能的儿童。智力落后儿童主要指这些儿童个体在发育期内有显著低于平均水平的一般智力，从而导致其适应行为的缺陷，按智力落后的程度一般可划分为极重度、重度、中度和轻度四类。③语言发展障碍是指由于各种原因导致不能说话或语言障碍，不能与一般人进行正常的语言交流。语言发展障碍儿童是指在发展过程中，其语言理解或语言表达能力与同龄者比较而言，存在显著偏差或迟缓现象而沟通困难的儿童。它包括构音异常、流畅度异常、发音异常、语言发展异常等类别的儿童。④广泛性发育障碍是指一组发病于婴幼儿期的全面性精神发育障碍。其主要表现为人际交往和沟通模式异常，如言语和非言语交流障碍，兴趣与活动内容局限、刻板、重复等。这类儿童的各种功能和活动都具有广泛性质的异常特征。它主要包括儿童自闭症、多动症、Rett综合征、童年瓦解性精神障碍、Asperger综合征等。

(三)特殊儿童早期筛查

对特殊儿童的鉴定是指经过适当的检查、测验或其他方式，把特殊儿童与普通儿童区别出来，从而确定特殊儿童的特异性，通常称其为对特殊儿童的鉴别、诊断、评估、判定等。

确定一个儿童是不是特殊儿童、是哪一类特殊儿童、有什么特点等，是一件既严肃又复杂细致的工作。有一些儿童有明显的外表特征，可以用自测来判定，如面部有典型特征的唐氏儿童、先天无眼球致盲的视觉障碍儿童等都可以一眼看出，但要进一步了解其病因、身心发展特征及发展水平却不是一眼就能够看出来的。

二、学前特殊教育

在明确了特殊儿童概念的基础上，我们可以从了解特殊教育开始来探究学前特殊教育的概念。

(一)特殊教育

在《特殊教育辞典》[②]中，特殊教育是指使用一般的或经过特别设计的课程、教材、教法和教学组织形式及教学设备，对有特殊需要的儿童进行旨在达到一般和特殊培养目标的教育，它的目的和任务是最大限度地满足社会的要求和特殊儿童的教育需要，发展他们的

---

① 雷江华. 学前特殊儿童教育[M]. 武汉：华中师范大学出版社，2010.
② 朴永馨. 特殊教育辞典(第三版)[M]. 北京：华夏出版社，2014.

潜能，使他们增长知识、获得技能、完善人格，增强社会适应能力，成为对社会有用的人才。

(二)学前特殊教育

学前特殊教育即为满足 0～6 岁特殊儿童的发展需要而提供的特殊帮助和支持活动。

第二节 学前特殊教育的产生与发展

特殊教育和普通教育都是教育的组成部分。特殊教育相对于普通教育而言产生较晚，其始于 18 世纪末西方国家的宗教团体为盲聋儿童开办的教育机构，直到 20 世纪中期才获得快速发展。从 20 世纪中后期开始，特殊教育在社会经济快速发展和教育科学基础理论快速更新的背景下不断丰富并获得飞跃式发展。教育对象的年龄由最初的青少年阶段不断向两头拓展，向上拓展到高等教育，向下延伸到学前教育。由此，学前特殊教育应运而生，并越来越受到教育工作者和社会各界的重视。

一、学前特殊教育的产生

(一)产生背景

特殊教育的发展最初是围绕年龄较大的盲童和聋童展开的，我国在 1874 年开办了第一所特殊教育学校，随后在山东省、上海市、江苏省、广东省及湖北省等地相继开办的盲童学校、聋哑学校等都主要是针对小学及其以上年龄的儿童开办的。

20 世纪中后期，世界各国经济获得了较大发展，以美国为首的西方国家逐步认识到特殊儿童的教育重点放在青少年阶段将会错过较好的矫正与治疗的生理时机，应该及早发现特殊儿童在成为特殊儿童之前的特殊表现，并及早给予预防、教育、治疗和康复训练，以争取时间帮助特殊儿童克服或减轻残障所带来的不良后果，使其中一部分特殊儿童可以进入普通小学就读，从而尽可能促进特殊儿童向正常健康的方向发展，因而提倡对特殊儿童进行必要的早期教育和训练，并尝试在特殊学校开设学前班，在普通幼儿园增设特殊班或创设融合班，这就是我们现在所探讨的学前特殊教育。

同时，普通学前教育自 20 世纪 60 年代开始得到大力发展，积极改进了托儿所教育，广泛进行家庭辅导，普遍开展早期测验、诊断以及早期干预。这为一些普通幼儿园开设特殊班接收特殊儿童，或者在普通班中容纳特殊儿童以随园就读的方式实施学前特殊教育打下了良好的基础，这些办园方式和教学组织形式的尝试与探索进一步使学前特殊教育的需要得到满足。

(二)产生原因

学前特殊教育的产生主要源于学前特殊儿童的教育需求、教育科学的快速发展、经济社会与文化的发展等，具体内容如下。

1. 学前特殊儿童的成长需要是学前特殊教育产生的根本原因

在我们日常生活中常常会发现学前特殊儿童的身影，作为自然人的学前特殊儿童，天生就应具有生存的权利,任何人都不能因其身有残疾或障碍而剥夺其生存权利。而在人人平等的现代社会里,显然,作为社会成员的学前特殊儿童应享有与普通儿童同等的发展权利,即应该享有受教育的权利。因此,学前特殊儿童的自然成长及社会成长需要,以及社会发现并积极满足这种需要,是学前特殊教育产生的根本原因。

2. 学前科学研究快速发展是学前特殊教育产生的理论支撑

儿童的发展主要指的是身体发育和心理成熟两个方面。学前教育学和儿童心理学、生理解剖学、社会学等学科研究表明,学前期是儿童一生中身体发育和心理发展最迅速的一个时期。诸多研究表明,0~6岁的婴幼儿成长中存在着快速发展的关键时期(也叫作敏感期),如语言敏感期、秩序敏感期、动作敏感期、社会性发展敏感期等。在各个敏感期中,儿童可以轻松获取相关的能力,但一旦错过了这个敏感期,再想获得相同的发展,可能就需要付出较大的努力。"狼孩"回归人类社会之后,即使有专门的科学家团队对其进行教育,其语言能力、智力、社会性上的进步也是微乎其微的,主要原因是"狼孩"错过了成长为正常人的关键时期。学前特殊儿童的身心发展也具有这样的特点,只是其发展的速度和程度有所差异,如果尽早对其进行适当的教育和帮助,就可以减少其残障的症状和减轻其残障的程度,促使其更趋向正常水平发展。

3. 经济社会与文化发展是学前特殊教育产生与发展的动力和保证

教育作为上层建筑,其发展必然由经济基础决定。经济与文化的发展促进了特殊教育的产生,也为学前特殊儿童的父母提供了更多的工作机会,并有效提高了家庭承担特殊儿童受教育和治疗方面的支付能力。18世纪以来,全球的经济处于上升趋势中,尤其是进入20世纪以后,科学技术日新月异,经济飞速发展,社会主体人群的生存状态已经由满足生存的基本需要逐步提高到更高层次的精神需求,激发了人们对更高的文明程度的追求,并营造出一种积极的追求发展和进步的社会精神面,这在教育中表现得尤为突出。对学前特殊教育的需求也随之日益突出,并急需得到解决。

学前特殊教育的需求与供应之间的矛盾成为学前特殊教育的发展动力,并随着经济社会的发展而逐步得到解决。一些社会团体和慈善机构在满足自身运营的情况下拿出一部分资金来回报和帮助社会;教育主管部门在满足了普通教育发展要求的情况下拿出部分财力投入到特殊教育事业中来,并成立专门的特殊教育研究机构,开发并使用特殊教育课程教材,促使特殊教育系统性地发展起来,并带动了学前特殊教育的发展。

二、学前特殊教育的发展

(一)发展阶段

我国的学前特殊教育起步较晚,目前尚处于发展的进程中,依据与特殊教育的关联程度,可将其发展轨迹概括为三个阶段,即启蒙阶段、依附阶段和独立阶段。

1. 启蒙阶段

学前特殊教育的启蒙阶段主要表现为人们对残障幼儿的受教育问题的关注。其启蒙时间可视为与特殊教育的起始阶段一致,大约是18世纪末到19世纪初。这一阶段讨论的是年幼的特殊儿童需不需要接受教育？如果需要则应该接受什么内容的教育、由谁来教授、该采用何种方法来教育、在何处受教育等问题。此时还处于家庭教育范畴内，不过由漠然处之转变为在保障特殊儿童基本生存需要的同时并想办法给予积极治疗和训练。在启蒙阶段，学前特殊教育发展缓慢，主要表现为一些宗教团体和社会人士以收容和保护措施为主的教养形式，给予轻度残疾的特殊儿童一些基本的生存与交往的能力训练。

2. 依附阶段

随着特殊教育在义务教育阶段的尝试与发展，学前特殊教育开始受到重视，将其他年龄阶段所实施的特殊教育的方法搬用到低幼特殊儿童的教育上来，利用其他学段特殊教育的方法、课程、教师及场所等来实施特殊儿童的早期教育。

这个时期为19世纪中后期到20世纪中期，主要讨论的是能否提早发现特殊儿童的特殊状况并预防其程度加重、在何时给予帮助能取得较好的效果、有哪些方法能较好地治疗某种类型的特殊儿童、什么样的教育方法对于儿童最有帮助等问题。这个时期各类型特殊教育的研究与探索任务主要由医生和心理学家们承担，他们探索出了许多有益的训练治疗的方法，同时对产生残疾的原因也进行了积极研究。其中，意大利的女医学博士蒙台梭利对特殊儿童的教育作出了积极贡献。她撰写了《蒙台梭利教育法》，并设计出一套包括感觉、数学、语言、科学和日常生活在内的五大领域的教具。她的教具与教学方法被证实为对学前特殊儿童非常有效的教育方法。

3. 独立阶段

20世纪中后期至今，学前特殊教育进入了独立阶段，不过目前尚处于探索独立的早期阶段，还没有形成完整的科学体系。这主要是由于随着普通教育中学前教育的快速发展，学前特殊教育作为教育体系中的一个学科开始尝试独立和寻求自身的发展。高等师范院校的特殊教育、学前教育和心理学等专业的执教教师积极研究学前特殊儿童及其行为发展，编写学前特殊儿童教育方面的书籍；中高等师范院校尝试在特殊教育专业和学前教育专业中设置学前特殊教育课程，使这两个专业的师范生都能够了解学前特殊教育的基本理论和实施方法，为其进入教育一线打下良好的基础；各类教育科研课题也拓展到学前特殊教育领域，一些教科研单位增设特殊教育专职研究人员；一些特殊儿童园创办起来，普通幼儿园采用随园就读的形式接纳各类特殊儿童入园接受早期教育；一些社会团体和医疗机构捐资兴建康复中心；同时一些社会机构开办的育婴师和心理指导师培训吸引了一批幼儿教师，这些都预示着学前特殊教育正在科学独立的道路上前进。

由于学前特殊儿童在社会中处于弱势，社会的重视程度有待进一步增强，真正适合学前特殊儿童的课程、教材和教学方法还有待于进一步研究开发，社会还应加大对学前特殊教育的投入，建设专业的学前特殊教育工作者队伍，扩大学前特殊教育的机构规模等。这些问题没有解决，只能表明学前特殊教育尚处于独立的早期阶段，这些问题的解决和新的问题的产生，将引领学前特殊教育向独立的、系统化和体系化的方向发展，其发展的独立性越强，表明其发展的程度越高。

(二)我国学前特殊教育发展的趋势

我国学前特殊教育自20世纪80年代以来获得较明显的进步，主要表现在以下几个方面。

1. 学前特殊教育与学前普通教育逐步融合

学前特殊教育与学前普通教育是隔离开的，实行的是隔离式的特殊教育。其场所主要不是在教育场所，而是在非教育的医疗机构、社会福利机构和家庭范围内。随着特殊教育受重视程度的提高以及办学规模的扩大，学前特殊教育呈现出与学前普通教育融合发展的趋势，这不仅表现为普通教育中开设特殊教育班、在普通幼儿园开设特殊儿童班等教育空间的拓展，而且体现在教学方法的融合运用、综合型教师的出现和队伍的扩大、教育理念的融合发展方面等。

2. 学前特殊教育的理论研究与实践逐步走向专业化

学前特殊教育的理论研究与实践专业化，一方面，表现在各层面师范院校的学前教育专业中开设独立的学前特殊教育课程，不再只作为普通教育学中的附带介绍性的章节出现，而是为培养专业的学前特殊教育教师队伍做准备；另一方面，专业化的发展还表现在学前特殊教育场所的布置与设计上，学前特殊儿童的特殊需要都可借助教育场地的合理布局而得到满足。不仅从教学需要的角度出发来布置场地，还考虑到儿童的特点，从心理学和美学的角度来设计适宜的教育情境；而且一些有条件的幼儿园和学前班已经充分利用科学技术的先进成果，分类设立专门活动室，如音乐教室、语音多媒体活动室、计算机室、手工教室等，都配备了专门的设备和仪器，这些活动手段的应用使教育场景中的矫治活动更科学、更专业。

3. 学前特殊教育对象由明显的残疾儿童逐步包含了不明显的障碍儿童

最初开办的盲童学校、聋哑学校等特殊教育学校和普通学校中的特殊教育班都是招收明显有障碍且程度较重的儿童。随着研究的深入，人们发现有些儿童存在不易发现的障碍，这些隐形障碍对儿童的发展极其重要，如果不及早采取教育和治疗措施，可能难以补救。现在人们越来越关注障碍型的特殊儿童。障碍的类型主要有精神障碍、行为障碍、交往障碍、学习障碍、人格障碍等。学前年龄的儿童因其年幼，活动范围不大，表现出的障碍不是特别明显，主要是交往障碍、学习障碍。例如，学习障碍儿童的特殊需要主要在学习场景中，不经过考评很难检测出来；还有一些儿童存在注意力不集中或过度恐惧等心理障碍。这些虽然都不易被发觉，但越来越受到重视，一些必要的检测手段和测量表也开始扩大适用范围，以便尽早发现并采取措施。

(三)我国学前特殊教育存在的问题

我国学前特殊教育在发展的进程中受多种因素影响，仍然表现出需要改进和完善的地方，其主要存在以下问题。

(1) 社会的重视程度不够。大多数国人对特殊儿童的认识存在偏差，认为特殊儿童很难教育。特殊儿童经常在社会中受到歧视和排挤，在受教育的机会上也极易遭受到不平等待遇，如有些学校会拒绝招收可以进入普通学校就读的特殊儿童。

(2) 相关法律法规不健全。我国没有专门系统地针对学前特殊教育的法律，有些零星的条款只是部分涉及特殊教育，存在结构层次不完整、法律效力低、立法科学性差等缺憾。

而特殊教育立法是特殊教育发展的强大助推剂，因此我国政府把特殊儿童教育置于整个教育事业发展的优先地位，努力推进、完善我国特殊教育的法制化进程。

（3）家长观念陈旧，缺乏科学的知识。家里有特殊儿童的父母，心情是很复杂的，其中包括罪恶感、焦虑等，他们会感到悲痛、无措、绝望甚至可能是厌恶。而家长的这些不良情绪可能会使孩子产生继续行为障碍，并殃及孩子在其他领域的发展。

（4）学前特殊教育体制不完善。首先，资源配置不公平。我国对特殊教育的财政资助是直接拨款给公办教育机构，而不是拨给有特殊儿童的家庭。其次，管理混乱。学前特殊教育办学主体混乱，既有教育行政部门、民政部门、残疾人联合会、卫生医疗部门，还有企事业单位、社区和个人，多个办学主体造成管理上的混乱。

（5）特殊教育师资力量不足。由于我国特殊师范教育从开始到现在也才刚刚20年的时间，而且主要培训中小学特殊教师，几乎没有像培养学前普通教育的幼儿教师那样，培养专门的特殊教育的幼儿教师。目前，中高等师范院校中主要通过增设"学前特殊儿童教育"以及相关课程来达到培养特殊教育的幼儿教师的目的。从总体上说，现在特殊儿童教育师资规模和数量远远难以满足社会需求，亟待进一步加强师资队伍建设。

（6）教育机构规模不能满足实际需要。由于我国的人口基数很大，现有的学前教育机构远远容纳不下那么多的学前特殊儿童，而且因为教育经费的筹措及国家拨款相对不足，带来办学条件的改善有限，从而使每年扩大的学前特殊教育规模不能与每年诞生的学前特殊儿童比例相匹配，其主要表现为教育机构过少、部分特殊儿童不能入学等情况。

（7）其他问题。例如，没有正式而系统的学前特殊教育课程和教材；农村和城镇郊区的障碍儿童相对较少受到关注和重视，仍然以在家的自然养成为主，缺乏教育投入和教育机构；学前期这个阶段对残障儿童来说非常重要，当前的教育机构不能满足教育需求，而残疾儿童家庭中的家长又缺乏必要的特殊教育知识与护理方法；等等。

拓展阅读

拓展阅读内容见右侧二维码。

全纳教育.docx

本 章 小 结

特殊儿童教育是一门研究儿童发展异常和教育干预的学科，广义地理解，是指与正常儿童在各方面有显著差异的各类儿童；狭义地理解，专指残疾儿童，即身心发展上有各种缺陷的儿童。特殊教育领域中的学者对特殊儿童提出了多种分类方式，不同的分类方式因其依据不同，所划分出的种类及其数量也有所不同。

特殊教育的产生相对于普通教育而言较晚，其始于18世纪末西方国家的宗教团体为盲聋儿童开办的教育机构，直到20世纪中期才获得快速发展。从20世纪中后期开始，特殊教育在社会经济快速发展和教育科学基础理论快速更新的背景下，不断地丰富并获得飞跃式发展。

学前特殊教育即为满足0～6岁特殊儿童的发展需要而提供的特殊帮助和支持活动。

思考与练习

一、名词解释

特殊儿童　学前特殊教育

二、简答题

1. 什么是特殊儿童？怎样对特殊儿童进行诊断和分类？
2. 学前特殊教育的发展经历了哪几个阶段？

三、论述题

特殊儿童教育在我国发展趋势怎样？发展中存在的问题都有哪些？有何解决策略？

教育技巧的全部奥秘也就是在于如何看护儿童。

——苏霍姆林斯基

教育不能创造什么，但它能启发儿童创造力以从事于创造工作。

——陶行知

第二章　学前特殊教育的理论基础

本章学习目标

- 了解生物学以及心理学基础理论。
- 掌握发展生态学理论。
- 了解教育学理论基础。

核心概念

生物学理论(biological theory)　发展生态学理论(developmental ecological theory)　成熟势力说(theory of maturationpotency)

引导案例

清洗洋娃娃

一位某特殊学校的老师，针对特殊儿童的特点开展了清洗洋娃娃的亲子活动。活动名称《玩具脏了我来洗》，活动中，孩子听从老师的口令给娃娃洗脸，洗完脸后用毛巾擦拭。其后，老师要求孩子利用不同的清洗方法清洗洋娃娃。请问：这位老师的做法体现出学前特殊教育理论中的哪一理论观点呢？

(资料来源：本书作者整理编写)

案例分析

学前特殊教育在针对特殊儿童进行训练时，要重视发挥他们的主观能动性，可以通过改变特殊儿童在教育训练过程中的被动地位来达到早期干预的目的，活动本位模式正是在这种思想的主导下应运而生的。活动本位模式通过生态评量过程选取生活中的重要活动作为教学训练主题，横跨认知、情感、行为等不同的领域，实施综合教学，达到多层目标，如动作、沟通、社会、认知、自理。教育人员可以运用相关的活动来进行。案例中，教师通过清洗洋娃娃的亲子活动，来提高特殊儿童的沟通能力(幼儿说"我需要肥皂")、社会能力(不同的特殊儿童轮流使用毛巾)、自理能力(清洗自己的双手)、动作能力(拿到与抓住洋娃娃、肥皂等)、解决问题的能力(发现毛巾，利用不同的清洗方式来清洗洋娃娃)。

学习指导

学前特殊教育的实施需要建立在一定的理论基础上，正如建房需要打牢地基一样。学前特殊教育的发展需要明晰学前特殊教育的理论基石，以便为特殊儿童的教育训练提供实践依据，并提供可操作的早期干预模式。本章将以生物学理论、心理学理论、发展生态学理论以及教育学理论基础为出发点来展开描述。

第一节 学前特殊教育的生物学基础

一、生物学的基本观点

生物学是研究生物有机体并揭示其发育规律的科学。学前特殊教育的对象是0~6岁的具有特殊教育需要的儿童，就生物学的观点而言，特殊儿童的学习活动与个体大脑及神经系统发育水平以及健康状况密切相关，特殊儿童的身心发展在很大程度上要受到生物力量的影响。英国生物学家达尔文指出，物种的生存受到自然选择法则的制约，人类的生存与发展是自然选择的结果。此外，人种的发展与遗传及基因密切相连。基因不但会影响个体的生物构造，而且会影响个体的智力、人格与行为。基因的不同组合形成了不同的生物个体，因此世上没有具有相同基因特质的人。特殊儿童都是个别差异极大的独特个体，其早期干预方案的成效如何，要视神经系统被经验改变的能量而定。

1929年，美国著名儿童心理学家格塞尔进行了双生子爬梯实验。格塞尔选择同卵双生子T和C作为实验对象，他让T从出生后第48周起每日做10分钟的爬梯练习，连续训练6周。在此期间，C则不进行这种练习。C从第53周起开始做与T同样的训练，只训练了2周，C就赶上了T的水平。格塞尔的实验表明，遗传素质(特别是大脑神经系统)的成熟程度，由人的身心发展程度决定，遗传素质未成熟，企图通过"超前"的训练达到身心发展的某种水平，是徒劳无益的。比如，人的身体发展大致遵循从头部到下肢、从中心部位向全身边缘方向、从骨感到肌肉的发展顺序，而儿童思维的发展总是遵循从具体形象思维到抽象思维的发展顺序。

现代科学技术的发展，使人们对脑功能以及神经系统工作机制的探讨逐渐深入，越来越多的研究发现，特殊儿童与普通儿童的大脑皮层机制既具有共性又具有差异性。这些研究成果为特殊儿童的教育教学提供了生物学上的理论依据。生物学的基本观点是，特殊儿童的语言、情感、行为都是生理原因造成的，是器官异常的结果，神经组织、生物因素或基因因素的异常是残疾的主因，环境与特殊儿童自身影响发展结果的作用不大。

二、生物学在学前特殊教育中的应用

生物学观点强调生物因素对幼儿发展的决定作用，因此更多着力于医疗模式。对多数特殊儿童来说，医疗介入往往是最早使用的，其特色是有医师、职能治疗师、物理治疗师、护士等相关专业人员的参与。医学模式在发展过程中经历了从生物医学模式到社会心理医学模式，再到循证医学模式。郭虎等人于2006年结合循证医学、循证护理、临床路径，提出了循证路径医学模式(见图2-1)，并在临床中取得了较好的效果。循证医学是遵循证据进行医学实践的医学模式，目的在于根据科学研究、临床经验和病人个体的特殊性等相关证据进行临床决策。循证护理是以有价值的、可靠的研究为证据，提出护理问题，寻找包括适宜的研究证据、护士个人技能、病人的实际情况等方面的实证材料，对特殊儿童实施最佳护理。临床路径是由小组成员根据某种诊断、疾病或手术而制定的一种医疗护理模式，按照临床路径表的标准化流程接受医疗护理。该模式具有流程标准化、人员专业化、服务人性化、效益最大化等特点。

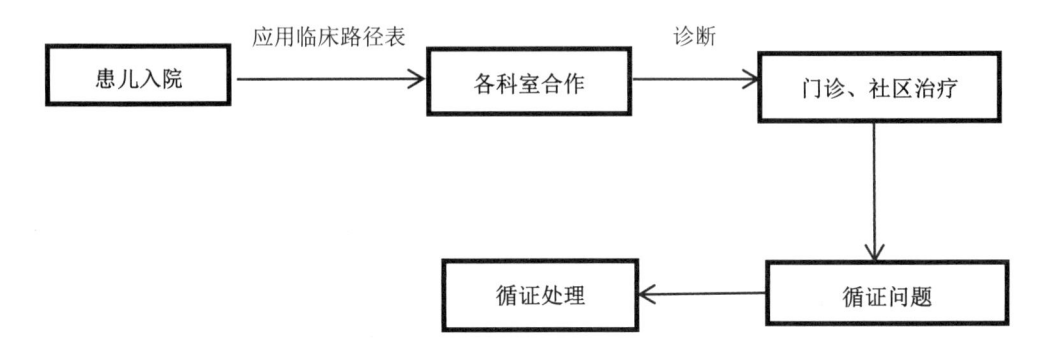

图 2-1 循证路径医学模式的框架及流程

以生物学为基础的医学模式主要在医院实施，重点是对特殊儿童的身体状况以及发展历程进行监控，有利于特殊儿童疾病、障碍的减轻。但纯粹的医学模式并不太适用于教育取向的早期干预计划，因为它可能导致家长形成"重医轻教"的观念，让家长长期停留在孩子的残障状况中不能自拔，从而贻误了特殊儿童在关键期语言、智力、情感等方面的发展。现代学前特殊教育领域更强调医教结合的早期干预模式，将医学团队与教育团队相结合，以便从生理与心理两个方面对特殊儿童进行早期干预，从而提高干预效果。

第二节 学前特殊教育的心理学基础

一、心理学的基本观点

尽管学前特殊教育是学前教育学与特殊教育学交叉形成的学科，但其与心理学，尤其是儿童发展心理学、教育心理学和变态心理学的关系十分密切。从心理学的角度看，采用心理学的方法来探讨学前特殊儿童的身心特征，根据学前特殊儿童的身心特点与发展水平来制订儿童的个性化教育计划，是学前特殊教育必须贯彻的重要原则。

心理学经过长期的研究产生了很多分支学科，如发展心理学、认知心理学、生理心理学、教育心理学、人格心理学等。心理学在长期的研究与发展过程中提出了很多理论，如行为学习理论、认知发展理论、人本理论、多元智能理论等。

(一)行为学习理论

行为学习理论将学习过程解释为条件作用，认为学习是个体处于某些条件限制(刺激环境)之下所产生的反应，因此个体学习到的行为可以解释为刺激与反应之间关系的联结，学习的过程是一种累积归纳(由特殊到一般)的过程。行为学习理论中具有代表性的理论有经典条件作用理论、操作条件作用理论、社会观察学习理论等。根据该理论的观点，特殊儿童的障碍通常表现为各种问题行为(行为不足、行为过度、行为不当)，教育工作人员可以通过对前因后果的控制，树立榜样行为，强化合适行为，削弱问题行为。因此，在特殊儿童的教学之初，行为分析是基础；教学过程中，行为观察与记录是重点；教学结果，以特殊儿童的行为改善程度作为衡量的尺度。

(二)认知发展理论

认知发展理论强调学习就是对事物的认识、辨别与理解，学习的重点在于形成认知结构，并在具体的学习情境中运用已有的认知结构去认识、辨别乃至理解各个刺激之间的关系，增加自己的经验，从而改变自己的认知结构。因此，学习是内发的演绎(由一般到特殊)的过程。认知发展理论中具有代表性的理论包括皮亚杰的认知发展阶段论、维果斯基的文化历史发展理论、布鲁纳的认知结构学习理论、奥苏贝尔的有意义学习理论、加涅的信息加工理论等。根据该理论的观点，特殊儿童的障碍出现在认知加工能力(特别是语言、思维等高级认知能力)缺陷上，而不是行为反应上。因此，教学的重点应增强特殊儿童的信息处理加工能力，改进其认知过程，完善其认知结构，从而提高教学训练的效果。

(三)人本理论

人本理论强调学习就是学习者以自我为中心，学习自己喜欢且觉得有意义的知识的过程。因此，学习不是教师设计的教学表演，而是学习者个人经验的积累；学习不是对某个内容的片面曲解，而是学习者自己人生成长的历程。人本理论中具有代表性的是马斯洛的需要层次理论、罗杰斯的学习者中心理论等。根据该理论的观点，特殊儿童的障碍是因为迷失了自我，不能依赖个人的经验来积累知识，发展技能，形成人格。因此，特殊教育教学的重点在于培养特殊儿童自主学习探索的能力。

(四)多元智能理论

美国心理学家加德纳在1983年提出多元智能理论。他认为每个人都具有逻辑数学智能、语言智能、音乐智能、身体运动智能、空间智能、人际关系智能、自我认知智能与自然视察智能八种智能。每个人的智能是其中多元智能的组合，但每个人所拥有的多种智能不尽相同，因此需要利用自身的智能优势，因势利导、扬长避短或扬长补短，发展成各具个性与特长的人。

二、心理学在学前特殊教育中的应用

(一)应用行为分析模式

应用行为分析模式(见图2-2)根据操作行为主义的原理与方法来改善特殊儿童的行为，按他们的学习与训练的目标，设计情境和选定可影响目标行为的增强物，并以他们自发的反应行为，建立新的适应行为，减退或改善因某种症状导致的不良行为。

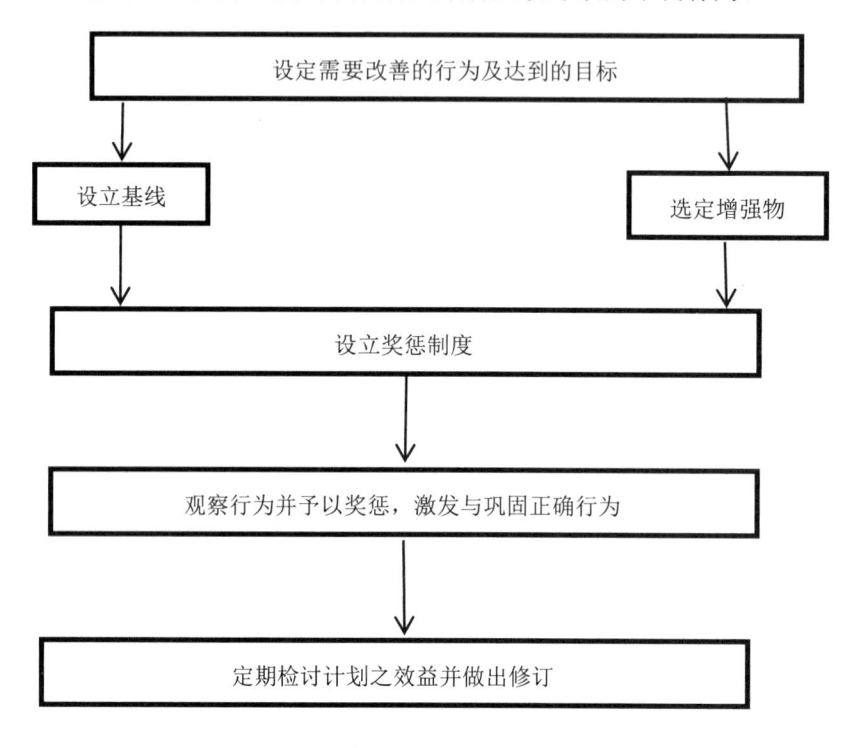

```
设定需要改善的行为及达到的目标
       ↓                    ↓
   设立基线            选定增强物
       ↓                    ↓
        设立奖惩制度
              ↓
   观察行为并予以奖惩，激发与巩固正确行为
              ↓
      定期检讨计划之效益并做出修订
```

图 2-2　应用行为分析模式流程图

(二)认知行为矫正模式

随着认知心理学的兴起，认知行为矫正技术得到了广泛的发展，并逐渐将视角从外部行为的矫正转向内部思想的改变。可见，认知行为矫正技术是根据认知过程影响情感和行为的理论假设，通过认知和行为技术来改变儿童的不良认知，强调纠正儿童的认知曲解，从而改变他们的行为，使他们保持良好的身心状态。具有代表性的认知行为矫正模式主要包括贝克的认知疗法、艾里斯的理性情绪疗法，以及梅肯鲍姆的自我指导训练法等。

贝克于1985年归纳了五种认知疗法的基本技术和手段：①识别自动化思维，即介于外部事件与个体对事件的不良情绪反应之间的那些思想，如一个儿童不能完成某项游戏任务，可能会认为自己很笨，同伴不愿意与他一起玩耍，于是变得灰心丧气。②识别认知错误，即改变自己头脑中固有的想法、观念、信念，如一个口头表达能力不好的儿童通常认为自己语言能力差，无法正常表达。③真实性检验，即教师、家长与儿童一起来设计严格的真实性检验，以驳斥其错误信念。④去中心化，即改变儿童认为自己是别人注意中心的想法。

⑤监测紧张或焦虑水平,即鼓励儿童对自己的焦虑水平进行自我监测,认识自己情绪波动的特点。

(三)合作学习模式

合作学习模式强调以学习者为中心,要求特殊儿童在一个由2~6名同伴组成的异质性小组中彼此互助,共同完成学习任务,并以小组的总体表现作为奖惩依据。合作学习的典型模式(见图2-3)包括师生互动模式与生生互动模式,前者包括一对多模式、一对一模式、多对一模式、多对多模式,后者包括星型模式、环型模式、网状模式、层级模式。

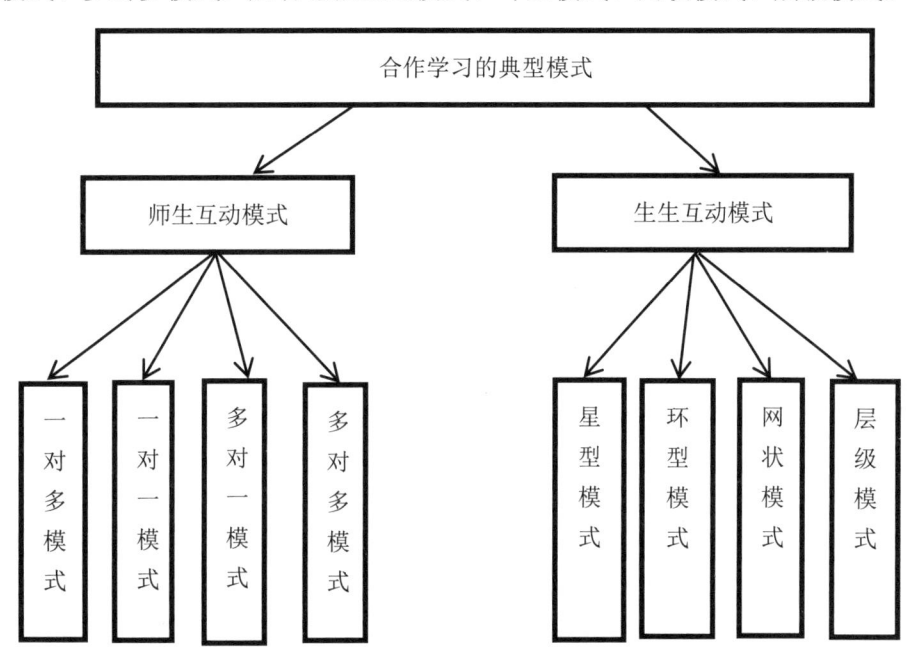

图2-3 合作学习的典型模式

(四)差异教学模式

差异教学模式强调立足于特殊儿童的个体差异与个性差异,满足他们各自的学习需要,促进其获得最佳发展。差异教学模式要求教师改变教学的进度、水平或类型,以适应学习者的需要、学习风格或兴趣。在差异教学课堂中,教师会根据学生的准备水平、学习兴趣和学习需要来主动设计和实施多种形式的教学内容、教学过程与教学成果。依赖个别化教育计划来实施的个别化教学就是差异教学模式的基本要求。

第三节 学前特殊教育的发展生态学基础

一、发展生态学的基本观点

发展生态学(developmental ecology)从宏观角度出发,探讨儿童身心发展的问题,明晰造成他们发展迟缓或障碍的相关因素,提出比较全面的早期干预思路。它强调在儿童发展的过程中，发展的环境与儿童的特质对发展的结果具有同样重要的作用。对于儿童发展问题的研究，不同的学科有不同的视角，社会学者认为社区与家庭结构问题是引发行为异常的原因，经济学者认为贫穷是儿童社会适应不良的根源，教育学者认为教育体制是导致儿童行为问题发生的原因，心理学者认为家庭成员的互动在左右儿童的发展。而发展生态学者认为儿童处在多元的生态环境中，影响其身心发展的因素必然是多方面的，而不是单一的，因此必须考虑上述各种因素对儿童身心发展的影响。

萨米诺夫(Sameroff)等人于2003年从发展生态学的观点出发，对影响儿童发展的因素进行了概括，主要观点如下所述。

(一)发展的复杂性

没有任何单一因素会伤害或促进儿童的发展，儿童的发展是多种因素作用的结果。弗斯特伯格(Furstenberg)等人于1999年探讨了家庭过程、父母特质、家庭结构、家庭对社区事务的处理、同伴、社区六个因素与青少年心理适应、自我能力、问题行为、活动参与、学业成就五项发展结果的关系，发现青少年发展的趋势随着危险因素的增加而下降，其中危险因素的增加对心理适应和学业成就影响最大。

(二)发展的关联性

儿童所处的环境危险因素越多，其发展的结果越差；反之，所处的环境越好，则其发展的结果越好。其中，萨米诺夫等人于1987年对美国罗切斯特地区4岁儿童的研究发现，十项环境因素(母亲心理疾病的长久性；母亲的焦虑；反映父母态度的刻板或弹性、信仰及母亲对其孩子的发展所持价值观的综合评量分数；在婴儿期母亲与孩子自发性积极地互动；家长的职业；母亲的受教育程度；弱势少数族群的身份；家人的支持程度；生活压力事件；家庭大小)与社会情绪、认知能力分数相关。例如，没有环境因素问题的儿童比具有八项或九项危险环境因素的儿童，智力分数高出30分以上。同样地，这些儿童在社会与情绪能力的发展上也显示出同样的趋势。

(三)发展的互动性

儿童身心发展是儿童与家庭、学校、社会环境持续相互作用的必然结果。儿童与外界互动过程导致发展问题如图2-4所示。从中可以发现儿童发展的结果，既不是他们的初始状态，也不是环境初始状态的作用，而是他们与环境经历交互作用的复杂结果。在该案例中，儿童出生的并发症可能使原本镇定的母亲变得有些焦虑。母亲在儿童出生头几个月的焦虑，可能导致她与孩子互动过程中充满了不确定性和不适当性。儿童对这种不调和现象的反应，可能在喂食与睡眠方面会发展出某些异样的形态，令人觉得性情异常。这可能减少母亲从孩子那里得到的天伦之乐，因而她逐渐倾向于花较少的时间和孩子相处。如果母亲不积极主动与儿童互动，特别是对孩子说话，那么儿童的语言可能无法正常发展，进而出现语言发展迟缓的现象。因此，了解儿童与环境之间的互动过程，有利于我们发现有问题的发展进程，从而采取有针对性的早期干预措施与教育训练方案。

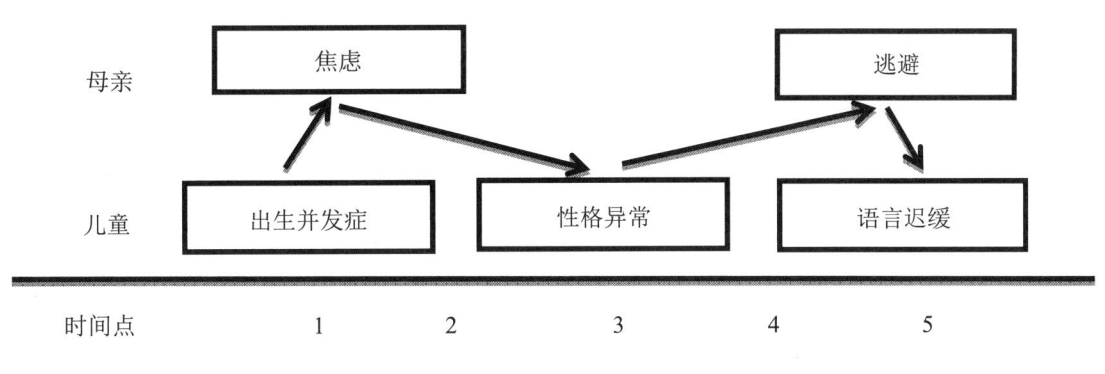

```
母亲        焦虑                      逃避

儿童    出生并发症    性格异常    语言迟缓

时间点    1      2      3      4      5
```

图 2-4　互动过程导致发展问题举例①

(四)发展的规约性

在生物学中,基因型是指一个生物体的遗传组成,通常指有关的一个或少数几个基因;而表现型则是指一个生物体的可观测性。发展生态学者借用生物学基因型的概念,用"环境型"来指称一种构造,这种社会构造在规约人类适应其社会的方式,正如基因型在规约每一个体的身体发展结果一样。这种环境型透过家庭与文化的社会化形态而运作,每一个体的环境型也正是规约其发展的根源。因此,了解影响儿童发展的规约体系,明确基因型、表现型、环境型三者之间的互动关系,对于早期干预具有重要的意义。其中,儿童发展的规约包括大规约、小规约、微规约三类。大规约是会长期持续,对儿童的经验会产生深具目的性的重大影响,如断乳、入学等,存在于文化法则中的典型规约形式。小规约是每天发生的重要照顾活动,包括衣食住行、常规训练等,存在于家庭法则中的典型规约形式。微规约几乎是瞬间自发的互动形态,如息事宁人、强制他人等的反应,存在于个人行为活动中。

二、发展生态学在学前特殊教育中的应用

发展生态学的观点预示着学前特殊教育需要关注儿童全部的发展环境,采取综合干预的策略,从根本上解决影响儿童身心发展的所有问题,而不是采取单一的干预措施。萨米诺夫等人于 2003 年从发展生态学的角度,提出了互动干预模式,应用于学前特殊教育实践。

互动干预模式包括治疗(remediation)、再界定(redefinition)与再教育(reeducation)三项干预策略。

(一)治疗

治疗重在改变儿童对父母的行为方式,即治疗的重点在改变儿童,而很少改变文化或家庭法则。例如,如果某儿童被认定其具有某种疾病,那么干预主要是针对疾病的矫治,通过改善儿童的身体状况,儿童将更有能力得到父母的照顾,并成为更具有互动特质的家庭成员。治疗工作通常由学前特殊教育专业人员在家庭系统外实施,目标在于改变儿童身上所鉴定出来的状况。一旦儿童的情况得到改善,干预工作就算完成。

---

① 何华国. 特殊儿童早期教育[M]. 台北:五南图书出版公司,2006.

(二)再界定

再界定重在改变父母诠释儿童的行为方式。父母与孩子的关系阻碍了孩子正常的成长与发展，需要对家庭法则(特别是典型的家庭法则)做出改变时可运用再界定，找出孩子正常发展的领域，以对应他们所注意到的把孩子视为异常的部分。例如，父母可能会因为孩子的问题或任性而不愿与孩子有积极的互动，但如果将视角转换到孩子其他更多可接受的特质，就会有助于促进亲子间积极的互动关系。再界定强调父母改变自身的信念与期望，来促进良好的亲子互动。因此，专业人员可以通过父母对家庭事件的陈述以掌握其对孩子的看法，从而改变其期望与看法，促进父母对孩子进行优质照顾。

(三)再教育

再教育重在改变父母对儿童行为的方式，即引导父母如何养育子女。例如，教导身体障碍儿童的父母的定位技巧有助于增强父母对孩子的照顾能力。该策略对缺乏运用文化法则的知识，以规约子女发展的父母特别有用。再教育不但可运用于家庭法则，特别适用在儿童不可改变的情况下改善的家庭法则，而且可适用于身处某些危险状况的家庭或个人，如环境不利、父母的特质(如未成年妈妈、酗酒父母)等。

总之，治疗、再界定、再教育三个干预策略的选择与运用，可通过互动诊断过程，找出儿童与环境互动过程中所出现的问题及其外界环境法则的制约情况，从而对症下药，提高干预的质量与效果。

第四节 学前特殊教育的教育学基础

一、教育学的基本观点

学前特殊教育是由教育学的两个子学科——学前教育学与特殊教育学交叉衍生而来的。学前特殊教育要达成培养儿童的目的，必须遵循教育学中提出的两大规律：教育必须遵循人的身心发展规律并为人的身心发展服务，教育必须遵循社会的发展规律并为社会发展服务。只有这样，学前特殊教育工作才能更好地为学前特殊儿童的发展服务。教育学在长期的研究与发展过程中提出了很多具有代表性的观点，如全面发展观、全程发展观、动态发展观、潜能发展观、主动发展观等。

(1) 全面发展观强调人的发展具有整体、协调和统一的性质，包括生理和心理的发展。根据全面发展观的要求，特殊儿童的发展不能顾此失彼，特别是在有针对性地对特殊儿童进行训练时，不能采取单一的干预内容与策略，而应该整合相关的干预项目，兼顾特殊儿童身体、认知、人格、情感等方面的整体发展。

(2) 全程发展观提出人的发展是整个生命里程持续不断的变化过程，这个过程是由多个发展阶段所组成，特别重视人生的开始阶段对人身心发展的基础性作用。根据全程发展观的要求，特殊儿童的发展不能被学前特殊教育人员所忽视，因为语言、智力等发展的关键期很多，在这一阶段，如果错过了关键期以后再进行补救，要么事倍功半，要么徒劳无功。因此，学前特殊儿童教育要重视儿童发展关键期的针对性训练，做到训练得当，使儿童健康成长。

(3) 动态发展观即提出人的发展是一个主体与客体不断相互作用的过程，是一个从量变到质变的过程，在发展的过程中可能会出现很多波动与不平衡。根据动态发展观的要求，特殊儿童的发展可能出现很多不可预期的情况，包括进步后的倒退、长期停滞不前等，这就要求学前特殊教育训练人员有耐心、恒心和信心，根据特殊儿童发展的情况，抓住重要的突破点，争取从某点突破来辐射其他方面的发展。

(4) 潜能发展观强调人的发展是不断发掘自身内在的未开发出来的综合能量的过程。世界上不存在没有潜能的人，只有潜能没有充分发展或发挥的人。根据潜能发展观的基本思想，特殊儿童也是具有潜能的人，只是他们的潜能没有被发掘而展现出来，学前特殊儿童教育的作用在于通过有效的训练措施与手段，发掘他们的潜能。

(5) 主动发展观强调人的发展受到遗传、环境、教育、人的主观能动性等多种因素的影响，在这些因素中，遗传是不可控的内因，环境是不可控的外因，教育是可控的外因，人的主观能动性是可控的内因。人要获得全面的发展，必须抓住可控的内因来促进自身的发展。因此，学前特殊教育要有效地培养和发掘人的主体性，并在训练与日常生活中使自己的主体性能得到有效的发挥。

二、教育学观点在学前特殊教育中的应用

教育学的五种发展观强调通过发挥人的主观能动性来发掘人的潜能，克服发展中的不平衡性，重视人的全程发展，促进人的全面发展。

(一)活动本位模式强调三个基本命题

(1) 直接与较大的社会文化环境两者的影响和互动。
(2) 由特殊儿童自主参与活动的需要。
(3) 借助儿童从事功能性及有意义的活动，以增进其学习。采取这种干预模式强调儿童个人的目标与学习结果和自然发生的活动相结合。

(二)活动本位模式包含四个基本要素

(1) 教学训练由儿童主导，并重视儿童的互动。
(2) 将教学训练融入例行性、计划性或儿童创新的活动中。
(3) 习得的是功能性和类化性的技能。
(4) 系统化地运用自然合理的前因与后果。

(三)活动本位模式遵循五项原则

活动本位模式中活动的设计需要遵循以下五项原则。
(1) 符合特殊儿童教学训练的目标。
(2) 适合特定年龄的特殊儿童的身心发展。
(3) 活动设计多样化。
(4) 以社区为活动之取材。
(5) 寓教于乐。

本 章 小 结

本章分别介绍了学前特殊教育的生物学、发展生态学、心理学、教育学的理论基础，全面阐述了各理论的主要观点及其在学前特殊教育中的作用，为后续学习奠定了一定的理论基础。

生物学理论认为，特殊儿童的学习活动与个体大脑及神经系统发育水平以及健康状况密切相关，特殊儿童的身心发展在很大程度上要受到生物力量的影响。

心理学随着研究的发展出现很多分支学科，如发展心理学、认知心理学、生理心理学、教育心理学、人格心理学等，也出现了很多理论，如行为学习理论、认知发展理论、人本理论、多元智能理论等。每个理论因角度不同，其观点也有所不同。

发展生态学理论从比较宏观的角度探讨儿童身心发展的问题，明晰造成他们发展迟缓或障碍的相关因素，提出比较全面的早期干预策略。强调在儿童发展的过程中，发展的环境与儿童的特质对发展的结果具有同样重要的作用。

教育学理论也具有很多代表性的观点，如全面发展观、全程发展观、动态发展观、潜能发展观、主动发展观等。

思考与练习

一、名词解释

生物学　生物学理论　格塞尔成熟势力说

二、简答题

1. 简述学前特殊教育的生物学理论观点及作用。
2. 简述学前特殊教育的发展生态学理论观点及作用。
3. 简述学前特殊教育的心理学理论观点及作用。
4. 简述学前特殊教育的教育学理论观点及作用。

三、论述题

如何在学前特殊教育中，体现教育学理论中的活动本位模式的理念？

教育儿童通过周围世界的美、人的关系的美而看到的精神的高尚、善良和诚实，并在此基础上在自己身上确立美的品质。

——苏霍姆林斯基

第三章 学前生理发展障碍儿童的教育

本章学习目标

> 了解学前视觉发展障碍和听觉发展障碍儿童的心理特点。
> 掌握学前视觉障碍儿童和听觉障碍儿童的鉴定与评估方法。
> 学会对学前视觉障碍儿童和听觉障碍儿童进行教育干预。

核心概念

视觉障碍(visual impairment) 鉴定与评估(appraisal and assessment) 视觉障碍的成因(the cause of visual impairment) 视觉强化(visual reinforcement) 听觉障碍(hearing impairment) 听力补偿(hearing compensation)

引导案例

案例：小天今年5岁，目前就读于一般幼儿园，他是一个双耳极重度感音性听觉障碍的小男孩，于1岁多时右耳植入人工电子耳，左耳佩戴助听器。父母在小天很小的时候便安排早疗课程，让小天接受听能语言的复健训练，并积极做听语训练，未曾间断。因此，小天的语言发展始终与同龄儿童保持同步。

(资料来源：本书作者整理编写)

案例分析

幼儿园教师需要在开学前先阅读小天鉴定安置教育评估报告，并对家长进行访谈，了解小天各项能力的优、劣势，以及听觉能力的具体发展状况。另外，进行入班倡导活动。听障巡回辅导教师可以让班里的儿童了解小天的听觉限制与认识助听辅具，并辅以适当互动的方式。例如，在互动时，应注意安全，避免头部碰撞；在说话时，小天背对着或未看见说话者时，会听不清楚声音而遗漏信息，故应与小天面对面说话为宜；安排班上情绪稳定性较高的儿童协助小天参与各种学习活动，进而发展其良好的人际互动关系。

学习指导

本章重点是掌握儿童的生理发展障碍，包括儿童发展过程中出现的各种感官、动作和身体健康问题。在学前教育机构中，我们可能面对数量不多的两种生理发展障碍的儿童：视觉障碍儿童和听觉障碍儿童。这些儿童不能像正常儿童那样生活和学习，他们需要特殊的帮助和教育。本章将分节论述这些学前生理障碍儿童发展的特点，并就开展对他们的特别教育和帮助提供一些建议。

第一节 学前视觉发展障碍儿童的教育

视觉在我们的日常生活、学习中起着重要的作用。俗话说"眼睛是心灵的窗户"，视觉的缺陷会改变一个人对世界的看法和理解，同时也会影响其各方面的发展，给日常生活与活动带来诸多不便。本节分别从学前视觉障碍儿童概述、鉴定评估、干预方法等方面介绍学前视觉障碍儿童的早期教育干预，重点涉及学前视觉障碍儿童的概念界定、流行率、心理及行为特征、成因分析、诊断标准、评估方法及评估过程中的注意事项、基本能力训练、定向行走训练、残余视力训练及生活技能等方面的早期教育。

一、学前视觉发展障碍儿童概述

什么样的儿童是视觉障碍儿童？是否仅指那些盲童？视觉障碍判断的标准是什么？视觉缺陷在何种程度上被称为视觉障碍？在了解这些内容之前，我们必须先弄清楚视觉障碍的概念、分类、出现率以及视觉障碍儿童的鉴定与评估。

(一)视觉障碍的概念

视觉障碍亦称"视力残疾""视觉缺陷""视力损伤"。我国于1987年全国残疾人抽样调查使用的《残疾标准》将视觉障碍定义为：由于各种原因导致双眼视力低下并且不能矫正或视野缩小，不能承担一般人所能从事的工作、学习或其他活动，以致在日常生活和社会参与过程中存在障碍。

美国于1975年颁布的《残障人士教育法案》中对视力残疾的定义：视力残疾是一种视觉上的损伤，即使经过矫正，其损伤对孩子的教育活动仍有不利的影响。这个定义的关键是学生有某些妨碍他们学习的视觉系统的障碍，这些障碍影响着他们在日常生活中的行动及社会生活。

(二)视觉障碍的分类

视觉障碍儿童教育的产生与社会的发展有着紧密的联系。1778年，欧洲建立了盲人教养院，但也只是一般的收容、救济机构，视觉障碍儿童在这里没有接受教育的机会和权利。

18世纪，特殊教育开始萌芽，视觉障碍儿童的教育开始在欧洲引起人们的重视。1784年，霍维在巴黎成立了世界上第一所盲童学校。1824年，布莱尔发明了六点盲文，极大地促进了视觉障碍儿童教育的普及与提高。

视觉障碍的程度复杂多样，《残疾标准》中根据程度的轻重将它分为两类共四个等级，即盲和低视力两类，一级盲和二级盲、三级低视力和四级低视力四个等级，这个标准与国际标准基本一致。

1. 盲

一级盲：最佳矫正视力低于0.02，或视野半径小于5度。

二级盲：最佳矫正视力等于或优于0.02，而低于0.05，或视野半径小于10度。

2. 低视力

三级低视力：最佳矫正视力等于或优于0.05，而低于0.1。

四级低视力：最佳矫正视力等于或优于0.1，而低于0.3。

《残疾标准》中规定，盲和低视力均指双眼而言，如果双眼视力不同，那么就以视力较好的一眼为准；如果仅有一只眼是盲或低视力，另一只眼矫正视力是0.3或优于0.3，不属于视觉障碍范围；最佳矫正视力是指以适当镜片矫正所能达到的最好视力，或以针孔镜所测得的视力。

(三)视觉障碍儿童的出现率

出现率即医学上的流行率，通常用实际发生某种疾患人数同可能发生该疾患的同年龄总人数之比来表示。视觉障碍儿童的出现率是指一个时期内视觉障碍儿童的数量在同龄人口中的比例。视觉障碍的出现率，因各国、各地区的卫生条件、医疗设施状况、判断标准不同而有明显差异。一般而言，经济发达、医疗卫生条件水平高的国家和地区，视觉障碍的出现率相对较低，反之则较高。

在我国，农村视觉障碍的出现率高于城市。按照1987年我国残疾人抽样调查的结果推算，我国人口中视觉障碍的出现率为0.76%，其中0～14岁儿童人口出现率为0.058%；2006年我国第二次残疾人抽样调查的结果推算，视觉障碍的出现率为0.94%，出现率与1987年相比略有上升，值得全社会关注。

二、学前视觉障碍儿童的鉴定与评估

(一)鉴定与评估的内容

视觉障碍儿童的鉴定主要包括客观检查和主观评估两个方面，即视力检查与视能评估。

1. 视力检查

视力，即生理视力，是指一定距离内眼睛辨别物体形象的能力，其主要是通过对视敏度和视野的测量以及对特殊眼病、外伤、遗传或产前因素的影响的评估而得知的。视力包括中心视力(即视敏度)和周边视力(即视野)。视敏度反映的是视网膜黄斑部注视点的视力，包括远视力和近视力。视野是指当眼球固定注视不动时视线保持平直方向所能见到的空间范围。

视力检查，即视觉量的评估，包括视敏度量的评估和视野量的评估。视敏度量的评估一般借助于视力表进行，如《国际标准视力表》《标准近视力表》，其结果用数值表示；视野量的评估则需借助于视野计测定，如"周边弧形视野计""自动视野计"，结果用视野图表示。

2. 视能评估

视能，即功能性视力，是指个体应用其视觉的实际能力，即个体在周围环境观察事物中实际可利用的有效视力，其结果是不能被准确测量或通过医疗、心理以及教育人员的努力而作出任何精确临床报告的。每个人的视力实际可利用的程度不仅受生理视力的影响，而且像智力、情绪、动机、视觉障碍病因、控制眼睛运动的能力、环境等因素都可能会影响视觉功能的正常发挥。

视能评估，即视觉质量的评估，是评估儿童在日常生活情境中如何利用剩余视力进行日常生活的活动。视能评估结果应从生活的种种情境中做系统的观察与记录，内容需要包括个体的视觉能力、环境线索及现存可用个人经验。

(二)鉴定与评估的方法

视觉障碍的鉴定与评估的方法可分为两类：筛查和诊断。

1. 筛查

筛查主要是通过观察儿童的视觉行为和眼睛的症状去判断、发现疑似的视力障碍儿童，一般由家长或教师完成。家长和教师可以用正常儿童的发展过程作为衡量标准，当发现儿童有下列情况时，就要引起家长或老师的高度重视，同时家长应及早带孩子上医院就诊。

1) 视觉行为
(1) 不停地揉眼睛。
(2) 闭上或遮住一只眼睛。
(3) 倾斜脑袋或者往前伸头。
(4) 难以完成阅读或其他需要近处观察的任务，或者把东西靠近眼睛看。
(5) 过于频繁地眨眼，或者在观察近处的物体时很暴躁。
(6) 看东西模糊不清或很难看到。
(7) 斜视或皱眉。

2) 眼睛的症状
(1) 眼睛运动不整齐，一只眼睛好像与另一只交叉或向外看。
(2) 眼睑有红晕、结痂或肿胀。
(3) 眼睛潮湿或红肿(发炎的)。

3) 儿童的抱怨话语
(1) "我的眼睛痒""我觉得我的眼睛像火烧一样"或者"我感到我的眼睛很刺痛"。
(2) "我看不清"。
(3) 在做完需要近处观察的任务后，会说"我感到眩晕""我头疼"或者"我觉得不舒服""我觉得恶心"。

(4) "所有东西看起来都模糊不清"或者"我看到了两个物体"。

2. 诊断

诊断是指通过专业的医学人员(如眼科专家、验光师等)或接受过训练的教师，运用各种有效的工具，对儿童的视觉及眼睛状况进行专业的检查，检查的方法主要有远视力检查、近视力检查和视野检查三种。

1) 远视力检查

远视力是指 5 米或 5 米以外的视力。远视力检查是指视网膜黄斑部中央凹处视力机能的检查，检查方法有视力表检查、实物检查和观察检查三种。

(1) 视力表检查。对 3 周岁以上儿童，用《国际标准视力表》（"E"字标准视力表)、《标准对数视力表》或《儿童图形视力表》测试视力。

(2) 实物检查。一般包括两种方法：乒乓球测试和硬币测试。对年幼不能用视力表测视力的儿童可用实物检查。其计算公式如下：视力=1.5/实物大小(毫米)×实物距离(米)/5。

(3) 观察检查。对 2 岁以下的儿童可根据儿童视觉发育的规律，对儿童的视觉行为进行观察，从而作出粗略的判断。

2) 近视力检查

近视力是指 30 厘米远的视力。近视力检查也称调节机能或阅读视力检查，是指两眼受调节作用下的视敏度的检查，主要采用《标准对数视力表》检查。

3) 视野检查

视野是单眼注视正前方一点不动时所看见的空间范围。视野包括中心视野和周边视野两种。中心视野是指以黄斑为中心的 30 度以内的视野范围；周边视野是指 30 度以外的整个视野范围。检查方法主要有动态检查和静态检查两种。

(1) 动态检查。是利用运动着的视标测定相等灵敏度的各点并连接各点成线的方法，所连之线为等视线，记录视野的周边轮廓。对周边视野进行检查，主要了解儿童视野范围的大小情况。

(2) 静态检查。是视标不动，通过逐渐增加视标刺激强度来测量视野中某一点的光敏度或光阈值的方法，将测定一子午线上的各点的光灵敏度阈值连成曲线以得出视野缺损的深度概念。目前最常用的是自动视野计。

比起动态视野检查，静态视野检查更具优越性，对一些视网膜变性、黄斑病变、视神经炎等该方法，能查出用一般方法查不出的视野改变。

三、学前儿童视觉障碍的成因

视觉生理结构和功能的障碍，可以发生在胚胎发育时、出生后的很短时间内或儿童成长的任何时期。造成儿童视觉障碍的原因主要有先天因素和后天因素、后天致病与外伤等。

(一)先天因素

在我国，先天因素已经成为儿童致盲或低视力的主要原因。先天因素包含遗传与非遗传两种情况，非遗传因素主要包括近亲结婚及胎儿期的影响等。

1. 遗传

遗传是指父系或母系中有一方或双方存在显性或隐性的致盲因素，遗传给后代。父母有一方或双方患有先天性疾病，就有可能遗传给子女，造成子女的视觉障碍。许多遗传性疾病在儿童出生时就表现出症状，如白化病、先天性眼球震颤、先天性小角膜、先天性白内障、青光眼、虹膜缺损等眼病。也有一些遗传性疾病在出生时没有任何症状，要等到几年或几十年以后才发病，如原发性视网膜色素变性通常在10～30岁发病，开始时症状为夜盲，以后进行性加重，并引起视野缩小等。

不少国家都有这方面的调查资料，如盲童遗传性眼病率：英国为50%，美国为47%，澳大利亚为50%，加拿大为45%。我国遗传性眼病比例也相当高，如天津市盲校学生中遗传性眼病比例为30.6%，北京盲校学生中为67.8%。

2. 近亲结婚

近亲结婚是指直系血亲和三代以内的旁系血亲的结婚。近亲结婚容易造成隐性遗传(隐性遗传即患者的双亲表型正常，但都是缺陷基因的携带者)的发生，因为双方带有相同致病基因的可能性大于一般群体，增加了子女发病的概率。据资料调查表明，我国近亲结婚致盲占盲童先天性视觉障碍的3.8%。

3. 胎儿期因素

母亲在妊娠期药物中毒、外伤、营养不良或患有其他疾病及产程中的困难等，都可能造成先天性眼疾。例如，母亲甲状腺机能低，可能导致胎儿小眼球、眼球震颤等；妊娠前两个月受风疹病毒感染，可能导致胎儿白内障、小眼球等；母亲妊娠期偏食，容易造成缺乏维生素A和维生素D，也可能导致胎儿视觉发展障碍；服用药物，如大剂量四环素、激素、水杨酸制剂、抗凝剂等，也可造成胎儿的白内障。

(二)后天因素

后天因素包括各种出生后发生的眼疾，如眼球萎缩、角膜病、视神经萎缩等，还包括心因性疾病、眼外伤、用眼习惯和生活环境等多方面因素。

1. 眼疾

视觉障碍多是由视觉器官本身的器质性病变造成的。视觉器官包括眼球、视神经传导系统(临床上也称视路)和眼附属器三部分，这三部分的任一部位发生病变，都会导致视觉缺陷。造成视觉障碍的各种眼疾中，白内障、角膜病、视神经萎缩、视网膜色素变性、眼球震颤、白化病、发育性青光眼、沙眼、屈光不正、斜视及弱视等为我国目前主要的致盲眼疾。在各种致盲眼疾中，白内障是主要因素，其次是角膜病，沙眼和青光眼分别是致盲的第三和第四因素。

1) 白内障

白内障是眼睛内晶状体发生混浊，由透明变成不透明，阻碍光线进入眼内，从而影响了视力，甚至造成失明。白内障导致视力残疾的构成比例为46.07%。该病有很多不同的病因，大致可分为遗传因素、环境因素及不明因素。先天性白内障是婴幼儿常见的眼疾，由于混浊的部位、形态和程度不同，视力障碍的表现也不同，可分为完全性白内障和不完全性白内障，又可分为核性白内障、皮质性白内障及膜性白内障。

治疗先天性白内障应强调早期手术，最佳时机是出生 4 个月以内，出生 6 个月后治疗效果很差，术后配合积极的光学矫正及弱视训练，促进其视功能发育；若术后视力不佳，还要借助助视器来提高视功能。

2) 角膜病

角膜是透明组织，即使轻微的病变，也会造成混浊，影响视力，而且角膜没有血管，不易修复。患角膜病导致视力残疾的构成比例为 11.44%。引发角膜病最常见的原因首先是外伤加感染造成角膜混浊，严重者发生溃疡导致瘢痕或发生穿孔，进而引发视力下降或失明；其次是由于抗菌素及皮质类胆固醇药物的广泛应用造成菌群失调，病毒性和真菌性角膜炎的发生率逐年增加；再次是长期佩戴角膜接触镜后护理不当或不按操作规范戴用。

角膜病的临床表现有眼红、眼痛、畏光、流泪、眼内异物感、角膜混浊和视力不清等症状。正确的角膜病的治疗，要依据发病原因进行眼部用药或注射用药，一般很少采用全身输液用药；如角膜病药物治疗不能控制，可以进行角膜移植手术，其效果较好。

3) 沙眼

沙眼是由微生物沙眼衣原体引起的一种慢性传染性结膜角膜炎，因其在眼睑结膜表面形成粗糙不平的外观，形似沙粒，故称沙眼。沙眼衣原体可感染人的结膜、角膜、角膜上皮细胞。医疗卫生条件差的地区，沙眼的发病率很高。该病在不少的亚非地区发展中国家仍是致盲的主要原因，由此导致的视力残疾构成比例为 10.12%。

沙眼的急性发作的临床表现有：不同程度的异物感、畏光、流泪、发痒、黏液性分泌物增多、脸红肿、眼睑结膜高度充血、因视乳头增生眼睑结膜粗糙不平、上下穹窿部结膜布满滤泡、合并有弥漫性角膜上皮炎及耳前淋巴肿大。数周后急性症状消退进入慢性期，在慢性病程中，可因反复感染，病程可延数年或十多年；晚期常因后遗症，如眼睑内翻、倒睫、角膜溃疡及眼球干燥等，严重影响视力，甚至导致失明。

沙眼衣原体常附在病人眼的分泌物中，任何与此分泌物接触的情况，如接触沙眼病人不干净的手、被污染的毛巾，均可造成沙眼的传播感染。因此，沙眼的预防应培养良好的卫生习惯，如不用手揉眼睛、毛巾要勤洗晒干、使用流水洗脸等；沙眼的治疗主要应用磺胺及抗生素，如利福平、金霉素、红霉素、氯霉素、土霉素等。

4) 青光眼

青光眼是眼内压间断或持续升高的水平超过眼球所能耐受的程度，从而给眼球各部分组织和视功能带来损害，导致视神经萎缩，视野缩小，视力减退甚至失明。在急性发作期 24～28 小时即可完全失明。因急性眼压增高时瞳孔区显示出一种青绿色反光现象，故称青光眼。青光眼属于双眼性病变，可双眼同时发病，或一眼起病，继发双眼失明。

青光眼致视力残疾构成比例为 5.11%。青光眼的临床表现为畏光、流泪、眼睑痉挛、角膜混浊、屈光不正、眼球扩大、视乳头凹陷扩大等。青光眼是无法预防的，主要依靠早发现和早治疗，原则上一经发现，就要及早使用药物降低眼压并施行手术。

5) 屈光不正

眼的屈光系统包括角膜、房水、晶状体和玻璃体为一同心共轴的一组屈光间质。当眼调节静止时，来自 5 米以外的平行光线经眼的屈光系统折射后，应聚集在视网膜上形成清晰的物像，这种屈光状态被称为正视，即眼的总屈光力与眼球轴长相适应。相反地，如果由于某种原因，眼屈光系统的屈光力与眼球轴长不相适应，使得平行光线进入眼内后不能清晰地聚焦在视网膜上，而是聚焦在视网膜前、后，或不能聚焦，使得物像模糊不清，这种屈光状态为非正视，或称为屈光不正。屈光不正包括近视、远视、散光三种类型，也是儿童斜视和弱视的主要原因之一。

6) 斜视

斜视是指两眼视轴不正，有偏内、偏外或上、下不正的情形。根据发病原因不同，可分为麻痹性斜视和共同性斜视两大类。

麻痹性斜视的病因包括的因素有：能影响到支配眼肌运动的神经核，神经及眼外肌本身的炎症，肿瘤压迫，血管病变，外伤，中毒及营养不良等。

共同性斜视的病因主要有屈光不正或屈光参差所致的调节与预计结合不平衡；此外还有遗传因素，如融合技能发育不全或未发育，导致双眼单视的条件反射无法建立；最后是解剖因素，如眼眶发育异常，眼外肌发育不平衡，肌腱附着点异常或节制韧带异常。

共同性斜视的治疗应先矫正屈光不正，治疗弱视，待双眼视力平衡再进行手术。麻痹性斜视的治疗应针对病因采用不同的治疗方法：药物治疗，如口服或肌肉注射维生素 B 族或能量合剂；光学治疗，如用三棱镜中和来消除复视，或遮蔽一眼以消除复视减轻痛苦；针灸或物理治疗，如以上治疗 6 个月以上无效者，可考虑手术治疗，从而达到眼位正常、保持两眼眼外肌肌力平衡的目的。

7) 弱视

弱视是指眼部无明显器质性病变，或者有器质性改变及屈光异常，但与其病变不相适应的视力下降，矫正视力低于 0.9 者，可以发生于一眼或两眼。引起弱视的病因主要在视觉形成的早期，由于先天性或视觉发育的关键期，进入眼内的光刺激不够充分，剥夺了黄斑形成清晰物像的机会而造成视力减退。弱视发病越早，其程度就越重。根据病因不同，弱视可分为斜视性弱视、屈光参差性弱视、屈光不正性弱视、废用性弱视、先天性弱视或器质性弱视。

弱视的临床表现有视力和屈光异常，弱视按程度分轻度弱视(视力 0.8～0.6)、中度弱视(视力 0.5～0.2)及重度弱视(视力低于或等于 0.1)；分读困难，即弱视眼识别单独视标比识别集合视标或密集视标的能力好，也称拥挤现象；眼位倾斜；异常固视，即弱视较深者由于黄斑固视能力差，而常用黄斑旁的网膜代替黄斑作固视。弱视的治疗应遵循早发现、早治疗的原则，首先要去除病因，然后矫正屈光不正。由于屈光不正，斜视及弱视致视力残疾的构成比例为 9.73%。

2. 心因性疾病

心因性疾病是指由于人们的情绪及心理问题方面的因素而导致的视觉功能异常。个体短期的情绪困扰立刻会在视觉功能上显示出异常症状，如视力模糊、眼前呈灰暗色或有云雾感，随即视力骤减等；个体长期心情低落、抑郁紧张或焦躁不安等消极情绪，对于视觉功能则会显示出更长远的影响，严重者甚至仅有光感或完全失明。

对于这些患者，如及时治疗，多数病人在数周或数月后可逐渐恢复视力。歇斯底里失明症就是这种病因的典型病例。

3. 眼外伤

眼球结构精密而又脆弱，即使是轻微的眼外伤，也可能导致严重的视力减退，尤其是穿孔性眼外伤，不仅受伤眼会遭到严重破坏，而且可以通过交感性眼炎的发生导致双眼失明。眼外伤的原因有钝器或利器的机械性打击，如钝挫伤、爆炸伤、穿孔伤、眼内异物等；此外还有非机械性伤害，如化学物质的腐蚀、热烧伤、辐射性眼外伤等。

眼外伤对眼球的破坏，即使得到及时的治疗，有时也难以保持原有的视功能。因此，在幼儿园日常活动中，应当注意防止眼外伤的发生。

4. 环境因素

环境因素对视力的影响不可估量，如城市林立的建筑物，马路上车水马龙、嘈杂不堪，空气中夹杂着太多的粉尘，大街边的橱窗让人目不暇接，在这种条件下，眼睛得不到充足的休息，从而导致儿童常常感到眼睛生涩、疲倦。

5. 全身性疾病

全身性疾病主要包括某些传染性疾病和一般性疾病两类。传染性疾病包括麻疹、风疹、脑炎、伤寒、结核病、白喉和猩红热等；一般性疾病包括糖尿病、高血压、肾炎、贫血及维生素缺乏等。以上这些疾病均有可能造成不同程度的视力损伤。除此之外，颅脑外伤、震荡导致器质性病变、脑肿瘤等也可导致视力缺陷。尽管以上这些疾病造成的视力缺陷的比例不高，但仍需给予足够的重视，最大限度地避免由此类原因导致的视力缺陷的发生。

四、学前视觉障碍儿童的心理特点

(一)感知觉

视觉是人类最重要的一种感觉。它主要由光刺激作用于人眼所产生。对一个正常人来讲，从外界获得的信息中，80%来自视觉。正常儿童通过对大自然、社会生活的观察，以及对成人行为的模仿和同伴交往活动，能接收到大量的视觉信息，逐步积累起丰富的感性材料，而视觉障碍的儿童在生活和学习中却缺少了这样一条重要的渠道。为了弥补丧失的视觉信息，有严重视力障碍的儿童必然要从其他感觉渠道得到一些信息的补偿，由此也会导致他们在感知觉方面形成一系列不同于正常人的感知特点。

1. 听觉

在失去视觉后，听觉成为盲童认知物体、认识世界的重要途径，这使他们会比明目儿童更多地关注听觉信号。长期依赖听觉渠道获取信息，使他们能更好地用听觉进行空间定向，判断发声物体的远近，判断是生人还是熟人，判断人的喜怒哀乐，以及在纷杂的环境背景下选择性注意等。

有学者指出，视觉障碍儿童在听觉注意力、选择性和记忆力方面都比普通儿童更具优势。有研究者运用相关电位(ERP)对视觉障碍儿童的认知特点进行研究，发现视觉障碍儿童的听觉记忆操作要优于普通儿童的记忆操作，同时，实验结果还表明视觉障碍儿童的听觉注意和听觉表象能力比普通儿童好。但视觉障碍儿童的这种听觉特点并不是天生的，而是在后天的生活过程中不断补偿和感觉适应的结果。

尽管听觉在视觉障碍儿童的生活中扮演着如此重要的角色，但听觉并不能完全取代视觉，仍具有其自身的局限性。例如，听觉感受声音所产生的空间知觉不如视觉感受到的准确，特别是对方位和距离的辨别；通过听觉无法了解事物的形状、大小、颜色及动态形象，如闪电、云涌等，这对视觉障碍儿童形成正确概念以及准确认知事物等都会产生不利影响。

2. 触觉

刺激作用于皮肤引起各种各样的感觉是肤觉。触觉是肤觉的一种，也称压觉，是皮肤表面承受某物体压力或触及某物时所产生的一种感觉。同听觉一样，触觉也是视觉障碍儿童认识外界事物的重要渠道之一。视觉障碍儿童通过触摸物体来了解其形状、大小、轻重、温度、软硬、粗细及质地等特征。

在日常生活中，视觉障碍儿童通过手部或脚底的触觉辨别不同材料的路面，协助准确定向及行走；在学习生活中，视觉障碍儿童通过手的触摸分辨盲文来获取信息、掌握知识。因此，对于视觉障碍儿童来说，自古就有"以手代目"的说法。

苏联学者捷姆佐娃等人曾用 8 名使用盲文的盲人作为实验组，8 名明眼人为对照组，对盲人和明眼人的两点阈进行测试，结果如下：盲人的手指两点阈平均为 1.02 mm，而明眼人平均为 1.97 mm。另有研究证明，正常人的指尖感觉阈限值为 2.2～3.0 mm，而经过摸读盲文训练的盲童却能达到 1.5 mm，个别竟能达到 1 mm。所以，盲童手指尖感觉灵敏度高不是天生的，是经过触觉强化训练的结果，是补偿与适应的结果。

但我们也不能否认，触觉只能产生眼睛一部分的作用。对于物体的颜色、亮度及立体透视的感觉，手是不能感知的。对于能感知的物体，手在触摸时速度慢，需一部分一部分地感知，而且受物体大小与距离的限制；太大或太小的物体只能制作成模型去感知，手不能触摸的物体也很难去感知，如火、太阳等。

(二) 注意

注意就是通过感觉对客观事物的指向性和集中性，是一种可以通过外部行动表现出来的内部心理状态。注意保证了人们对事物有更清晰的认识并作出更准确的反应，是人们获得知识、掌握技能、进行各种智力活动和实际操作的重要心理条件。视觉障碍儿童主要是通过听觉、触觉等来注意外界事物变化，因此也表现出与明眼儿童在注意发展上的差异。

1. 较强的听觉注意

在实际生活中，视觉障碍儿童不得不更多地依靠听觉，所以他们有较强的听觉选择性。许多明眼儿童所忽略的声音信号，对视觉障碍儿童来讲可能具有特殊的意义。正如方俊明在《特殊教育学》中所说："和视觉正常人不同，盲人对声音刺激的反应增强了，并且长时间内不消退，声音对盲人有不同于正常人的信号意义"。

2. 突出地有意注意

视觉障碍儿童由于缺乏容量较大的视觉信息，只能借助将听觉、触觉等其他感官获取的信息加以整合来认识周围事物。因此，视觉障碍儿童需要不断加强有意注意的能力，使有意注意得到不断强化并得以发展。

3. 较高地注意稳定

对明眼儿童而言，注意对象的衣着、服饰、神态等发生变化时，一般会使其注意受到干扰，而视力障碍儿童则不会受到这些视觉方面的刺激，仍旧能够"洗耳恭听"。

4. 较强的注意分配能力

视觉障碍儿童虽然不能或很难从事视觉参与的注意分配活动，但除视觉以外的其他感觉的注意分配活动，可能因此得到良好的发展。例如，一边讲，一边摸读；一边利用听觉注意马路上的车辆，一边通过触觉用手杖点触注意道路上的障碍等。

尽管视觉障碍儿童表现出较好的注意稳定性和注意分配能力，但也存在注意分散现象，他们的注意分散通常表现在思想上开小差，干扰则主要来自非视觉信号的影响，如无关的声响、气味、情绪不安、疾病等。

(三)记忆

记忆是大脑对过去经历过的事物的反映。视觉障碍儿童虽然无法通过清晰的视觉表象来完成记忆的过程，辅助记忆内容的提取，但是在记忆发展上并不完全落后于明眼儿童，只是带有其自身的特色。

视觉障碍儿童主要依靠听觉、嗅觉、触觉等感知为基础来对事物进行回忆和再认，其记忆的发展具有以下几个特点。

1. 视觉障碍儿童记忆过程中缺乏视觉表象或视觉表象不完整

形象记忆又称表象记忆，它是以感知过的事物形象为内容的记忆，通常以表象形式存在，具有直观形象性。视觉障碍儿童由于视觉的缺陷，在由视觉感知事物的过程中可能会出现困难或者根本无法通过视觉来感知事物，因此在其记忆过程中表现出缺乏视觉表象或视觉表象不完整的特点。视觉障碍儿童视觉表象保留的数量和质量取决于视觉损伤的时间和程度。一般情况下，失明越早，视力损伤程度越重，视觉表象的保留就越差。就儿童失明的年龄而言，一般5岁是关键期。5岁以前失明的儿童，其视觉表象容易消失，而5岁以后失明的儿童，其视觉表象就可能保留住，可以为其今后的学习提供比较具体的参考框架。

视觉表象对视觉障碍儿童来说具有重要的作用，可以为其认识事物提供较为具体的参考轮廓，因此家长和教师应该抓住合适的时机强化和利用儿童已经获得的视觉表象，为视觉障碍儿童今后的生活、学习和工作奠定良好的基础。

2. 视觉障碍儿童的记忆以听觉记忆和触觉记忆为主

虽然视觉障碍儿童缺乏视觉表象的记忆，但是他们通过其他感觉通道所获得的表象反而有所增强，导致视觉障碍儿童的记忆主要以听觉记忆和触觉记忆为主。在听觉记忆上，视觉障碍儿童表现出"凡事一入耳，就像钉子钉在木板上"的独特优势。例如，对人的再认，视觉障碍者主要根据对方的语音、语调甚至是脚步声来回忆，因此才有了视觉障碍者"听音如闻面"的说法。

对于视觉障碍儿童来讲，其不仅听觉记忆如此稳定，触觉表象也不容易忘记。有研究者通过测验发现：他们对熟悉的实物，如盲文笔、苹果、皮球、茶杯等，几乎一放到手上就能正确地说出其名称，速度几乎等于用眼睛看到物体说出名称的速度；而对于日常生活中不常见或很少用过的物体，视觉障碍儿童也能依靠触觉正确地再认。

3. 视觉障碍儿童机械识记能力较强

机械识记是指根据材料的外部联系或表面形式，采取简单重复的方式进行的识记。其特点是对识记的材料很少进行加工，基本上是按照材料呈现的时空顺序进行逐字逐句地识记。由于视觉障碍儿童的视力残疾，他们缺乏对事物的感性认知，常常需要识记一些自己并未理解的知识，因此，只好在无法加工的情况下进行机械记忆，也就是我们常说的死记硬背。由于长期进行机械识记，视觉障碍儿童的机械记忆能力不断地得到锻炼，因而在识记能力方面有所增强。在视觉障碍儿童的全部识记内容中，机械识记是占较大部分的，低年级的视觉障碍儿童尤其如此。

4. 视觉障碍儿童的短时记忆和长时记忆较好

短时记忆是指当信息第一次呈现后，保持在 1 分钟以内的记忆。美国心理学家乔治•米勒(George Miller)在 1956 年提出，短时记忆的容量大概是 7±2 个组块。研究结果显示，视觉障碍儿童在短时记忆上似乎存在着些许的优势。这很可能是由于视觉障碍儿童在机械识记能力上要高于普通儿童，从而使得短时记忆的能力也随之增强。

相对于短时记忆而言，长时记忆是指学习过的材料在人脑中保持 1 分钟以上甚至终生的记忆，其容量几乎无限。盲童教育工作者普遍认为视觉障碍儿童的长时记忆能力也很好。苏联盲人研究者克罗吉乌斯通过研究证明："盲人在记忆和再现词、数字以及背诵诗句时，要比视觉正常的人强得多，并且长久地记住所获得的知识"，"盲人在记忆的发展方面比视觉正常的人优越得多"。

5. 视觉障碍儿童的工作记忆能力可以接近普通儿童水平

从信息加工理论来看，人作为一种信息加工系统，会把接收到的外界信息，经过模式识别加工处理之后放入长时记忆中。之后，当人们在进行认知活动时，需要长时记忆中的信息处于一种活动的状态，这种活动状态中的信息记忆就叫作工作记忆。工作记忆是个体存储信息和加工信息的平台。它在表象、言语、创造、计划、学习、推理、思维、问题解决和决策等高级认知活动中起着非常重要的作用。

有研究者通过不同的操作任务(数字视听、数字计算、姓氏排序、词语填空、图形排序和图形嵌入)对视觉障碍儿童的工作记忆容量和记忆任务对记忆效果的影响进行了研究，结果发现：①在低中年级，视觉障碍儿童工作记忆的效果明显地落后于视力正常儿童；②在高年级，视觉障碍儿童和视力正常儿童工作记忆的能力的差距趋于消失；③随着年龄的增长和训练的加强，视觉障碍儿童工作记忆的能力可以得到较好的改善。

(四)想象

想象是人类智力结构中的必备要素之一，对获取知识、形成经验具有重要的意义。爱因斯坦说过："想象力比知识更重要，因为知识是有限的，而想象力概括着世界上的一切，推动着进步，并且是知识进化的源泉。"

想象是对头脑中已有的表象进行加工改造、形成新形象的过程，是一种高级的认识活动。我们在听广播、看小说时，在头脑中产生的各种人物形象或故事画面；表演者根据生活体验，创造出不同时代的人物形象。这些根据别人介绍或者自己已有的经验，在头脑中形成的新形象，都是想象的结果。

视觉障碍儿童由于视觉缺陷而无法获取丰富的视觉表象资源，因而想象资源非常匮乏，但随着他们生活经验的丰富，听觉和触觉所获得的信息可以在一定程度上取代视觉形象，在头脑中形成有关事物的形象，并展开符合逻辑的想象。

1. 视觉表象的缺乏或不足影响了视觉障碍儿童想象的发展

个体的想象多以自身的生活经验作为基础，而对于缺乏视觉表象的视觉障碍儿童来说，视觉障碍者要进行以视觉表象为材料的想象是十分困难的。例如，在语文教学中，视觉障碍儿童很难通过想象去理解好诗如画的境界，他们很难领会"窗含西岭千秋雪""日照香炉生紫烟""落霞与孤鹜齐飞"以及"一行白鹭上青天"等诗的意境，因而影响了对诗的内容的把握。

2. 视觉障碍儿童的想象以听觉表象、触觉表象等为主要材料

视觉障碍儿童虽然缺乏视觉表象作为想象的材料之一，但是可以通过听觉、触觉以及嗅觉等通道来获取丰富的听觉表象、触觉表象和嗅觉表象等。例如，视觉障碍儿童可以将常人不注意的声响或词语连贯起来，展开丰富的想象：夏天教室里吊扇的风、夜晚偶尔出现的一些声音、他人讲话的语调等都能使他们展开丰富的想象；还可以通过音乐的旋律对音乐作品中包含的思想感情与内容进行想象和体会。

3. 视觉障碍儿童的想象有时带有个人愿望和情感色彩

视觉障碍儿童在缺乏视觉表象的基础上进行想象，有时会带有个人的意愿及情感色彩，甚至产生歪曲的想象。例如，把要求十分严格、说话很不注意语气语调的教师想象成面目可憎的样子；而将态度和蔼、声音悦耳的教师想象得非常美丽可爱。

4. 视觉障碍儿童主要通过再造想象来获取间接的知识

再造想象是根据已有的描述在头脑中形成相应的新形象的过程。视觉障碍儿童与普通儿童一样可以通过词句的叙述、已有的知识经验、个人的感受等来对事物进行再造想象，以获得大量的间接知识，从而丰富自己的知识体系。例如，他们可能并没有坐过飞机或电梯，但是可以通过坐汽车时突然下坡、身体失重的经验来想象飞机下降、电梯下行的感受。

5. 视觉障碍儿童也具有无意想象——梦

梦是无意想象的一种特殊形式。近年来，美国心理学家研究了盲人的梦，他们发现：先天的盲人，即从未见过任何东西的盲人，他们的梦里没有视觉形象。例如，一个先天盲人做了个与家人团聚的梦，他梦中的一切，都是听觉和触觉的形象：听到有人在开吹风机，听到洗衣机的转动声和流水声。而后天失明的盲人所做的梦完全是另一番景象：一位后天失明的女盲人描述，她梦到在朋友的庭院里与一些人共进午餐，她清楚地见到了梦中的人和周围的景物。她所梦到的事情，大都是在她失明之前曾经经历过和看到过的；梦境中的人物形象，也是根据她失明前见到的人塑造出来的。由此可见，盲人也会做梦，只是缺乏视觉表象的参与；即使有视觉表象的参与，也是将曾经获得的视觉表象进行再加工然后参与到梦境中。

(五)思维

思维较之于感知觉、记忆来讲，是一种更复杂更高级的认知活动。在日常生活中，我们每时每刻都在进行思维活动：我们通过思维来学习知识、解决问题；通过思维来辨别真伪、识别美丑；通过思维来探索新知、创造未来。

思维是借助语言、表象或动作实现的，对客观事物的概括和间接的认识，是认识的高级形式。它能揭示事物的本质特征和内部联系，主要表现在概念形成和问题解决的活动中。思维作为一种理性认识，其发展必须经历从具体的感性认识上升到理性思维的过程。感性认识以及由感性认识所获得的材料是思维不可或缺的基础。

由于缺乏视觉参与到认识活动的过程中，视觉障碍儿童获取的感性材料非常有限，这在一定程度上制约了视觉障碍儿童思维的发展。但是视觉障碍儿童思维发展的总体规律与普通儿童并不存在本质的区别，仍然包括分析和综合、抽象和概括、比较和分类、系统化和具体化等几个方面。综合相关文献可以发现，视觉障碍儿童的思维能力特点主要表现在以下几个方面。

1. 缺乏视觉表象为形象思维提供素材

视觉障碍儿童由于视觉能力的丧失，无法通过视觉建立表象，其表象只能通过感觉和运动觉来建立。

2. 难以建立完整的触觉表象

由于视觉障碍儿童是通过触觉整体表象来进行思维的，当他们需要感知过大的物体或自然景观等难以触摸的事物时，自然就难以建立完整的触觉表象并通过触摸表象进行思维，如"盲人摸象"就是一个典型的例子。而对于可以通过触觉感知的事物，也会造成能感知的外界事物特征减少、准确性差，如视觉障碍儿童不能直接感知光、色和物体的透视。

3. 形象思维制约概念的形成

概念是指个体对具有共同属性的事物所获得的概括性的认识。视觉障碍儿童在形象思维方面缺乏感性经验，无法形成事物的视觉表象，某些概念的形成有困难。由于视觉障碍儿童很难建立视觉表象，听觉信息未能呈现出物体在空间的形状和幅度，所以对某些过大、过小或飘动不定的较为抽象的概念，如蚊子、蚂蚁、河流、云雾、飞机等这类物体，难以形成具体的概念，并且对形成沸腾、燃烧、毁灭等这类动作概念也有一定的困难。另外，他们通过听觉和触觉感知到的一些事物的特征，往往是不完全、不连贯甚至是不准确的，所以容易形成错误的概念。

但是视觉障碍儿童在形成概念上存在的困难并不能一概而论，特别是低视力儿童和后天失明儿童，他们的残余视力和失明前的视觉经验，在概念形成中仍然可以发挥很大的作用。

4. 分类归纳能力、概括与抽象能力较差

分类，就是通过比较事物之间的特征，区分出这些特征的异同，从中抽取出事物的本质特征，把具有共同本质特征的事物归为一类。视觉障碍儿童由于缺乏感性经验，达不到全面地综合分析，因而往往容易忽略事物的整体性，不容易全面地反映这些事物，在概念

形成上存在较大的困难，这就造成了他们对事物进行分类归纳的能力比普通儿童要差，因此会表现出较低的思维水平。

5. 推理能力发展不平衡

对视觉障碍儿童类比推理与因果推理能力的实验研究表明：先天盲童与正常儿童在类比推理能力方面不存在显著性差异，而因果推理能力的发展又好于类比推理能力的发展。究其原因，有学者认为可能是对很多无法通过触觉感知的事物，家长和教师常借助视觉障碍儿童能够感知到的一些事物，通过类比推理的方法进行说明，导致视觉障碍儿童类比推理能力得到了提高。

6. 思维较敏捷

有学者认为视觉障碍儿童虽然失去了视觉，但依然可以借助于第二信号系统进行思维，并且常常独自沉思默想，长期地勤于动脑，使视觉障碍儿童的思维比较敏捷。正如作家臧克家所说的："因为眼睛看不见了，他的精神向心沉潜，感觉更敏锐了，思想更深沉了……"

(六)语言

语言在人类文明和个体智慧的发展中起着重要的作用。人们的日常生活、学习和工作都离不开语言这个工具。语言是一种社会现象，是人类通过高度结构化的声音组合，或通过书写符号、手势等构成的一种符号系统，同时又是一种运用这种符号系统来交流思想的行为。

视觉障碍儿童由于视觉缺陷而形成了与普通儿童不同的知识获取渠道，因此语言的形成和发展也表现出自己独有的特点，具体内容如下所述。

1. 视觉障碍儿童的语言水平可以达到同龄正常儿童的水平

视觉障碍儿童由于没有智力方面的缺陷，且听力敏锐，他们的语言能力发展的速度与其生理年龄的增长同步，语言水平完全可以达到同龄正常儿童的水平。语言的学习主要是通过听觉而非视觉，因此凡是以口语形式进行的活动，如朗诵诗歌、说相声、表演唱歌等，视觉障碍儿童都能够完成得很好。并且，由于语言是视觉障碍儿童与他人交流的主要渠道，因此他们学习或使用语言的主动性要比普通人更强，所以才会有"盲人健谈"之说。由于视觉障碍儿童更注意倾听他人讲话，因此他们对词汇的掌握、言语的发展还可能比普通儿童要快一些。

2. 由于缺乏视觉表象，视觉障碍儿童的语言与实物容易脱节

视觉障碍儿童由于缺乏视觉表象，其语言缺乏感受性认识作为基础，导致了语言与实物脱节。例如，他们的作文描写的"蔚蓝色的天空飘着白云、火红的太阳……"这些词汇都是视觉障碍儿童听到的，并没有形成自己的感性认识。特别是在表达与视觉经验有关的概念方面，如月光、浮云、雪亮、五颜六色等，视觉障碍儿童因缺乏亲身的体验而容易误解或错用；但是这种语义不符的现象会随着视觉障碍儿童学习的深入、知识面的扩大、对词语意义的逐步理解而逐渐减少或消失。

3. 视觉障碍儿童在借助表情、手势、动作来帮助说话方面有较大困难，有时会出现盲态

我们经常用开心、愤怒、伤心、郁闷、内疚和害怕等来描述个体由于外界事件、思想和生理变化所引起的内在的情感变化。正常儿童在进行语言表达时，一般附带有表情、手势和动作，来完善自身的语言表达，但是视觉障碍儿童因为其自身的视力缺陷，往往很难做到这一点。相反地，还可能表现出摆弄手指、耸肩、捉弄头发等一些多余的动作。

4. 视觉障碍儿童有的发音不准或有口吃、颤音等

视觉障碍儿童在模仿和学习语言时仅凭听觉和触觉，看不到口形，因而会出现发音不准或口吃、颤音的现象，甚至在发音时出现面部的多余动作。并且由于缺少视觉参与，也就缺少了视觉在模仿发音过程中的调整作用，一些错误的发音动作得不到很好的纠正，也没有办法模仿正确合理的面部表情，因而不可避免地表现出上述特点。

虽然视觉障碍儿童的语言发展具有上述的一些问题，但是只要教育得法，这些弱点仍然是能够被克服的。因此，教师在具体的教学过程中应注重将词汇与具体事物的形象联系起来，帮助视觉障碍儿童形成丰富的感性认识，从而使他们在理解的基础上能够掌握词汇，恰当地运用词汇。

(七)情绪

情绪是人类对各种认知对象的一种内心感受或态度，是生理性的；而情感则是情绪过程的主观体验，是情的感受方面，是社会性的。通常所说的感情，是对情绪、情感这一类心理现象的笼统称谓。

情绪是心理生活中的一个重要方面，它同认知活动一样，都是个体对客观事物的主观反应。由于视觉缺陷，视觉障碍儿童在表达自己的情绪和理解他人情绪上往往存在问题，导致个体具有更多的负面情绪，严重者甚至影响了其正常的人际交往和社会生活。

1. 缺乏积极乐观情绪，多偏向于消极情绪

视觉障碍儿童的情绪多偏向于消极，即缺乏积极、热情、振奋和乐观的情绪，而倾向于消沉、颓废、松懈、灰心和焦虑等消极情绪状态。

由于无法获取视觉刺激，视觉障碍儿童与社会严重隔离，导致他们蜷缩在自己的小天地里，遭受一点点挫折或困难就退缩。久而久之，视觉障碍儿童便产生焦虑、自卑甚至是多疑、冷漠的情绪。

2. 视觉障碍儿童的情绪具有不稳定性，人格具有内倾性

大部分研究认为视觉障碍儿童的情绪不稳定。例如，张福娟等的研究显示：在14种人格中，盲校学生得分最低的项目有忍耐性这一项。宋鸿雁的研究显示：盲生和弱视学生情绪不稳定的人数比例多于正常学生，分别为40%、53.57%和28.3%。

同时，视觉障碍儿童的人格表现出内倾性，不常有激情状态。李丽耘的研究结果显示：在艾森克人格问卷中的外倾性分量表上盲童比正常儿童得分低，即更内倾。张海丛对某特殊教育学院三类大学生的人格进行调查分析的结果显示：在乐群性这一项中，视觉障碍大学生得分较低，"其特征表现为缄默、孤独、冷漠"，与普通大学生的水平相比具有显著差异。

3. 缺乏人际交往能力和机会，其友谊感的形成有其自身特点

由于视力障碍，视觉障碍儿童不但缺少对非言语语言(包括视线接触、面部表情和肢体语言)这一重要社交技能的模仿，而且还使得他们无法参加正常儿童参加的群体活动。此外，视力障碍使得他们缺乏对自己仪表的检查和调整，因此容易让人对他们产生负面印象。

以上种种原因，导致了与正常儿童相比，视觉障碍儿童缺乏了人际交往能力和机会，他们的交往和友谊感具有其自身的特点。例如，视觉障碍儿童的友谊感的形成限定在具有同样缺陷的同伴中；由于多数学校实行寄宿制，高年级的学生在学习和生活上会照顾低年级的学生，跨年级的交往产生的友谊感有其自身特点。

4. 情感体验相对较少，积极情感与消极情感并存

视力残疾不但导致视觉障碍儿童生活范围相对狭窄，而且也使其难以通过视觉直接获取情感体验。他们更多地通过触觉、听觉，通过推理来升华自身的情感体验，往往在情感上表现出两极的倾向，即积极情感与消极情感并存。因此，学校教师与家长的及时指导对于丰富他们的情感体验非常重要。例如，懂得尊敬老师，与同学团结友爱，互相帮助，有集体荣誉感，懂得爱祖国、爱学校、爱老师和爱同学，与老师、同学能够建立真挚的感情，愿意主动接近老师，向老师请教问题，倾诉自己的想法和心情，以求得老师的教导和帮助。

(八)意志

意志与认识、情感活动是三个不同但又密切联系的心理过程。认识是意志的基础，而人的情绪情感对意志又有重要的影响，它既可能成为意志行动的动力，也可能成为意志行动的阻力。但是反过来，人的意志也可能会影响和调节人的情绪情感和认识活动。

意志是人通过克服困难以实现一定目的的心理过程，是人类意识能动性的集中表现，也是人类特有的心理现象。人们在生活中逐渐形成的比较稳定的意志特点就称为意志品质。视觉障碍儿童的意志品质则表现为以下特点。

1. 独立性不强

意志的独立性是指不屈服于周围的压力、能够深刻地认识到自己行动的正确性和重要性，并且能够根据自己的认识和信念，独立地采取决定、执行决定，使之符合行动目的。视觉障碍儿童由于与外界接触偏少，对事物认识往往比较片面，因此表现出两方面的极端性：一方面容易固执己见，不愿意接纳别人的意见，也不会对具体问题进行具体分析；另一方面容易受他人的暗示，易被他人影响而失去自己的方向。

2. 果断性差

意志的果断性是一个人善于迅速地辨明是非，合理地采取决定和执行决定的品质。这种果断性不是凭空而来的，个体在把握了所认识的事物的规律性之后，才能够做到当机立断。视觉障碍儿童由于很难全面地认识问题的各方面情况，因此不容易给出正确的分析和判断，也不容易辨别事情的是非真伪。所以视觉障碍儿童在作决定时，容易优柔寡断，不断地进行内心的斗争和挣扎；而在执行决定时，又容易动摇，拖延时间甚至怀疑自己的决定等。

3. 坚定性差

意志的坚定性是一个人在行动中坚持决定，百折不挠地克服重重困难去达到行动目的的品质。这种坚持主要是对行动目的的坚持，而在实现目的的过程中所采用的手段和方法则可以视具体情况而变。视觉障碍儿童由于缺乏自信和独立性，容易被行动过程中的困难吓倒甚至对其屈服，从而放弃既有目标，表现出意志的不坚定性。

4. 自制力较差

意志的自制力是一个人善于控制和支配自己的情绪、约束自己言行的品质。意志的自制力取决于对自己行动目的的意义的认识，个体觉得自己的行动越具有意义，表现在意志行动的全过程中的自制力就越高。视觉障碍儿童的自制力差既表现在制定决策和执行决定时容易受环境中各种诱因所左右，不能克服内外的干扰，又表现在不能调控自己的情绪状态，在必要时不能及时调节和抑制自己的负面情绪。

(九) 人格

人格是个体在行为上的内部倾向，它表现为个体适应环境时在能力、情绪、需要、动机、兴趣、态度、价值观、气质、性格和体质等方面的整合，是具有动力一致性和连续性的自我，是个体在社会过程中形成的给人以特色的身心组织。而其中对个体人格起关键作用的则包括个体的气质、能力、兴趣以及形成的性格。下面将对视觉障碍儿童的这些人格特征进行介绍。

1. 视觉障碍儿童的气质

气质是指在人的心理活动和行为中表现出来的稳定的动力特点，包括感受性、耐受性、敏捷性、可塑性、情绪兴奋性、内外向性。气质是人格中受先天因素影响较大的部分，因此是比较稳定的人格特征。气质对应个体的体液可以分为四种典型类型：多血质、胆汁质、抑郁质和黏液质。在对视觉障碍儿童的观察中，我们发现视觉障碍儿童的气质倾向以黏液质和抑郁质类居多，而多血质和胆汁质类型的较少，也就是说视觉障碍儿童更多的还是表现出内向特点。某盲校通过观察食堂开饭晚了之后学校盲生的气质表现，统计出其中胆汁质类型的占11%，多血质类型的占13%，黏液质类型的占48%，抑郁质类型的占28%。

2. 视觉障碍儿童的能力

能力是一种很重要的人格特质。在西方心理学中，能力既可以解释为实际能力，又可以解释为潜在能力。实际能力是指个体现已具备完成某事的既有水平；而潜在能力是指个体可能做到的，也就是通过适当的训练和教育能够达到的预期水平。

视觉障碍儿童的能力发展与普通儿童相比，存在着一定的差异，表现在视觉障碍儿童的听觉分辨能力、触觉能力要高于普通儿童，而应变能力特别是应变新环境的能力、定向行走能力以及操作能力要逊色于普通儿童。此外，国内外均有智商测查结果表明，视觉障碍儿童与普通儿童相比，在能力的发展上还存在着一定的差距。

3. 视觉障碍儿童的兴趣

兴趣是个体以特定的事物、活动以及人为对象，所产生的积极和带有倾向性、选择性的态度和情绪。每个人都会对他感兴趣的事物给予优先注意和积极探索。人的兴趣具有倾向性、广阔性和持久性等品质。兴趣的倾向性是指个体对什么感兴趣；兴趣的广阔性主要指兴趣的范围；兴趣的持久性主要指兴趣的稳定程度。视觉障碍儿童对听觉信息和触觉信息更感兴趣。例如，昆虫、鸟类的鸣叫声，抒情动人的音乐，发音玩具的模拟声响，器皿的独特音色，摸上去光滑柔软的物品等，都能使一定年龄的视觉障碍儿童乐此不疲、兴趣盎然。而在兴趣的广阔性上，视觉障碍儿童由于缺乏视觉这一主要的信息通道而显得不如普通儿童那样兴趣广泛。在兴趣的持久性方面，视觉障碍儿童要强于普通儿童。因此，视觉障碍学校应该通过提供课外读物以及丰富的课外活动等来扩大视觉障碍儿童的知识面，增加其兴趣的广阔性，以帮助他们塑造良好的人格品质，实现丰富多彩的人生。

4. 视觉障碍儿童的性格

性格是个人对现实的稳定态度及其相应的行为方式。它是人格中后天形成的，是个人有关社会规范、伦理道德方面的各种习性的总称，是不易改变的、稳定的心理品质，具有社会意义。综合相关研究可以发现，视觉障碍儿童的性格特征体现在以下几个方面。

1) 对现实的态度

视觉障碍儿童在对社会、集体、他人的态度上容易表现出自私、漠不关心、缺乏同情心、冷酷无情、孤僻、不善于与人相处的性格倾向。对学习的态度往往表现得非常认真、踏实，而对待体力劳动则表现得懒惰。在对待自己的态度上通常表现为异常的自尊、自负或自卑、缺乏自信心。

2) 性格的意志特征

视觉障碍儿童的意志特征主要表现为依赖性强、不够果断和不够坚韧。

3) 性格的情绪特征

在视觉障碍儿童的情绪特征中，全盲儿童和有残余视力的儿童有明显的不同：全盲儿童的情绪稳定性和持久性比较强，如有的儿童喜欢钻牛角尖，自己认准的道理不会轻易放弃；而有残余视力的儿童性格的情绪特征表现得恰恰相反，其稳定性和持久性较差，情绪容易波动，忽喜忽悲。在主导心境方面，许多视觉障碍儿童悲观消极，忌讳别人触及他们的缺陷之处，如反对别人讲"盲人摸象"的故事，特别是后天失明的儿童人更容易产生强烈的自卑情绪。

(十)社会化

儿童社会性发展有时也称作儿童社会化。它是每个儿童成为负责任的、有独立行为能力的社会成员的必经途径。心理学认为，个体心理发展的主要过程就是儿童的社会性发展。视觉障碍儿童作为儿童群体中的一类，他们的成长同样有社会化的问题，即同样要经历一个社会化的过程。从视觉障碍儿童本身来讲，在视力受限的影响下，他们常常无法得知他人的肢体语言，包括一些表情的变化，也无法通过表情、手势或语气给予对方适当的回应，因而造成人际互动和同伴接纳上的困难。这种困难是视觉障碍儿童所特有的，因此，视觉障碍儿童的社会适应较之于普通儿童势必要更困难一些，而社会适应能力的发展也更不均衡。

视觉障碍儿童社会适应能力的发展存在着以下几个方面的薄弱环节。

1. 社会认知不足

社会认知是指人对社会性客体，如人(他人和自我)、人际关系、社会群体、社会角色、社会规范和社会生活事件及其之间的关系的认知，以及对这种认知与人的社会行为之间关系的理解和推断。社会认知发展是儿童社会情感、社会行为发展的基础，也是儿童社会性发展的一个重要方面。儿童必须掌握一定的社会规则，如道德规则、习俗乃至游戏规则等，否则在其社会生活中将面临许多困难和阻力。由于视觉障碍儿童缺乏充分的社会交往和社会活动，容易导致视觉障碍儿童对一些社会规则缺乏了解，从而在适应社会的过程中出现一些问题，导致障碍的出现。社会认知还包括对自我的认知。视觉障碍儿童由于视觉缺陷，难以认识自己同外部环境、他人的关系，容易处处以自我为中心，不能对自己作出正确的认知和评价。特别是在失明早期，不能正视自己的残疾，会衍生出自卑或自负的不良性格，很难与他人形成良好的互动。

2. 独立生活能力较差

独立生活能力是社会适应能力发展的关键一环，如果儿童不能很好地发展独立生活能力，即使各方面都很优秀，也难以顺利地为社会所接受。普通儿童是通过日常生活中有意无意地观察模仿而学到生活知识和技能的，而视觉障碍儿童失去了这样的先天优势，在生活上更多地依赖父母和家人。由于家人的溺爱，更容易造成视觉障碍儿童衣来伸手、饭来张口的坏习惯，影响视觉障碍儿童独立生活能力的发展。有些视觉障碍儿童在长期的娇纵下，性格变得胆小怕事、不敢独自外出，甚至出现行走姿势异常，诸如鸭步、侧行、手脚不协调等，表现出独立生活能力的严重低下。

3. 体态语言发展缓慢

人与人之间的互动有时候是借助于有声的语言，有时候则是借助于无声的体态语言，包括目光接触、身体姿势、脸部表情等。视觉障碍儿童却无法借助表情、动作来表达自己的情感，也无法根据他人的表情和动作来给予合适的回应。据某盲校观察和测试发现，有56%的视觉障碍儿童不能正确、清楚地回答怎样用面部表情来表达内心的喜、怒、哀、乐。视觉障碍儿童无法合理使用体态语言，造成了他们在与普通儿童交往时的紧张情绪，也影响了他们社会交往的积极性和主动性。

4. 社会交往能力偏低

在视觉障碍儿童的社会交往过程中，我们可以发现以下特点：视觉障碍儿童多数时间生活在学校和家庭中，不愿单独外出与人交往；视觉障碍儿童交往的对象多只限于同学、家人和其他社会盲人；视觉障碍儿童与外界交往多采用电话和书信的形式；视觉障碍儿童与人交往多带目的性，且交往的内容、信息较为贫乏；视觉障碍儿童的交往手段主要是语言，而在使用语言进行交往时，表达能力和交谈的艺术性又较差；视觉障碍儿童参与社会性活动的热情不高等。由此可见，视觉障碍儿童的社会交往非常贫乏，从而缺乏有效锻炼社会适应能力的肥沃土壤，导致视觉障碍儿童社会适应能力水平不高。

5. 交往态度存在偏差

人际关系是个体之间在直接交往中表现出的心理关系，如彼此亲密、融洽或协调的程度如何等。发展良好的人际关系是个体适应社会或个体社会性发展的必要条件，而人际关系是通过人际交往或人际沟通实现的，只有在良好交往态度的引导下才有可能形成良好的人际关系。视觉障碍儿童由于个性的一些负面特征，往往在交往态度上存在偏差，表现在人际关系上就显得孤僻，在交往的对象上只愿意与和自己相同的人交朋友，而不愿与健全人交往，造成了其人际关系淡漠的局面。

五、学前视觉障碍儿童的教育干预

(一)学前视觉障碍儿童的教育原则

1. 早期发现、早期诊断和早期教育的原则

视觉障碍儿童并非都是全盲的，他们中许多人的视力恶化过程是一个渐进的过程，早期发现、早期诊断、早期教育，可以丰富他们的感性经验，为他们以后的发展提供良好的条件。需要指出的是，由于儿童的语言表达能力有限，在进行视力测查时会有很多困难，家长往往无法确切地知道自己孩子的视力状况，因此很难做到尽早发现问题。一旦视力严重损害，就难以通过药物或手术改变。为此，幼儿园教师在日常生活中要经常注意观察孩子的视觉表现，及时发现异常情况，一旦发现孩子可能有某种视觉障碍，应当及时到医院确诊。确诊的目的并不是将所有的希望寄托在医疗上，而是为了确切地了解孩子的视力状况，根据其视力状况以及视力恶化的情况制定出相应的教育策略。早期教育是最为有效的改善儿童视觉障碍的手段，虽然教育也无法挽回视力受损害的局面，但却可能为孩子的发展打好基础，使他能够补偿视觉的第一性缺陷。

2. 多重感官协同原则

由于视觉障碍儿童在人们获取信息的最主要途径之一——视觉功能上的不足，才更有必要对他们加强多感官协同的训练。多感官协同并非将各种感觉器官相加或混合，而是要求根据视觉障碍儿童的特点来开展各种感官的整合活动训练：首先，要注意根据孩子的特点合理使用残余视力，在了解孩子的视力状况后更有效地帮助他们选择合适的阅读材料，开展一系列用眼能力的训练，保护和合理使用他们的残余视力，尽可能丰富他们的感觉经验，为以后的发展打好基础。其次，还应借助于其他感觉途径来丰富和发展儿童的感知能力。在听觉和触觉的主导作用下，充分发挥各种感觉的积极作用，使他们从小得到较为广泛的信息，以提高其感觉能力。

3. 自然性原则

根据学前儿童的特点，在对视觉障碍儿童进行早期教育时，应尽量为他们提供自然情境，使他们在生活中获得知识和提高能力。这与儿童天性好动、好玩儿的心理特点是一致的。通过自然生活来学习，是一种比较好的获取信息和提高能力的途径，这样的学习比专门设置特定条件要优越得多。儿童视力受损后，就更要求从其自身特点出发来学习，因此在自然情境下应当使他们掌握同龄人都要学会的行为。例如，在游戏活动中，儿童接触到各种各样的事物，教师要一一告诉他这些是什么，并让他亲手摸一摸；遇到下雨天，让儿童到户外感受一下雨是怎样的，让儿童穿上雨靴，打上雨伞，体验一下下雨的情景等。

4. 安全性原则

儿童的视觉障碍会限制其行动能力，降低其自我保护能力。特别是处于幼儿阶段的视觉障碍儿童尚未形成自我保护意识，因此在对他们进行教育时要特别强调安全原则。与此同时，注意不要过分限制这些儿童的行动，否则会降低他们的自我保护能力，形成依赖心理，对他们今后的安全有着不良影响。为了防止由于忽视对安全的考虑而带来的依赖心理，因此要求幼儿教师要合理使用他们的残余视力，保护其触觉、听觉、运动觉，避免过度疲劳，防止意外伤害。随着儿童年龄和知识经验的增长，对旁人的依赖会逐渐减少，这时就可以更多地让儿童自己行动，在实践中提高其自我保护的意识和能力。

5. 全面性原则

在孩子儿童时期，许多家长仅仅注意他们的饮食、起居、穿着打扮，忽视对孩子及早进行早期教育。也有的家长只重视智力开发，忽视对孩子品德和良好个性的培养，结果导致儿童的片面发展。视觉障碍儿童因视觉障碍而失去了很多自然地获得知识和能力的机会，在生活中遇到的困难和障碍比正常儿童要多，只有加强全面的早期教育和训练，才有可能缩短他们与健全儿童之间的差距。忽视对儿童的全面培养，会给他们以后的成长带来不利影响。全面发展并不是要在各个方面都齐头并进，在儿童阶段，身体的发展是最基本的，其他方面的发展也不能忽略。对于儿童经常出现的心理或行为问题，如缺乏信心、畏惧困难、过分依赖等，要及时矫治，帮助他们塑造良好的行为习惯。在社会适应和交往方面，还应有步骤地发展其交往能力。

6. 持久性原则

正因为儿童视力障碍，给他们本人乃至其家人都带来了许多困难，所以教师和家长在教育儿童时必须要有耐心，仅靠零星的、时断时续的教育和训练，是不可能有成效的。因此，教育视觉障碍儿童，特别是幼儿一定要从发现他们有残疾的那一刻开始，并持之以恒。

经验表明，在学龄前对视觉障碍儿童及时开展教育和训练是最为有效的。教师要正确面对孩子的特殊性，充分抓住儿童在幼儿园生活的每一瞬间，不放弃任何机会，尽最大努力来教育好孩子。这个过程是艰苦的，但也是非常有意义的。

(二)学前视觉障碍儿童教育的内容

1. 感官训练

感官训练是指对视觉障碍儿童的听觉、触觉、嗅觉、味觉及残余视觉等感官功能进行有计划的干预训练，以使其他感官更好地代偿视觉的损失，使得视觉障碍儿童能客观地认识世界、学习各种技能、适应社会生活。

1) 残余视觉训练

视觉技能包括固定、注视、追踪、调节等。正常儿童在日常生活中获得了大量的视觉技能，但视觉障碍儿童的视觉技能发育不同程度地受到各种阻碍，因此对视觉障碍儿童进行视觉技能的训练是十分必要的。

最初的视觉技能训练是让视觉障碍儿童对光亮产生注意，可以利用手电筒的亮光向上、下、左、右及近、远移动，训练他们的视觉追踪能力以及辨别远近的能力。随后可以把各种色彩鲜艳、反光良好的玩具拿到背景对比明显的环境中进行上述训练。在儿童 1 岁左右开始能够爬行、站立及行走时，应该在他的周围放一些玩具，让他去寻找。在这个时候要逐步让儿童注意周围的事物，如家具、人物等。在儿童两三岁时，就要开始让他学习辨别目标物体的形状。这时他们的语言理解能力已经得到一些发展，可以呈现给他们不同形状和大小的物体，用语言来说明物体的名称及特点，在讲述时应该着重讲明直线、曲线、点、角等。接下来便是画图及其他视觉训练，开始时要给儿童看一些简单的单色图或颜色对比较强烈、颜色鲜明的图画。开始练习时图要大一些、简单一些，之后慢慢变小、变复杂，直到儿童刚刚能看到为止。当儿童能看清并说出图的名称后，就应让他们练习描画形状各异的图形，要从不同的角度来表现图的整体或全貌，这样视觉障碍儿童在看到实物时，无论从前面或侧面，都能把它辨认出来。另外，视力严重受损儿童的手眼协调能力比较差，通过描图也能提高这项能力。3 岁以后，视觉障碍儿童便可以开始进行视觉分类、视觉记忆、辨别方位、认识符号等训练。这些训练可以利用画线条、走迷宫、点连画、剪纸、搭积木等游戏活动进行。在训练视觉障碍儿童时应该多使用语言，告诉他所看到的是什么，或让视觉障碍儿童运用他的触觉，用手去触摸所看到的目标。这样大脑可以将视觉和其他感官传来的信息进行综合，促进视觉识别能力的发展，提高视觉效率。

2) 听觉训练

听觉是人们接收外界信息、认识客观世界的重要工具之一。由于视觉障碍儿童丧失了部分或全部的视觉，所以听觉成为他们认识世界、获取外界信息的主要手段，也是他们学习、交流、活动的主要途径。

在婴幼儿出生后的几个月，就可以开始对其进行听觉训练了。在他们 0～6 个月的时候，家人进入房间时，要随时跟幼儿交流，或者播放电视或收音机，或者把小铃或其他产生柔和声音的玩具放在他的周围，让他了解声音的存在；6～12 个月的时候，家人可以通过玩有声玩具并改变玩具的位置，让幼儿转头追寻声源；1～2.5 岁时可以让儿童通过触摸了解声源，如触摸水龙头、抽屉、闹钟等声源，家长这个时候还可以带儿童外出去听声音，并指出声音的来源，如超市的嘈杂声、马路上的车鸣声等；2.5～4 岁时，家长可以指导儿童听更多的声音，可以到郊外听听大自然的声音，辨别声音的远近，也可以把发声体藏起来，让儿童去寻找。接下来就是训练儿童的听觉记忆，可以通过执行家长的指令、玩耳语传话游戏、打电话等活动来进行。对于视觉障碍儿童而言，还有一项特别重要的听觉训练，就是在嘈杂的环境中进行有选择地听，接收有用的信息，对没有意义的声音不予关注。这个可以通过在嘈杂环境中听拍球的次数、在音乐环境中听指令等方式来进行训练。

3) 触觉训练

人们对事物空间特性的认识和触觉分不开。触觉不仅可以帮助人们认识物体的软、硬、粗、细、轻、重等特性，而且通过同其他感觉联合起来，还能够帮助人们认识物体的大小和形状。触觉是视觉障碍儿童获得经验与知识的重要感觉。

触觉训练首先是要教会视觉障碍儿童认识物体，包括认识日常实物和模型。在 6～12 个月时，家长可以给幼儿提供一些既方便抓握又能避免吞食的触觉玩具，鼓励儿童玩耍，在玩耍的过程中认识物体。在 1～2 岁半的时候，家长可以帮助儿童认识事物的一些特性，如冷、暖、干、湿、软、硬等。当视觉障碍儿童在辨认物体的时候，家长和教师应给予生动的语言描述，如柔软的枕头、硬的地板、冷的水、热的馒头等。在 2 岁半～3 岁半的时候，就要给视觉障碍儿童介绍尺寸的概念，如提供家人的鞋子让儿童去配对，或使用其他物品，依据尺寸、长度、形状去分类，如积木、纽扣、小塑料瓶等。在4～5岁的时候，可以指导儿童串珠子，走路时让儿童感受不同的路面，如人行道、泥土、草皮、柏油路面等。在训练的过程中家长要教给视觉障碍儿童正确的触摸方法，要按照一定的顺序进行触摸：先整体、再局部、再整体；从头到尾、从上到下；触摸较大的物体要借助基准点、线、面，避免观察遗漏和重复。另外，还要进行视觉障碍儿童的触摸分配训练，这样可以让视觉障碍儿童的两手同时触摸两种不同的物体，观察其异同。这对提高触摸效率、拓展观察范围非常有效。

4） 嗅觉与味觉训练

美妙的气味会引导视觉障碍儿童去主动探索外界的事物，嗅觉可以帮助视觉障碍儿童辨认物体、辨别方位以及为定向行走提供线索。

家长首先要帮助孩子认识和分辨不同的气味，然后区别各种物品特有的气味特征，以此来区分不同的物体。等孩子稍大一些，可以让他们根据气味来认识环境，如小吃店的气味、书店的气味等。在味觉训练中，视觉障碍儿童一方面必须能够区分不同的味道，如酸、甜、苦、辣、咸等；另一方面还要能通过品尝来辨认食物。在味觉训练中必须注意以下事项：①要使孩子知道不是所有的东西都能放到嘴里去品尝，有毒的物品是不能随便吃的。②结合嗅觉训练，让孩子能区分出鲜奶与馊奶、鲜肉与腐肉、鲜水果与坏水果等的不同；一旦尝到了腐烂或异常的味道，要立刻吐出来，并用清水冲洗口腔，以防食物中毒。

2. 运动技能训练

通常，运动技能的训练包括粗大动作和精细动作两类。粗大动作是指身体的大肌肉运动，精细动作是指身体的小肌肉运动。视觉障碍儿童由于其自身的缺陷，自发的运动会相应减少，与正常儿童相比，他们更倾向于待在某个地方不动，以保证自己的安全，这就会造成视觉障碍儿童的运动技能发展明显落后于正常儿童，还有可能出现"盲态"，所以要加强对视觉障碍儿童的运动技能的训练。

1） 粗大动作技能的训练

视觉障碍儿童坐、爬、站、蹲、走等基本动作的发展顺序与正常儿童是一致的，由于视觉障碍儿童缺少运动动机，所以其发育相对于正常儿童来说要晚一些。美国学者先后对低视力儿童进行追踪调查后发现，低视力儿童的动作发展明显晚于正常儿童。在爬行动作发展中，低视力儿童平均比正常儿童晚两个月。有趣的是，在追踪的30名儿童中，所有的父母都报告说，孩子在婴儿期不喜欢处于俯卧状态，并且有15名儿童没有经历爬行动作的发展阶段而直接进入了行走动作的发展。这就要求家长不断地给予大量有效的刺激，促进其运动的发展。粗大动作的训练从婴儿期的变换体位开始，这个时候视觉障碍儿童需要家长的帮助，不然他们会长期地保持一个体位不动。不同的体位不但能使不同部位的肌肉得到训练，更重要的是能激发视觉障碍儿童的运动兴趣。

2） 精细动作技能的训练

当儿童能控制自己身体的时候，就要开始训练其精细动作的发展。精细动作训练包括手和手指的动作以及手眼协调的能力，如手指对捏、捡拾、捻压、揉搓等。精细动作可以通过以下内容来训练。

首先是取物练习。在幼儿还没有懂得伸手触摸物体的时候，家长可以协助幼儿伸手触摸发声玩具，让幼儿发现声源并主动抓取玩具；在幼儿仰卧时，家长可以在两旁放一些不同声音的安全玩具，鼓励幼儿伸手探索和抓取。

其次是要训练幼儿的手指对捏动作。家长可以手把手地教孩子通过食指和拇指的对捏来拾取物品，串珠训练是一个很好的练习手指对捏的游戏。

精细动作的训练应遵循以下年龄顺序。

在0～1岁时，学会利用尾三指及掌心抓握物体、能够将玩具在桌上敲击、将两块积木相互碰撞敲击、将物件从一只手交到另一只手中、利用前三指抓握物件、用拇指及食指拾起小物件、将玩具放入容器内或将玩具从容器中拿出、将小物件放入瓶中或从瓶中取出等。

在1～2岁时，要学会将四个大圆圈套在柱上、圆木棒插在圆形柱板上以及用蜡笔随意涂写、用玻璃丝或小电线穿扣子洞、扭开物件等。

在2～3岁时，能够将6～7块积木叠高、用锤子敲打小柱子、用前三指握蜡笔、模拟折纸、用剪刀剪纸等。训练要求尽可能全面并注意安全，玩具最好有味道、由不同材质制成或能发出不同的声音，这样有利于儿童的运动感觉统合能力的发展。

3. 语言训练

人类的发音器官的运动是一系列非常精细复杂的运动，口形的变化、舌的伸缩、面部肌肉的运动以及发音时的呼吸，任何一项发生障碍都有可能会影响语言的表达。视觉障碍儿童由于视觉上的缺陷，看不到人们发音时的动作，也看不到人们使用目光、手势、表情等辅助手段进行交流，因此他们学习说话时会遇到很多正常儿童所想不到的困难和障碍。0～3岁是儿童语言发展的关键期，这就要求父母在儿童学习语言时注意他们的特殊需要，帮助他们学习语言。

对视觉障碍儿童的语言训练可包括发音、语言理解和语言表达三个方面。发音训练在视觉障碍儿童学说话时就要开始进行。家长首先应该让他们触摸说话者的脸和嘴，让他们感受唇、颊和下颌的运动，让他们感受说话时气流的运动，然后让视觉障碍儿童把手放在自己的嘴上，重复家长的话，活动嘴唇等器官，这样就能减少一些发音不准的现象。另外，在生活环境中要直接告诉儿童每一个物品的名称，如杯子、饭碗、脸盆等，并不断地重复，直到视觉障碍儿童理解和掌握为止。在教视觉障碍儿童说话的时候，要尽量让他理解词语所表达的意义，除了详细地描述和触摸外，还要结合各种情境让儿童理解语言，如反复地告诉儿童他正在做什么("你正在刷牙""你正在吃饭"等)，以结合不同的生活情境来理解语言。当儿童掌握了大部分的名词和动词后，就要鼓励儿童跟家长进行交流。如果他想要某种东西，可以问他："你想要牛奶还是果汁？"直到他回答问题了再给他。当其他人同视觉障碍儿童交流的时候，家长要让儿童自己来回答问题，而不是代替他们回答。要用具体的、清晰的声音跟儿童交流，不要使用儿语，要注意避免使用含糊的非特指性的短语，如"这里""那里""它"等，因为视觉障碍儿童根本不知道你说的"这里""那里"指的是哪里，也不知道"它"代表什么。另外，视觉障碍儿童的语言指导应该兼顾表情教育，在生活中鼓励孩子多利用面部表情来表达内心的喜怒哀乐，这可以让他们避免因表情呆板而显得冷漠。

4. 生活自理及社交技能的培养

随着视觉障碍儿童年龄的增长及活动能力的增强，家长和教师要逐步训练他们基本的生活技能，教给他们社交常识。视觉障碍儿童生活自理能力训练的主要内容通常包括：独立吃饭、穿脱衣服、洗澡、独立上厕所等。

在0~1岁阶段，训练视觉障碍儿童自己抱奶瓶喝奶，可以在奶瓶外裹上不同质料的布，从而加强触觉刺激；学习从勺中进食、手握固体食物放入口中、知道家长"把"大小便等。

在1~2岁阶段，能触摸各种固体食物，学会自己用勺进食，配合家长穿、脱衣，或自己脱外衣、裤子，会自己坐盆大小便，能独自安静入睡等。

在2~3岁阶段，能熟练用勺进食，用杯喝水，学习使用筷子，会脱袜，穿外衣、长裤，依靠触觉辨别衣物的正反、上下，会擦鼻涕等。训练的时候家长应该把这些过程分成几个小部分，手把手地教或者进行解释。需要注意的是，当教会他们独立做这些事情以后要注意保持他们的生活规律，使其养成良好的生活习惯。

视觉障碍儿童生活自理能力训练是一个漫长的过程，家长要有耐心，不能因为孩子做得慢或做得不好就放弃努力，自己来代办，这样不利于孩子以后的学习和生活。视觉障碍儿童要在社会上生活，就必须与各种各样的人进行交往，良好的社交技能能帮助他们更好地融入社会、被人们所接受。由于视觉障碍儿童不能经常参加一些有益于培养他们社交能力的活动，所以跟正常儿童相比，他们在社交场合显得比较安静和消极，这就需要家长在视觉障碍儿童小的时候就注意培养他们的社会交往能力。

在0~1岁阶段，逗引视觉障碍儿童时，应使其能微笑、将头扭向声音的方向，在家长的牵引下能挥手说再见、模仿声音等。

在1~2岁阶段，会和其他小朋友一起玩耍，学习一些简单的社交技巧，家长向儿童示范，使他们学会适当地表达自己的情绪，在吃饭或玩耍时懂得等待食物或玩具；学习独处至少3分钟等。

在2~3岁阶段，学习与他人相处的技巧，如不擅自触摸他人、适当表达自己的要求、懂得批评与表扬、玩角色扮演游戏、学习不同角色的社交技巧等。

要从小培养视觉障碍儿童良好的独立性，儿童能做到的事情就让他自己去做，即便是儿童不能独立完成的事情家长也应只给予适量的帮助，而不是全权代替。要鼓励儿童多交朋友，与他人玩合作性游戏，体会和同伴交往过程中的各种感受，加强社交技巧的训练，教给儿童合适的表达友谊的方法，家长应以身作则给予良好的示范。尼克松(Nixon)认为对孩子的家长和教师来讲，为有障碍的儿童及时提供周围环境的信息，向他们解释周围发生的事是非常重要的。例如，告诉孩子："宝宝，小明正坐在你旁边，他也在玩串珠游戏。"

表情和语言在社会交往中是很重要的，家长和教师教孩子学习语言的时候，可以通过语言描述和面部示范，并结合让儿童触摸的方式，让视觉障碍儿童认识到面部与情绪的联系，让他们懂得在交往中如何正确地运用面部表情。

另外，父母可以通过潜移默化的影响来帮助孩子建立伙伴关系。生活中，父母可以经常与孩子讨论与伙伴相处的态度和彼此之间的关系，如问他们交往中开心的事情等。在与孩子相处的过程中，父母要与孩子保持一种好朋友的关系，跟孩子分享生活中的事情，这样亲子关系会更加亲密。

总体来说，对视觉障碍儿童进行早期干预是一个复杂和艰辛的过程，它涉及社会、学校、家庭等方面，需要各方面一起配合才能收到实效。

(三)学前视觉障碍儿童教育的方法

1. 综合多种感官法

鉴于视觉障碍儿童获取视觉信息方面存在很大困难，在对视觉障碍儿童进行教育训练时应坚持多重感官并用的原则，从而使他们有可能得到更加丰富的刺激，也就有更多机会认识和了解周围世界。这就要求充分发挥儿童的各种感官能力，尽量使其获得对事物的完整、清晰的认识，以补偿视觉缺陷提高其认识事物的能力。

2. 表象指导法

儿童在视觉功能失去或下降后，面临的最大困难就是缺乏视觉表象，无法获得对事物形象的完整把握。对每一个事物的教学都应结合实物或模型，使儿童得到直接的印象，从不同的侧面理解该事务所具备的各种特征。特别是对后天失明的儿童，要争取将他头脑中残留的有关事物的形状、颜色、大小等特征保留下来，这对以后的学习非常有好处。通过加强对这些事物的记忆，他们在生活和学习中可以经常提取头脑中的形象，从而巩固记忆。这样即使听觉或触觉不能完全代替视觉，也可以在一定程度上补偿其视觉缺陷。

3. 实践法

随着素质教育的实施，就更需要加强对视觉障碍儿童基本素质的培养。在教育中不仅要教给儿童一些基本的知识，同时也要培养他们的生活自理能力、与人交往的能力，以及观察事物、分析事物的能力。因此，不能因为视障儿童行动不便就将他们限制在家中，而应该为他们提供大量的实践机会。学校和家庭都应给儿童提供大量的学习机会，这种学习应紧密地与日常生活联系在一起。首先要从熟悉生活环境开始，学习自我服务的技能。其次要带孩子到大自然中去感受，增进知识的获得，使他们得到充分的放松和休息。另外，要让孩子多与同龄儿童接触，在参与活动的过程中了解社会，这一切都是要靠实践来提高和获得的。

第二节　学前听觉发展障碍儿童的教育

听觉是人们感受外界刺激的重要通道之一。听力的损失导致听觉障碍儿童的认知、语言发展和社会交往等方面存在不同程度的障碍。卡尔丹诺(Cardano)是16世纪的意大利数学家、哲学家和医生，作为聋教育理论的奠基人之一，他提出"我们可以做到：聋人通过阅读可以听到，通过书写可以说话。"他对聋人掌握语言的可能性做了肯定的叙述。实践证明，经过适当的教育干预，大多数听觉障碍儿童都可获得一定程度的行为能力、认知能力、言语能力和社会适应技能。

一、听觉发展障碍概述

(一)听觉障碍的概念

听觉是通过大脑皮层对声音分析后所获得的感受，是由具有传导声音作用的传音器官和具有感受声音作用的感音器官协同完成，这个系统中的任何部位发生结构或功能障碍时均可导致不同程度的听觉障碍。

听觉障碍也称聋、重听、听力损伤或听力残疾。我国在1987年进行残疾人抽样调查时，将听觉障碍统一为"听力残疾"，并把它和语言残疾合二为一，叫作"听力和语言残疾"。当时使用的《残疾标准》中把"听力残疾"定义为："听力残疾指由于各种原因，导致双耳听力丧失或听觉障碍，而听不到或听不真周围环境的声音。听觉障碍与听力残疾的意思相同。"2006年，我国《第二次全国残疾人抽样调查残疾标准》中认为：听力残疾，是指人由于各种原因导致双耳不同程度的永久性听觉障碍，听不到或听不清周围环境声及言语声，以致影响日常生活和社会参与。由于残疾更多地侧重于生理方面的病变，而障碍则更多地侧重于功能方面的缺陷与不足。而且，前一种说法更容易引起偏见和歧视，因此我们在本书中一律采用"听觉障碍"这一术语。

为了能对听觉障碍这一概念有较为清晰的认识，我们有必要清楚聋与哑的关系。耳聋的人过去常被称作聋哑人，但聋与哑是既有联系又不相同的，其中聋是听觉系统出现问题，哑是口头言语表达出现问题。很多在出生前、学语前全聋儿童或刚学会说话的幼儿因为听力损伤，基本不能或完全不能感受到外界的语言刺激与其他声音刺激，造成了口头言语表达能力的丧失，即哑，临床上表现为既聋又哑，但这类儿童在言语器官方面一般不会有问题。可见，聋是因，是第一性(原发性)的缺陷；哑是果，是第二性(继发性)的缺陷。事实上，随着科学技术、医疗和特殊教育的发展，在当下社会中，聋未必哑。

(二)听觉障碍的分类

根据不同分类标准，听觉障碍可以分成以下不同种类。

1. 听觉障碍程度

儿童听觉障碍的程度主要从声音强度和声音频率两个角度进行判断。在日常生活中，常用来表示声音强度的单位是分贝(dB)，人类所能听到的声音强度介于0~130分贝，正常人在零分贝时就能听见。当一个人听力受损伤时，能听见的分贝数字越大，表明听觉障碍的情况越严重。《第二次全国残疾人抽样调查残疾标准》中规定的听觉障碍分为四级。

(1) 听力残疾一级：听觉系统的结构和功能方面极重度损伤，较好耳平均听力损失91 dBHL，在无助听设备帮助下，不能依靠听觉进行言语交流，在理解和交流等活动上极度受限，在参与社会生活方面存在极严重障碍。

(2) 听力残疾二级：听觉系统的结构和功能重度损伤，较好耳平均听力损失在81~90 dBHL之间，在无助听设备帮助下，在理解和交流等活动上重度受限，在参与社会生活方面存在严重障碍。

(3) 听力残疾三级：听觉系统的结构和功能中重度损伤，较好耳平均听力损失在61~80 dBHL之间，在无助听设备帮助下，在理解和交流等活动上中度受限，在参与社会生活方面存在中度障碍。

(4) 听力残疾四级：听觉系统的结构和功能中度损伤，较好耳平均听力损失在41~60 dBHL之间，在无助听设备帮助下，在理解和交流等活动上轻度受限，在参与社会生活方面存在轻度障碍。

2. 听觉障碍的部位

按照听觉受损的部位不同,可以将听觉障碍分为传音性听觉障碍、感音性听觉障碍和混合性听觉障碍三大类。

(1) 传音性听觉障碍,即传导性听觉障碍。听力损失主要发生在外耳和中耳部分。外耳和中耳的损伤,减弱声音传导至内耳的强度。该类障碍很少造成高于 60~70 dBHL 的听力损失,可以通过放大声音、医学治疗或手术减轻听力损失。

(2) 感音性听觉障碍,即感觉神经性听觉障碍,是由于耳蜗内以及耳蜗后听神经到大脑中枢通路发生病变导致的听力损失。根据病变部位又可分为感觉性听觉障碍和神经性听觉障碍。感觉性听觉障碍,是由耳蜗病变引起,所以也叫作耳蜗性听觉障碍。神经性听觉障碍,其病变发生在耳蜗以后的神经部位,因此又叫作耳蜗后性听觉障碍。该类障碍主要是由耳蜗的听觉毛细胞或听神经受损所导致。这类障碍有轻有重,一般来说都较为严重。

(3) 混合性听觉障碍,即外耳、中耳、内耳或听神经及听觉中枢都有问题所致,从而造成混合性听觉障碍,即同时患有传音性和感音性听觉障碍。

3. 听觉障碍发生时间

按照听觉障碍发生的时间,可以将其分为先天性聋和后天性聋。

(1) 先天性聋是指在出生时即获得的听力损伤疾病,可发生在产前期、产期以及围产期。

(2) 后天性聋是指出生以后即获得的听力损伤疾病。其常见因素主要包括感染性疾病、中毒性疾病和外伤性疾病等。

教育学观点认为,听觉障碍发生的年龄,即听觉障碍发生在语言发展之前还是之后直接影响儿童语言能力发展的程度。一般而言,听觉障碍发生时间越早,儿童语言发展的障碍就越大。听觉障碍儿童教育工作者经常使用"学语前耳聋""学语后耳聋"这样的概念。

(1) 学语前耳聋是指儿童在出生后至 4 岁前发生的听觉障碍,换句话说是在儿童学会说话之前就出现的耳聋。

(2) 学语后耳聋是指儿童在大约 4 岁后发生的听觉障碍,即在自然学会说话之后出现的耳聋。

4. 听觉障碍的性质

根据听觉障碍的性质,可以把听觉障碍分为器质性听觉障碍和功能性听觉障碍。

(1) 器质性听觉障碍是指听觉系统的组织结构异常所导致的听觉障碍,这种情况下,听觉系统中的某些器官不能接收声波的刺激或者不能传导声波引起的神经冲动。无论是传音性听觉障碍、感音性听觉障碍还是混合性听觉障碍,由于它们都具有器质性病变(外耳、中耳或内耳病变),因此都属于器质性听觉障碍的一种。

(2) 功能性听觉障碍是指由心理因素和精神因素造成的听觉系统效能下降导致的听觉障碍,即个体对声波有感知,但不够敏感,区分不够精确,容易把一些声音听成另一些声音,如把"hún"听成"tún",把"yoo"听成"you"等,一般可以通过加大音量来避免这些问题的产生。

5. 听觉障碍的遗传

按照遗传与否，可将听觉障碍分为遗传性听觉障碍和非遗传性听觉障碍。

(1) 遗传性听觉障碍是由基因或染色体异常所致，一般是由父母的遗传物质发生改变传给后代引起的。遗传性听觉障碍可能于出生前发生，也可能于出生后发生。前者称为先天性遗传性听觉障碍，后者称其为遗传性进行性听觉障碍。

(2) 非遗传性听觉障碍是指除基因外的其他因素所导致的听觉障碍，如母亲怀孕3~4个月患风疹、流感等疾病，或者使用庆大霉素、链霉素等耳毒性抗生素，或分娩时间过长、难产、产伤或新生儿缺氧、早产儿、低体重等。

(三)听觉障碍的出现率

出现率是指某特定时间内在一定人口中已存在的某种类型的患者人数，如今年学龄儿童中有听力残疾的儿童数。因出现率和教育计划的关系甚大，所以出现率是相关机构需要掌握的一个重要数据。

据世卫组织2021年3月发布的《世界听力报告》显示，目前全球五分之一的人听力受损，听力损失影响全球超过15亿人。报告预计，到2050年，全球四分之一的人会有听力问题，近25亿人将患有某种程度的听力损失，其中至少7亿人将需要康复服务。其中包括3400万儿童。

二、听觉障碍的成因

多种多样的听觉障碍使得听觉障碍成因的分析较为复杂，因而出现从不同角度对听觉障碍成因分析的状况。引起听觉障碍的原因众多，而且大约1/3的听觉障碍难以寻找到确切的致病原因。从教育康复的角度，确认听觉障碍发生在学语前或学语后是非常重要的。因此，这里根据听觉障碍产生于学语前或学语后来分析其成因。

(一)学语前因素

国外一项研究表明，大约有95%的学龄期聋或重听儿童为学语前听觉障碍。学语前听觉障碍的原因很多，目前已识别出几百种导致听觉障碍的原因，其中最为常见的原因有遗传、早产或难产、麻疹及先天性细胞巨化病毒。其他原因包括怀孕时的并发症和Rh因子。

国内一项研究发现，低出生体重、高胆红素血症、庆大霉素注射史、卡那霉素注射史、化脓性中耳炎可能是新生儿听觉障碍的高危因素。相当比例的学语前听力损伤儿童的致残原因不明。0~6岁组听觉障碍的主要病因构成为原因不明、遗传、母孕期病毒感染等。

1. 遗传因素

遗传因素是导致听觉障碍的一个重要因素，遗传性听觉障碍由基因和染色体异常所致。载有听觉遗传信息的基因通过一定方式传给后代，造成遗传先天性听觉障碍。据统计，大约一半以上传音性听觉障碍是由基因异常引起的，绝大多数遗传性听觉障碍来自隐性基因。在儿童的感觉神经性听觉障碍中约有50%是由遗传因素所致，在成人的感觉神经性听觉障碍中约有20%源于遗传因素。约有10%的听觉障碍儿童家长也是听觉障碍者；约有30%

的听觉障碍儿童，其亲戚中有一位是听觉障碍者。另外还有一些是没有家族病史，但是父母精子和卵子中的基因发生变异，使得染色体异常而致听觉障碍。

2. 早产或难产

孕妇妊娠毒血症，分娩时难产、早产，出生时创伤以及缺氧等都会影响神经及内耳，导致听觉障碍；还有如母婴 Rh 因子不合、溶血性黄疸也会造成听觉障碍。一些出生时体重很轻的早产儿会出现听觉障碍，而有一些有脑出血经历或出生时内耳缺氧的婴儿也会发生学语前听觉障碍。

3. 麻疹

胎儿极易受到某些病毒的侵袭。虽然麻疹对儿童和成年人不会产生重大危害，但是却对孕妇非常危险，特别是怀孕期前 3 个月的孕妇如罹患麻疹，麻疹病毒就会侵袭正在发育的胎儿，造成胎儿听觉障碍、视觉障碍、心脏病和许多其他严重障碍。

美国和加拿大于 1964—1965 年麻疹流行的调查结果发现：听觉障碍儿童的出现率戏剧般地增高，该次麻疹流行导致在 20 世纪 70 年代到 80 年代接受特殊教育服务的学生中有 50%以上为听觉障碍。自从 1969 年研制出麻疹疫苗后，尽管麻疹仍是导致听觉障碍的原因之一，但由麻疹造成的听觉障碍的出现率已有所下降。

4. 先天性细胞巨化病毒

先天性细胞巨化病毒是一种常见的病毒，在人体内一般处于非激活状态。该病毒可通过母体传染给子宫内的胎儿，还可通过产道或母乳传染。母亲在怀孕期前 3 个月或胎儿出生前被传染该病毒，胎儿所受影响最为严重。但当母亲身上已经有抗体时，对胎儿的影响就相对较小。据估计，听觉障碍儿童中几乎有 50%是源自细胞巨化病毒。目前，可通过羊水穿刺技术检出该病毒，但仍没有预防和治疗该病毒的最有效手段。

(二)学语后因素

在听觉障碍儿童中，只有 5%的儿童是学语后听觉障碍。在教育上，学语前与学语后区别非常重要。因为学语后听觉障碍儿童有学习语言和运用语言交流的基础。

导致学语后听觉障碍的主要原因是脑膜炎和中耳炎，其他原因还有药物、耳下腺炎、高烧、麻疹、传染病以及出生后的外伤。但仍有大约 60%学语后听觉障碍儿童的致障原因不明。

1. 脑膜炎

脑膜炎是细菌或病毒对中枢神经系统的感染，此感染可扩展到包括脑和耳在内的其他器官。脑膜炎引起的听觉障碍往往是全聋，并且患儿在维持身体平衡方面也会出现困难，甚至还会出现其他障碍。

2. 中耳炎

中耳炎由中耳发炎引起，它是 6 岁以下儿童最常见的耳病，主要发生于鼓室、乳突或中耳其他部位，根据发病时间不同，可分为急性中耳炎和慢性中耳炎。急性中耳炎常由于急性呼吸道感染、急性传染病以及不当的擤鼻动作等引起。由于婴幼儿肌体抵抗力差以及解剖生理特点的影响，细菌容易通过宽大平直的咽鼓管进入中耳，更容易引起中耳感染。

中耳发炎不予治疗或治疗不当，可造成不同类型、不同程度的听觉障碍，主要表现为传音性听觉障碍。最近有研究发现，中耳炎也可能引起感觉神经性听觉障碍及混合性听觉障碍。

3. 美尼尔氏病

美尼尔氏病是一种相对少见的耳内疾病，其主要特征有突发性眩晕(头昏眼花)、听力波动、耳鸣(没有外在刺激下耳内出现鸣响)等。该病最严重的症状是听力损伤。目前，对于该病的研究甚少，也没有有效的治疗方法。

4. 其他因素

有毒化学物质和某些药物会引起感觉神经性听觉障碍。煤气是一种常见的耳毒性化学物质，可致耳蜗出血、听神经变性，从而引起耳聋。长期与磷、铅及汞等物质接触，可发生慢性中毒，引起神经炎导致耳聋。庆大霉素、卡那霉素、青链霉素等耳毒性药物的不当使用，也可引起耳中毒导致听觉障碍。强噪声以及长期暴露于噪声刺激环境中，也会引起噪声性耳聋。

三、听觉障碍儿童的鉴定与评估

为了判断听觉障碍儿童听力损失的性质与程度，必须进行一定的听力鉴定与评估。听觉障碍儿童的鉴定与评估，包括早期发现/筛查、诊断/检查和干预过程中的评估。

(一)听觉障碍儿童的早期发现

早期发现是指要尽可能早，特别是在婴幼儿期发现儿童的听觉障碍状况。只有尽早地发现听觉障碍儿童的听力状况，才能在第一时间针对儿童的情况采取相应的听力补偿措施和教育干预计划，使他们在语言发展关键期能够获得最大程度的语言学习和交流的机会，从而最大限度地提高他们未来受教育的程度和就业能力。

1. 早期听力筛查与诊断的含义

早期听力筛查，又称新生儿听力筛查，是指运用快速、简便的测试方法，根据设定的标准，从新生儿人群中鉴别出可能存在听觉障碍的新生儿的过程。美国婴幼儿听力筛选联合委员会规定："为了使听觉障碍婴幼儿获得良好的结果，所有的婴幼儿应该在出生后 1 个月之内进行听力筛查。筛查未通过的婴儿，最迟应该在出生后 3 个月内接受全面的听力学评估。"

早期听力筛查是早期发现听觉障碍儿童的重要手段和保证，筛查出怀疑患有听觉障碍的儿童还需要通过进一步做全面的听力学诊断才能判断其是否具有听力损失。

2. 早期听力筛查与诊断的方法

比较科学的听力鉴定方法，大致可以分为三类：电生理测听法、听力行为观测法和言语测听法，具体内容如下所述。

1) 电生理测听法

电生理测听法是针对不能够对筛查者作出主观反应的新生儿进行听力筛查的一种方法，其检测结果能够反映新生儿耳蜗或听神经至脑干的发育状况，但无法反映整个听觉环路的状况。常用的方法有三种：耳声发射、自动听性脑干反应和多频稳态反应。

2) 听力行为观测法

听力行为观测法能够反映听神经至脑干到运动系统的整个听觉环路的整体功能，而电生理测听法仅反映新生儿耳蜗或听神经至脑干的发育状况，所以此法在婴幼儿的听力测试中具有不可替代的作用。

婴幼儿听力行为测听的方法很多，常见的有行为反射测听、视觉强化测听和游戏测听。

3) 言语测听法

在临床上，经常有婴幼儿表现出在电生理测听和听力行为反射测试中无听觉障碍，但却无法正确辨别言语声的现象，即言语听力差。因此，对婴幼儿的听力测查还应该包括言语测听。专家们设计言语测听法，专门用来测验一个人对言语的察觉和理解情况。

言语测听法是指用言语信号作为声音刺激来评价受试者的言语觉察阈和言语识别能力的听力学检查方法，它在评价婴幼儿听力损失程度、损伤部位定位诊断、听觉功能状态、手术效果、助听设备效果、听觉中枢和言语中枢功能等方面具有重要的应用价值。

言语测听具体的测试方法可分为听声识图法和听说复述法。

(二)听觉障碍儿童的听力补偿

对婴幼儿的早期筛查和听力诊断的最终目的是对其所存在的听力缺陷进行弥补，帮助他们发展残余听力。听力补偿的方法有助听器、人工中耳、人工耳蜗以及辅助听觉设备，具体内容如下所述。

1. 助听器

助听器是将声音信号放大并传入耳内的弥补性装置，它有助于提高听觉障碍者的听觉能力。助听器是目前使用最为广泛的人工助听技术，主要适用于感觉神经性耳聋、部分混合性耳聋以及少部分传音性耳聋的群体。

从理论上来说，满月的婴儿即可佩戴助听器。有研究者认为，早期验配应界定在2周岁以内，2~3岁配助听器也能达到较好的听力言语康复效果，4~5岁孩子的家长和语训老师则要付出更多的努力进行康复训练，而6~7岁开始戴助听器者学说话的能力就差得多了，大于7岁的孩子即使佩戴了助听器，其康复的效果也会大打折扣。

2. 人工中耳

人工中耳，又称植入式助听器，是将声波转化为机械振动，直接振动听骨以有效刺激内耳、听神经和中枢的可植入体内的一种微型助听设备。人工中耳于20世纪80年代发展起来，与传统的助听器相比，它不再是通过将声波能量进行扩大传入耳内来获得增益，而是通过将声波能量转化为机械能来获得增益。因此，它传送的声音更加逼真自然，还能避免啸叫声的产生。

3. 人工耳蜗

人工耳蜗，又称电子耳蜗，是一种特殊的永久性植入到耳蜗中的声电转换装置，其功能是取代内耳毛细胞直接电刺激听神经而产生听觉，对帮助感音性神经耳聋的患者恢复听力和语言交流能力具有极大的作用。

人工耳蜗已经发展了 20 多年，随着技术的日新月异，已从最初的单导装置发展为如今的多导系统，并开始逐步进行全植入式人工耳蜗的研发，同时，进行人工耳蜗植入的年龄也日益降低。2000 年，美国食品和药物管理局(Food and Drug Administration，FDA)规定儿童人工耳蜗植入术的最低年龄为 12 个月。

4. 辅助听觉设备

辅助听觉设备是指助听器和植入装置以外的帮助听觉障碍者更好地感知环境声音并做出反应的辅助听觉设备。这些设备不仅可以放大声音，也可以将声音转换成视觉、触觉信号，以帮助听觉障碍者与他人沟通，或增强他们独立生活的能力，是助听器、人工中耳、人工耳蜗的有力补充。

目前的辅助听觉设备种类较多，根据功能可以分为四类：声音增益系统、电视辅助系统、电话辅助系统、警觉信号系统。其中，声音增益系统又包括无线调频系统、感应线圈系统、红外线系统、有线连接器件等，主要用于帮助听觉障碍者提高与人沟通的能力；电视辅助系统、电话辅助系统及警觉信号系统的主要功能是帮助听觉障碍者增强独立生活的能力。

四、听觉障碍儿童的心理特点

听觉是除视觉以外，人们接收外界信息、认识客观世界的另一重要渠道和途径。由于听觉损失，使得听觉障碍儿童感知世界的一条很重要的渠道被堵塞了，听觉障碍儿童在认知、语言及社会性等方面都表现出不同于普通儿童的特点。

(一)感知觉

1. 视觉

听觉障碍儿童认识世界主要依赖于视觉，有关研究数据表明，听觉障碍儿童所接受的外界刺激 90%以上来自视觉，因此视觉是听觉障碍儿童获得信息的主要途径。

由于听觉经验的丧失，听觉障碍儿童无论是在视觉语言的使用上，还是在日常生活信息经验的获得上，都必须加倍依赖于视觉经验。"以目代耳"是他们的主要特征。相关研究表明，听觉障碍儿童相对于普通儿童来说有着更高的视觉敏锐度，更敏感于边缘视野的刺激信息，更高的图形视知觉加工能力，更强的视觉搜索能力，更好的视觉记忆能力，以及更高的视觉表象能力。

听觉障碍儿童比正常儿童可能出现更多的视觉缺陷问题，如色盲较多、视力受损较多。国外对学龄听觉障碍儿童和听力正常儿童的视觉缺陷情况调查显示，听觉障碍儿童有 40%～60%存在视觉缺陷，而正常儿童只有 20%～30%。此外，研究者还发现听觉障碍儿童在阅读的视觉认知任务上落后于正常儿童。

2. 触觉

听觉障碍儿童由于听觉的丧失，在一定程度上影响了其触觉的发展。萨拉维约夫(N.M.

Saravyer)等人对听觉障碍儿童的触觉进行的实验研究表明，在学龄初期，听觉障碍儿童的触觉落后于正常儿童，他们的触摸动作与正常儿童相比，显得少而单调。

此外，希夫(Schiff)和同伴的研究发现在触觉敏感度上，听觉障碍儿童优于正常儿童。研究者认为，听觉障碍儿童可能更多地依靠触觉信息感知发生在周围环境中的事件，同时发音和语言训练使触觉得到了锻炼，提高了触觉水平。

3. 振动觉

振动觉属于触觉的范围，它对听觉起到了较大的补偿作用，因此被称为听觉障碍儿童"接触听觉"。听觉障碍儿童可以靠振动觉感受音乐的节奏、欣赏音乐、体会发音器官的振动、掌握发音要领、辨别物体的运动。听觉障碍儿童在振动触觉感受性上比正常儿童敏感。

4. 言语动觉

言语动觉就是发音时对自己言语器官的运动和言语器官各部分所处的位置状态的感觉。例如，发"a"，自己体会言语器官各部分是如何动作的，不同的音，言语器官的动作不同，自己会有一种感觉，这就是言语动觉。

言语动觉对听觉障碍儿童学习口语具有十分重要的作用。在幼儿期及学龄前期，正常儿童随着语言的掌握，逐渐产生和形成了言语运动的感觉。而听觉障碍儿童只有当接受发音说话训练之后，才有可能开始产生和形成言语运动感觉；而在此之前，由于听觉障碍儿童无法借助模仿来发音，发音器官难以产生言语运动，他们的言语运动器官基本处于停滞发展状态。

5. 总体知觉

知觉是客观事物直接作用于感观而在头脑中产生的对事物整体的认识。

1) 知觉范围狭窄，知觉加工不完整

感觉是知觉的基础，知觉的完整性取决于感觉材料的丰富性，听觉障碍儿童由于得不到声音的刺激，所以他们的知觉形象主要是视觉形象或视觉、触觉、动觉共同形成的综合形象，但不易形成视听结合的综合形象。然而，在日常生活中，我们面对的绝大多数都是通过视听结合方式提供的综合刺激，所以听觉障碍儿童的知觉范围自然会变得狭窄，知觉形象自然难以完整。

2) 知觉的选择性、系统性和准确性不强

听觉障碍儿童在知觉过程中，为了弥补听力残疾造成的损失，试图最大限度地强化自己的视觉，这样就容易不分对象和背景地将视野范围内所有的事物都作为知觉对象，过分注重事物的细枝末节，难以形成整体的概念，从而影响思维的条理性、层次性和清晰度。他们不善于从已有知识经验中找出他们所需要的东西，也不善于把新获得的知识纳入已有的知识系统中。有关听觉障碍儿童绘画作品的分析研究表明，绘画中常表现为抓不住重点、主次不清、详略不当。在书面语言的表达方面，同样表现出感知活动缺乏选择性、系统性和准确性的特点，重复使用某些词语。

(二)注意

1. 视觉注意加工

听觉障碍儿童因听力部分或全部丧失，往往会采取"以目代耳"的方式去认识世界。其优势兴奋中心主要产生和保持在视觉感受区，注意大都是由视知觉刺激引起的。可见，视觉注意在听觉障碍儿童的发展中扮演着重要的角色。

不少实验研究发现，听觉障碍儿童中央视野下的视觉注意加工和外周视野中的注意加工比听力正常者更发达。例如，他们在面孔加工、客体的空间建构和转换及视觉运动刺激加工等方面显示出更有效的加工，即注意资源增加，注意效率提高。

2. 注意的发展

注意发展是指个体出生后至童年期各年龄段注重的特征及其发展变化。

1) 无意注意起主导作用

听觉障碍儿童由于受年龄和语言的限制，认识水平很低，他们只是对一些新颖的、刺激强烈的、运动变化着的事物产生注意，因而在生活、学习、活动中主要以无意注意为主。

2) 有意注意发展缓慢

随着年龄的增长、知识的丰富和语言的发展，听觉障碍儿童的有意注意逐渐增强，但是发展速度缓慢，而接受系统教育时间较长的听觉障碍儿童发展则相对较快。

3) 有意后注意发展水平较低

由于听觉障碍儿童主要依靠视觉刺激引起注意，但视觉刺激引起的注意不可能被无限地保持，所以听觉障碍儿童有意注意形成困难，有意后注意的发展水平较低。

3. 注意的品质

注意的品质是衡量一个人注意力好坏的标志。听觉障碍儿童注重的品质表现出如下四个特点。

1) 注意分配比较困难

听觉障碍儿童通常无法同时做到既看又听，而只能一先一后地看黑板、看教材、看讲解，注意在几种对象之间来回转移，这样既减慢了感知的速度，又花费了更多的时间。

2) 注意范围相对狭窄

由于听觉障碍儿童单纯由视觉参与注意活动，知识面不宽，所以他们的注意范围狭小。吴永玲等人对此做的实验表明：对于同时呈现的相同刺激物，听觉障碍儿童注意范围明显落后于正常儿童。

3) 注意的稳定性较差

由于听觉障碍儿童较多地依赖和使用视觉来感知事物，所以更容易因视觉器官的疲劳而分散注意，容易使注意离开当前应注意的事情而被无关刺激所分心。另外，听觉障碍儿童在学习和生活中借助于注意转移来代替注意分配的特点，也会使其难以保持注意的稳定和集中。

4) 注意的转移能力较差

听觉障碍儿童不善于根据活动任务有意识地把自己的注意从一件事情迅速转移到另一件事情上。例如，在课堂上，教师使用新奇的教具时，他们完全被吸引，当教师继续往下讲课时，他们也很难将注意跟上教师的教学，而是继续停留在刚才的教具上。

(三)记忆

1. 瞬时记忆

瞬时记忆是指保持时间在二秒以内的记忆，也叫感觉记忆。听觉障碍儿童瞬时记忆表现出如下三个特点。

1) 形象记忆好于语词记忆

听觉障碍儿童的感知特征决定了他们对于直观形象的事物，如"苹果""桌子""香蕉"等，记得快、保持好，也易于提取并再现出来。但对语言材料的记忆水平较低，记得慢、忘得快，再现也不完整。

2) 视觉记忆好于动觉记忆

一项研究结果表明，听觉障碍儿童的视觉记忆的发展落后于正常儿童，但视觉记忆的落后程度要小得多。与此同时，和正常儿童相比，他们的动觉记忆在学龄初期差距最大，中期缩小，到学龄晚期则几乎消失了。

3) 对汉字的记忆受到语音的干扰，存在语音混淆现象

汉字的字形相似在一定程度上促进了记忆，但语音混淆干扰了个体对汉字的记忆；字形相似虽然能促进听觉障碍者的汉字记忆，但语音相似若与字形相似结合在一起，干扰会非常显著。国内外的实验结果表明，听觉障碍者在瞬时记忆项目中存在语音混淆现象，并证明了听觉障碍者在言语加工中使用了语音编码。

2. 短时记忆

短时记忆是一种认知资源集中于一小部分心理表征的内在机制。

1) 短时记忆的编码方式和记忆容量与健全儿童有一定的差异

王枫的研究结果表明，极重度听觉障碍儿童的视觉短时记忆的再重复能力要高于听力正常的同龄儿童。

袁文纲的研究发现，听觉障碍儿童对低频复杂汉字的短时记忆容量小于听力正常儿童。英国心理学家康拉德(Conrad)为了证实其短时记忆主要依赖声音编码这一研究成果，进一步研究发现语音相似性混淆现象在一些听觉障碍儿童身上同样存在：语言表达发展好的听觉障碍儿童有声音混淆错误，而语言表达发展不好的听觉障碍儿童则没有声音混淆错误。

2) 言语工作记忆广度小于视空工作记忆广度，视空工作记忆广度优于听力正常儿童

张茂林等人的研究表明，听觉障碍儿童和听力正常儿童相比，其言语工作记忆广度小于听力正常儿童，而视空工作记忆广度又显著大于听力正常儿童。由于听觉障碍所导致的语言缺陷，使得他们的言语表征能力要远远落后于听力正常儿童，而信息的编码方式与记忆容量又有着密切的关系，所以听觉障碍儿童言语编码上的这种缺憾可能是导致他们言语工作记忆能力表现较差的重要原因。

3) 工作记忆任务中的提取速度普遍慢于听力正常人

张茂林和王辉对听觉障碍者和听力正常大学生运用不同难度的言语工作记忆材料和视觉工作记忆材料做了对比研究，发现听觉障碍被试者在两类工作记忆任务中的提取速度都慢于听力正常被试者。但他们信息提取的准确率高，且不受任务难度影响，即听觉障碍组

的反应正确率高,但平均反应时间较长。

3. 长时记忆

长时记忆是指永久性的信息存贮,一般能保持多年甚至终身。

1) 记忆保持总量上和听力正常儿童相似

王乃怡的研究表明,听觉障碍儿童和听力正常儿童不仅在长时记忆保持的总量上大体相同,而且不同编码维量在系列位置的分布上也是近似的。在短时记忆和长时记忆加工过程中,两组被试都显示出了形义两维编码维量的作用最强,而音码的作用相对较弱。

2) 外显记忆劣于听力正常儿童,内隐记忆与正常儿童相同

根据记忆术理论,与外显记忆相比,内隐记忆更为强健,更为稳定,更加不易受到被试变量(如年龄、智力、疾病等)和任务变量(加工水平、刺激类型等)的影响。周颖等人的研究结果显示:听觉障碍儿童的外显记忆劣于正常儿童,但是他们的内隐记忆丝毫不差于正常儿童。这说明内隐记忆不受听觉编码缺失的影响,换言之,内隐记忆无须借助听觉编码。这就启示我们可以通过创设较好的内隐学习环境,激发他们的内隐记忆能力,这样就可以更好地弥补听觉障碍儿童在生理上的缺陷。

(四)思维

1. 直观动作思维

直观动作思维是指在思维过程中以实际动作为支持的思维。与普通儿童相比,随着年龄的增长,普通儿童的直观动作思维的重要性有所下降,只占思维能力较小的一部分,但它在听觉障碍儿童的思维过程中仍起主导作用。这与听觉障碍儿童尤其是聋童使用手语进行交流相联系。手语是听觉障碍儿童语言的符号,是由一系列的动作组成的,在此基础上发展出来的思维能力必然以直观动作思维作为其主要组成部分。

2. 具体形象思维

具体形象思维是指凭借事物的形象和表象进行的思维,即凭借对具体形象的联想而不是事物的本质和关系,借助概念、判断和推理所进行的思维。具体形象思维是正常儿童在小学阶段的主要思维方式,而听觉障碍儿童由于言语形成和发展得迟缓,他们的具体形象思维不仅发展漫长,而且其整个思维即使在其思维已经为抽象思维所主导的时候,思维仍较长时间停留在这个阶段,直到14~15岁。

3. 抽象思维

抽象思维是指运用概念、理论知识解决问题时的思维,也被称为抽象逻辑思维。听觉障碍儿童的抽象逻辑思维在发展速度和发展程度上都落后于普通儿童。听觉障碍儿童要到15~16岁时抽象思维才逐渐占主导地位。在发展程度上,听觉障碍儿童把握概念中的抽象成分比较困难,常出现概念的扩大或缩小的情况;在分析综合能力上,他们分析事物比较粗略,无法将事物的各个部分严格区分出来。此外,听觉障碍儿童的抽象概括能力多停留于初级抽象概括水平,即他们容易注意到的是事物的外在共性,而非本质的属性,表现出极强的刻板性,缺乏灵活性。

(五)语言

对于听觉障碍儿童来说，听力丧失的结果首先是对语言发展的限制，无法或很难清晰地感知语言，发出声音却不能得到充分恰当的听觉反馈；无法得到充分的言语强化；不能听到成人的言语示范，发生语言学习的困难。听觉障碍儿童的语言发展具有如下特征。

1. 不会说话

2. 发音不清

发音清晰度差，字音含糊不清；常缺乏辅音，韵母发音困难；缺少抑扬顿挫的韵律；送气音、不送气音不分。

3. 发音异常

语调不准；嗓音异常；鼻音异常；由于无法协调运用发音器官和构音器官，喉发音失去圆滑清亮的音质，出现轻重不同的嘶哑。

4. 音节受限制

听觉障碍儿童由于送气不自如，发音不灵活，不能连续发出几个音节，因而语言缺乏流畅性。

5. 语言发展落后

大多数听觉障碍儿童口语形成晚，词汇量少于正常同龄儿童，而且他们不能分辨同音异义词，语音的理解能力发展不充分，语法比较差，常常出现措辞不当、字序颠倒、漏字和替代等错误。

(六)情绪

1. 具有焦虑感和孤独感的心境

心境是指人比较平静而持久的情绪状态。心境具有弥散性，它不是关于某一事物的特定体验，而是以同样的态度体验对待一切事物。

在对听觉障碍儿童的自我意识进行研究时，发现他们相对于普通儿童，自我价值感和自尊体验得分较低。而"低自尊的人则是感到不安、缺乏自信以及不停地自我批评，因此总是显得很焦虑和不愉快"。另外，刘旺的两项研究都显示：听障儿童疏离感的总体状况表现为环境疏离最高，社会疏离其次，人际疏离最低。

2. 缺乏忍耐性，情绪不稳定，容易处于激情状态

激情是一种"强烈的、暴风雨般的、激动而短促的情绪状态，如欣喜若狂、暴跳如雷、绝望等"，与个人的意志和情绪控制能力相关。

听觉障碍儿童由于语言的限制，他们的抽象思维能力较差，缺乏相应的问题解决策略，并且对事情的认识不稳定，易受影响。由于心理能力较差，容易固执己见。这些原因导致听觉障碍儿童缺乏忍耐性，情绪不稳定，容易处于激情状态。

3. 自我意识较低，采取逃避或求助他人的应激状态

应激是指"人对某种意外的环境刺激所做出的适应性反应"。应激状态的产生与人面

临的情境及人对自己能力的估计相关。个体在应激情境中，应付方式的选择和采用与其特定的人格因素有关。而自我意识是主体我对客体我的意识，包括自我评价、自我体验和自我控制，是人格发展中的调控系统，对人的心理活动和行为起着调节作用。

听觉障碍儿童由于身体的缺陷常怕被人瞧不起，因此对外界比较敏感，不能正确地认识自己和周围的人和环境，他们有很强的内在动机，但由于他们受外界的支持和保护比较多，使他们对压力和挫折的承受能力不强。因此，他们在遇到困难时更倾向于采取逃避或求助他人的应激模式。

4. 情绪调节技能低，具有更多的负性情绪

情绪调节与个体心理健康的关系非常密切，情绪调节技能不足往往会导致很多情绪障碍的发生。张立松等人采取量表测验的方式对听障儿童的情绪调节技能做了研究，结果发现，与普通大学生相比，听障大学生在情绪调节技能的三个方面(情绪接受、冲动控制和策略使用)体验到更多的困难，在情绪适应方面体验到更少的正性情绪和更多的负性情绪。

(七)个性

1. 冲动性

听觉障碍儿童的冲动性(impulsivity)一般会体现在他们的行为上，他们往往在行动之前缺乏一个停下来思考的过程。在学前阶段，儿童正处于一个行为上具有较大冲动性的时期，但是待到他们长大成熟之后，随着语言的发展，儿童会更多地用语言去解释他们的经验，同时儿童还会通过自我言语(self - directed statement)来控制和指导自己的行为。

2. 自我中心

听觉障碍儿童的性格中具有较大的自我中心性的成分。和冲动性一样，正常儿童在心理发展的过程中也会经历一个以自我为中心的时期，但是随着他们的认知和社会性的发展，这个以自我为中心的阶段终将过去。但是对于听觉障碍儿童来说，他们的自我中心性还会延续一段时间。听觉障碍儿童的自我中心性表现在他们只考虑到自己的观点，而不考虑别人的观点，他们往往很难了解别人的感受到底是什么、为什么会有这样的感受以及自己的行为对别人的影响。

3. 不成熟

听觉障碍儿童性格的不成熟性主要表现在社交方面，他们往往不具备较好的社会理解能力和自我概念。这是因为他们对于社会规则、社会价值观以及社会事件和行为之间的因果关系理解不够深刻。例如，他们通常不能分辨他人的行为是出于故意还是意外发生的，所以攻击性行为便有可能出现。因此，对于社会事件的归因能力低下会导致攻击性行为的发生。

此外，听觉障碍儿童的不成熟性还可能是由于他们心理上的依赖性，并可能伴随有较低的自尊感。在学前阶段，听觉障碍儿童由于交流能力较差，父母对他们的要求会更低，并且保护过度，从而造成他们独立活动的体验不够，生活体验的丰富性降低，进而限制他们社会能力和人格的发展。

(八)社会化

听觉障碍儿童社会交往方面发展迟缓。一方面，由于语言缺陷，他们倾向于与同类儿童交往，使用自己的语言、表情、动作等交流系统，以此获得认同感及相互理解，很少和正常同龄伙伴一起玩耍。另一方面，为了避免受到别人的歧视，家长很少带孩子去公共场所或参加集体活动，从而限制了听觉障碍儿童的交往范围。而且家长的过度保护会使他们的社会交往更少，继而导致他们社会常识贫乏，缺少社会经验，社会适应能力差，从而束缚了他们社会性的发展。

五、听觉障碍儿童的教育干预

(一)听觉障碍儿童的教育原则

根据听觉障碍儿童感知觉、认知、情绪等方面特征，结合我国及世界各国的特殊教育理念、教育实践及发展趋势，这里主要介绍听觉障碍教育的四个基本原则：个别化原则、功能化原则、社区化原则和家长参与原则。

1. 个别化原则

个别化原则是为了达到良好的教育效果，基于特殊儿童巨大的个体差异，根据特殊儿童的身心发展特点制订相应的教育目标和教学计划。

个别化原则一般通过个别化教育计划来实现。个别化教育计划必须包括以下内容：特殊儿童目前的学业成就及功能性表现、可测量的年度目标和短期目标(学业目标和功能性目标)、特殊儿童达成年度目标的进程、所需的相关服务、参与普通班级教学及活动的程度、合适的教育安置形式、安置及服务的实施日期、计划实施的评估标准等。

2. 功能化原则

功能化原则是为了更好地满足特殊儿童的发展和现实生活需要而提出的教育原则，以帮助他们更好地适应现实社会，即实现功能化。它不仅考虑了个体的差异性，也考虑了个体的社会适应性，是当前特殊教育发展的主要理念之一。在功能化原则的指导下，功能化教学主要通过功能性课程，辅以功能化的教育方法来实施，为特殊儿童提供与其年龄相适应的教学，以帮助他们适应当前和未来的生活环境，这包括学校、家庭、职场和社区环境。

3. 社区化原则

社区化原则源于20世纪二三十年代的社区教育，本原则要求反映和满足社会发展的需要，对社区全体成员的身心发展施加影响。听觉障碍教育实行社区化原则，将听觉障碍个体融入社区、参与社区活动，为听觉障碍个体创造了大量的社会实践的机会。一方面，这有利于提高听觉障碍个体的社会适应能力；另一方面，通过对听觉障碍儿童的帮助和关心，将改善人们对听觉障碍儿童的接纳态度。

4. 家长参与原则

家长参与原则，又称家长参与学校教育、家校合作，是指家长从事的一切直接或间接地影响其子女的教育活动。家长参与对于营造良好的教育环境，促进特殊儿童发展具有重要意义。

对听觉障碍儿童而言，家长参与到语言训练中来，一方面能够为听觉障碍儿童的语言学习提供模板，为其提供良好的语言学习环境；另一方面能够辅助学校教育，在家开展语言训练，帮助听觉障碍儿童进行必要的补充学习，这都将有利于听觉障碍儿童语言学习的发展。

(二)听觉障碍儿童教育干预的内容和方法

0～5岁作为儿童各个方面发展最快的时期，需要教育者将听觉能力和言语能力两大方面的干预内容及具体的训练方法纳入这个时期的早期教育干预计划中，以期最大限度地开发听觉障碍儿童利用残余听力或重建听觉的功能，同时使其接近或达到言语语言的正常发展水平。

1．听觉能力训练

听觉能力训练是指充分利用听觉障碍儿童的残余听力和助听设备的作用，通过专门而系统的训练以提高听觉障碍儿童的听觉能力。

1) 听觉能力训练的内容

听觉能力训练就是让孩子听懂世界上的声音，因此生活中能够听到的各种声音均可作为听觉能力训练的内容。这些声音大致可划分为噪音、乐器声和语音。

(1) 噪音。语音和乐器声之外的声音都归为这一类。它大致包括：自然界的声音，如风声、雨声、雷声等；交通工具发出的声音，如汽车喇叭声、轮船的马达声等；动物发出的声音，如鸟叫声、狗叫声等；各种武器发出的声音，如爆炸声等。

(2) 乐器声。由各种乐器独奏发出的声音及其组合音。它大致包括：各种乐器独奏发出的声音，如小提琴、二胡等发出的声音和曲子；几种乐器同时合奏出的声音，如交响曲、合奏曲等。

(3) 语音。语音内容丰富，包括声母、韵母音、声调、各种音节、词汇与句子等。

2) 听觉能力训练的方法

提高听觉障碍儿童听觉能力的方法主要有以下三种：

(1) 声物配对法。这是最基本的听觉训练方法，适用于听觉训练的最初阶段。训练时把发声的物体和它们的声音同时呈现给儿童，帮助其建立条件反射，如当发出"呜呜——"的汽笛声时，将玩具火车呈现在其面前；当说出"苹果"这一词汇时，放一只苹果在儿童的手里。如果没有实物，可以用图片、照片或者录像代替。

(2) 辨声法。辨声法是在听到某种声音之后让儿童辨别是什么物体发出的这种声音，如播放牛叫的声音，让儿童在羊、猪、牛的图片中选择正确的图片或者说出这是什么动物发出的声音；播放个体在嘈杂的街道上说话，让儿童辨别出个体所说的内容。声音辨别法实际上是声物匹配法的逆向，是一种记忆、理解的检验方法，能够巩固听觉训练的效果。

(3) 听动协调法。听动协调法是一种巩固声物配对效果的方法，也被称为"听觉—反应游戏法"。让孩子在听到有关的声音时，需要根据发出声音的物体或动物做出相应的动作反应，或当儿童听到声音或语言时，要进行复述。例如，听到乐曲声就和着节拍跳舞；听到汽车的声音，需要做出开车的动作；听到狗叫时，模仿狗叫；听到"ɑ"的声音，自己也发出"a"的声音；等等。

这三种方法是最基本的听觉训练方法，在实际操作过程中，则是将多种方法相结合，充分调动儿童的手、眼、触觉、听觉等多感官通道。

2. 言语能力训练

言语能力训练，又称说话训练。主要训练听觉障碍儿童理解和运用语言的能力，尤其是听懂言语并开口说话的能力。

1) 言语能力训练的内容

言语能力训练主要涵盖三个方面的内容，包括听话能力训练(主要针对存在残余听力的听障儿童)、看话能力训练和说话能力训练。

(1) 听话能力训练。这其实是一种听觉能力训练，要求听觉障碍儿童存在一定的残余听力。听话训练的内容包括各种音素、音节，但更重要的是日常生活用语，主要涉及词汇、句子、声调、语气等方面。开始训练时主要是听懂有关词汇和句子，之后再体会语气。

(2) 看话能力训练。看话，又称"唇读"，是指聋人利用视觉信息，感知言语的一种特殊方式和技能。看话训练是通过训练听障儿童观察别人说话时的口形，结合说话者的面部表情、手势等，理解说话者语意的一种训练。唇读在听觉障碍儿童的学习和生活中占有重要的地位。

(3) 说话能力训练。就是教儿童如何说话，包括怎样用气、怎样发音、怎样说出流利的合乎语法的句子等。说话训练主要包括以下几方面的内容：①呼吸训练。重点在于气流控制训练，包括吸气训练和呼气训练。呼气又可分为鼻呼气、口呼气、鼻口同时呼气。②口腔开合、舌头动作训练。③五腔共鸣训练。主要训练各发音器官协调统一。④发音训练。汉语普通话的语音主要包括声母、韵母、声调三个要素。⑤词汇、句子训练。具体训练各种生活中常用的词汇和句子。

2) 言语能力训练的方法

言语能力训练的方法很多，主要有以下几种。

(1) 音物结合法。这是把某种事物呈现在儿童面前，让儿童通过看、摸等手段，在充分感知物品的基础上，告诉儿童这一物品的读音，让儿童模仿口形进行发音。

(2) 音图结合法。就是把不易得到的实物用图形、图片等代替训练。

(3) 词汇卡片法。在儿童有相当的生活经验后，可以把需要训练的词汇制成卡片，以卡片为第一信号物，教儿童发音。

(4) 句子卡片法。把要学说的句子制作为卡片，教儿童发音。

以上只是一些最基本的方法。需要强调的是，言语能力训练应该和听觉能力训练结合起来，并且采用多种训练的方法来进行。

拓展阅读

拓展阅读内容见右侧二维码。

视力表.docx

本 章 小 结

婴幼儿期是人生发展的关键时期,它决定着人的一生能否健康成长。除遗传因素之外,教育对人的心理发展起着重要的作用。视觉障碍儿童由于视觉上的缺陷,在生理/心理的发展上与正常儿童相比有不同的地方,通过早期干预能够缩小这种差距,能够使视觉障碍儿童更好地融入社会生活。对于听觉障碍儿童而言,听力损失导致了其在语言发展、动作技能发展和认知技能发展方面异于普通儿童,而且经常表现为发展迟缓。为了使听觉障碍儿童最大限度地获得与普通儿童相似的发展模式,需要教育者重视对其进行早期干预。多年的听觉障碍儿童早期干预实践证明:系统科学的早期干预能够在一定程度上提高听觉障碍儿童的语言能力和社会适应能力,是听觉障碍儿童康复成功的关键。

思考与练习

一、名词解释

视觉障碍 视能 听觉障碍 传音性听觉障碍 学语前耳聋

二、简答题

1. 学前儿童视觉障碍的成因有哪些?
2. 学前儿童听觉障碍的成因有哪些?
3. 听觉障碍儿童的教育原则有哪些?

三、论述题

1. 结合实际谈一谈听觉障碍儿童教育干预的内容和方法有哪些。
2. 谈一谈听觉障碍儿童有哪些心理特点。

【实践课堂】

结合下面的例子谈一谈如何对听觉障碍儿童进行教育干预。

琳琳现在 3 岁半了,居住在上海。她是个顺产、足月的新生儿,但在她出生后第二天就没有通过新生儿听力筛查,出生后 42 天的复查依然没有通过。经过 3 个月后的 ABR、ASSR、内耳 CT 扫描、耳声发射等详细的医学诊断,琳琳被确诊为听觉损伤程度为 90(左耳)和 100(右耳)的先天神经性耳聋患儿。由于没有家族遗传史,她的妈妈怀孕时没有用过药物,也没有受过辐射,所以琳琳的病因至今不明。

琳琳的家是个三口之家,爸爸是硕士,妈妈是在读博士。两人都有着稳定、体面的工作,对琳琳的关注程度都很高,在她的生活和教育上投入了大量的精力,这些对琳琳的成长起到了至关重要的作用。爸爸、妈妈在琳琳 4 个月时就为她装了耳背式助听器,所以琳琳对声音的感知基本没有落后于正常孩子。

教育能开拓人的智力。

——贺拉斯

无论掌握哪一种知识,对智力都是有用的,它会把无用的东西抛开而把好的东西保留住。

——达·芬奇

第四章 学前智力落后儿童的教育

本章学习目标

- 了解学前智力落后儿童教育概述。
- 掌握学前智力落后儿童的测查以及鉴定方法。
- 掌握学前智力落后儿童的早期训练与指导。
- 了解学前智力落后儿童的早期干预案例。

核心概念

智力落后(mental retardation) 早期训练与指导(early training and instruction) 早期干预(early dry reservation)

引导案例

案例:在班级里有一个这样的孩子,他的名字叫王家豪,他是中班时才进入我们班级的,这个孩子十分特殊,他多动且极易兴奋,而且各方面的能力都比较薄弱,语言发展也比较迟缓,说话时吐字不清。刚来幼儿园的时候,他甚至无法说出一句完整的话,只会说是或者不是,走起路来也不平稳。

(资料来源:本书作者整理编写)

案例分析

智力低下的儿童具体表现为语言能力障碍、交往能力障碍、记忆能力障碍。首先,王家豪在理解别人的语言时,常常表现出十分困难,当老师对他提出要求的时候,他只会作出简单的回应，无法用正常的语言进行沟通。此外，智力落后的孩子天生就缺乏交往的需要，性格比较孤僻。而且由于大脑发育的迟缓，不可避免地会对记忆造成一定的损害，主要表现为记忆速度较正常儿童慢、记忆不完整、记忆时间短等特点。

新的社会调查数据显示，智力低下一般是患者智力低于正常儿童的水平，通常表现为注意力不集中、学习困难、理解能力差等。如不及时治疗，孩子会越来越痴呆、行动能力差、不能够独自生活、依赖性很大、给家庭和社会都带来很沉重的负担。

学习指导

智力落后意味着个体在智力功能以及适应性行为方面都存在着实质性限制，无法达到与其年龄相符的水平，而这种状态并不会在短期内消失。尽管许多智力落后者能够在适应性行为方面取得巨大的进步，但是智力落后儿童由于智力上的缺陷，仍在学习文化知识和掌握生活技能、劳动技能上比较缓慢，终生只能达到一种较低的水平，而且缺乏社会意识，甚至不知道自己应该享有和履行的权利与义务，不知道应该怎样保护自己的权利。因此，他们更容易受到不公正的待遇，对他们进行教育的重要性也就愈加突出。

第一节　智力落后儿童教育概述

一、智力落后的概念

(一)对"智力落后"的称呼

智力落后是一个社会概念，主要用于说明智力差、智力水平低这类现象，不同社会文化背景、不同历史条件，对其有不同的称呼。

在医学、教育学、社会学等领域，有"智力落后""智力残疾""智力低下""弱智""精神发育不全""精神发育迟滞"等多种名称。尽管名称不一，但所指的对象都是同一类。

(二)"智力落后"的概念

智力落后，又称智力障碍或精神发育迟滞，是指个体在发育期内的智力有显著低于一般人的水平，并显示出适应行为的障碍。智力落后包括：在智力发育期间(18 岁之前)，由于各种有害因素导致的精神发育不全或智力迟缓；智力发育成熟以后，由于各种有害因素导致的智力损害或老年期的智力明显衰退。

"智力明显低于一般人的水平"是指一个人在标准化智力测验中所得出的智商值在负两个标准差以下。因使用的智力量表不同，以数字形式表示的智商值会有所变化，一般是在 75 或 70 以下。

"适应行为"是指一个人能有效、恰当地表现出处理日常生活和在社会环境中求生存、对社会尽责任的能力。例如，吃饭、穿衣、梳洗等生活自理能力，感觉—运动能力，交往能力，学习能力，参加社会活动和处理人际关系的社会能力等。不同的年龄阶段有不同的适应行为要求：在学前阶段，主要强调儿童的发育成熟水平，如感觉—运动的协调性，生活自理能力和语言的发展等；学龄阶段强调儿童基本的学习技能，如拼写能力、阅读能力、数学计算能力等；而到了成人阶段，社会能力则成为重点。

从上述定义可以看出，判断一个儿童是不是智力落后，必须从智力和适应行为两方面进行检查。当儿童既表现出智力缺陷，同时又存在适应性行为的问题，我们才能将其鉴定为智力落后。

二、智力落后的分类

智力落后有不同的分类方法。有的按照形成原因进行分类，有的按照教育的可能性进行分类，但目前通常是按照智力发展的程度将智力落后分为四类：轻度、中度、重度和极重度。

我国在参照世界卫生组织和美国智力缺陷协会的智力落后分级标准的基础上，制定了分级标准，如表4-1所示。

在表4-1中，"SD"是英文标准差的缩写，"-SD"即负标准差的意思。智商(IQ)值一栏中，左边的智商值为韦氏量表测定的智商值。中国—韦氏幼儿智力量表(修订版)适用于4~6.5岁儿童，儿童韦氏智力量表适用于6~16岁儿童。右边的智商值为盖塞尔量表测定的智商值，适用于0~3.5岁幼儿。

表4-1 我国的智力落后分级标准

级 别	分 度	与平均水平差距-SD	IQ 值	适应能力
一级智力残疾	极重度	≥5.01	20~25 以下	极重度适应缺陷
二级智力残疾	重度	4.01~5	20~35 或 25~40	重度适应缺陷
三级智力残疾	中度	3.01~4	35~50 或 40~55	中度适应缺陷
四级智力残疾	轻度	2.01~3	50~70 或 55~75	轻度适应缺陷

由于智力落后的程度不同，因此各类智力落后儿童有一些不同的表现，具体内容如下所述。

1. 轻度智力落后

这类儿童的智商通常在50/55至70/75，约为智力落后儿童总数的75%。他们生活能够自理，能够学习基础的文化科学知识，其水平可以达到正常儿童的四五年级水平，可以发展足够的社会技能，成年后可以从事竞争性的、非庇护性的工作。他们中的大多数没有明显的生理异常，只有10%~20%的人能够检查出器质性问题，他们只是在就学期间，在传统的学术性课程上落后于同龄正常人而表现出"落后"，并且这种"落后"在学龄阶段随年龄的增加越来越明显。他们的社会适应性在很大程度上受历史、社会和经济因素的影响，如传统习惯、家庭结构、他人的态度、受教育程度、生理成熟水平的影响等。

2. 中度智力落后

这类儿童的智商介于35/40至50/55，约占智力落后儿童总数的20%。他们通常可以发展基本的交际技能、生活自理技能、职业技能、较好的运动能力和社会技能。他们的学术能力有限，其阅读、写作和数学技能经过训练也只能达到小学一二年级水平。多数中度智力落后者有明显的器质性异常，普通人通过观察其行为和身体的外部特征就可以较容易地判断其为智力落后。例如，他们的语言能力较差、社交能力也很有限、运动能力有缺陷等。对这类儿童的鉴定结论很少有不同意见。尽管许多中度智力落后者在儿童期和青春期仍保留着某种程度的依赖性，他们最终的日常生活能力在某种程度上取决于他们所接受的教育和训练的质量，以及对他们要求的水平。

3. 重度和极重度智力落后

重度智力落后儿童的智商介于 20/25～35/40。极重度智力落后儿童的智商在 20～25 以下。这类儿童中的一部分人可以学会一些实用性的日常生活技能，可以学习行走，简单的交际方法。但他们无法独立生活，需专人照顾。他们中的一些人甚至对环境刺激很少有意识，终生卧床不起。

三、智力落后的原因

导致智力落后的原因有两大因素：生物因素与心理社会因素。生物因素所导致的智力落后有清晰的病理和一定的器质性原因，通常属于重度和极重度，一般都有明显的体貌特征。而对于心理社会因素的界定就相当困难，因为它包含有多种因素，而且可能是相互作用的。其实，绝大多数智力落后都与心理社会因素有着不同程度的关系，特别是轻度智力落后。

第二节 智力落后儿童的测查、鉴定方法

一、智力落后儿童测查中的基本概念和知识

通过智力测验得到一个用于表示每个人的智力水平的分数，即智商(IQ)。两种常用智商是比率智商与离差智商。

(一)比率智商

比率智商是智力年龄与实际年龄的比值，一般用公式表示为：

$$比率智商(IQ) = \frac{智力年龄}{实际年龄} \times 100$$

智力年龄就是指根据智力测验的结果而得出的年龄。例如，一个 5 岁的男孩能通过 5 岁组的测验内容，他的智力年龄就是 5 岁；若通过 6 岁组的测验内容，他的智龄就是 6 岁。生理年龄就是儿童的实际年龄。如果一个儿童的智力年龄为 6 岁，生理年龄为 5 岁，那么智商就是 120。通常人们把智商 100 作为正常儿童智商的标准线，智商在 90～129 的儿童都属于正常儿童，智商在 130 以上(也有人认为在 140 以上)为超常儿童，智商在 89 以下属于智力偏低儿童，智商在 70 以下属于智力低下儿童。

(二)离差智商

离差智商在早期曾被奥蒂斯、宾特纳等采用，后来大家都采用离差智商。离差智商(IQ_D)是将一个人的测验分数与同年龄组的人比较所得到的标准分数，已经没有商数的意义。离差智商的优点是同样的智商分数在任何年龄水平上都代表同样的相对位置。例如，中国韦氏智力测验，它以 100 为平均智商，其标准差为 15，计算公式如下：

$$IQ_D(离差智商) = \frac{15(X - M)}{SD} + 100$$

其中：X 为个人的测查得分；M 为同一年龄组测验总分的平均值；SD 为同一年龄组测验总分的标准差。

二、智力落后儿童的测查

目前，智力测验的量表主要有中国斯坦福比纳智力测验、韦克斯勒智力测验、瑞文标准推理测验、丹佛发育筛选测验、绘人测验、简易儿童智力筛查测验等。对学前儿童的智力测验，常采用韦克斯勒智力测验、斯坦福—比纳智力测验和考夫曼儿童成套评估测验。

(一)韦克斯勒学前儿童智力量表

《韦克斯勒学前儿童智力量表》(Wechsler Preschool and Primary Scale of Intelligence, WPPSI)是 1967 年编制的，它适用于 4～6.5 岁的儿童。1989 年，韦克斯勒对其做了一次修订，将适用年龄范围扩大到 3～7 岁，这个修订本简称 WPPSI-R。中国湖南医学院龚耀先教授等人根据中国国情对该量表进行了修订，并命名为《中国-韦氏幼儿智力量表》。

WPPSI、WPPSI-R 的内容结构大体与 WISC 量表相似，是 WISC 的一个延伸，但稍有删补。它们都由言语量表和操作量表两部分组成。在言语量表中，同样有常识、理解、算术、类比、词汇五个分测验，不过都用语句分测验取代了数字广度分测验。在操作量表中，WPPSI 也有填图、积木两个分测验，另外三个分测验是迷津、动物房子和几何图形；WPPSI-R 也有填图、积木两个分测验，另外四个分测验是拼图、矩阵推理、几何图形和动物木钉。

(二)斯坦福—比纳智力量表

这个测验是由美国斯坦福大学心理学家推出的，于 1916 年根据比纳—西蒙量表修订而成，后来又于 1937 年、1960 年、1973 年和 1986 年进行了四次修订。这里对第四次修订的斯坦福—比纳智力量表作重点介绍。1986 年，美国著名心理测量学家桑代克、哈根和沙特勒(Thorndike、Hagen 和 Sattler)发表了由他们主持修订的 S-B 第四次修订本(SB-4)。这个版本保留了与以前几个旧版本的连续性，同时又有比较大的变化。SB-4 适用于 2 岁至成人，分两个阶段进行，第一阶段进行词汇分测验，第二阶段进行其他 14 个分测验。中国的斯坦福—比纳量表先后由陆志伟、吴天敏于 1924 年、1936 年、1979 年进行了三次修订。它共提供了适合 20 个能力水平的问题，适用于 2～18 岁的儿童。大致每岁 3 个试题，共 51 题(见表 4-2)。使用斯坦福—比纳量表测验时，主试首先要对儿童的基础年龄进行评估，即评估某儿童能全部通过的试题的年龄水平，然后还要计算上限年龄，即某儿童全部失败的试题的年龄水平。儿童的心理年龄为基础年龄的月份数加上上限年龄以下所能通过的试题代表的月份数,采用离差智商计分,然后根据公式计算智商。受测者完成整个测验大约需要30分钟至1小时。

(三)考夫曼儿童成套评估测验

考夫曼儿童成套评估测验(Kaufman Assessment Battery for Children,K-ABC)由美国纽约州Albany大学心理学教授Kaufman夫妇编制而成。自1983年发表以来,K-ABC受到了教育和心理学界有关人员的重视和广泛研究,成为与斯坦福—比纳量表和韦氏测验齐名的三大儿童智力量表之一。

表4-2 中国比纳测验题目的构成

序号	试题	序号	试题	序号	试题
1	比图形	18	寻找数目	35	方形分析(二)
2	说出物名	19	找寻图样	36	记故事
3	比长短线	20	对比	37	说出共同点
4	拼长方形	21	造语句	38	语句重组(一)
5	辨别图形	22	正确答案	39	倒背数目
6	数十三个纽扣	23	对答问句	40	说出反义词(二)
7	问手指数	24	描画图样	41	拼字
8	上午和下午	25	剪纸	42	评判语句
9	简单迷津	26	指出谬误	43	数立方体
10	解说图画	27	数学巧术	44	几何形分析
11	找寻失物	28	方形分析(一)	45	说明含义
12	倒数二十之一	29	心算(三)	46	填数
13	心算(一)	30	迷津	47	语句重组(二)
14	说出反义词(一)	31	时间计算	48	校正分数
15	推断背景	32	填字	49	解释成语
16	指出缺点	33	盒子计算	50	明确对比关系
17	心算(二)	34	对比关系	51	区别词义

K-ABC适用于2.5~12.5岁儿童,可对儿童的智力状况和成就水平进行个别化的测量。在认知心理学和神经心理学有关研究成果的基础上,测验编制者将智力界定为"儿童解决需要进行同时性加工和继时性加工的问题的能力"。据此编制的全套测验包含同时性加工量表(含图形辨识、人物辨识、完形测验、三角形组合、图形类推、位置记忆和照片系列七项任务)、继时性加工量表(含动作模仿、数字背诵和系列记忆三项任务)和成就量表(含词汇表达、人地辨识、数字运用、物件猜谜、阅读与发音以及阅读与理解六项任务)。

K-ABC具有传统测验所不具备的一些重要的特点:①它分别测量智力成就;②对继时性加工能力与同时性加工能力加以区分;③测验内容较为新异;④测量结果有助于对儿童的教育干预;⑤有效地避免了施测复杂与评分模糊所带来的较多的误差;⑥适用范围广,

K-ABC 从测验材料的选择、项目格式的选取、测验施测过程中对主试指导语的要求和标准化样本的抽样等方面，充分考虑学前儿童、少数群体儿童和特殊儿童的需要。

受智力测验自身科学性、施测人员的素质、施测的规范程度、儿童的年龄、个性特点等因素的影响，仅凭一个智力测验结果显然不足以准确、全面地评价儿童的智力发展水平。因而我们可以将智商作为儿童智力发展的一个参考指标，但不应盲目迷信测验结果、相互攀比，因智商的高低而自高自大或自暴自弃更是不可取的。

三、智力落后儿童的鉴定

为了便于教育教学工作，需要将智力有问题的儿童从健全儿童中区分出来，并确定其智力缺陷的状况、程度，分析造成缺陷的可能原因，制定补偿方案，这个过程就是鉴定。在不少人看来，鉴定智力落后儿童时，只需将儿童带到医院或有关心理诊断机构，做一次智力测验就可以了，而事实上并没有这么简单。

(一)鉴定内容

鉴定内容主要有以下四个方面。

(1) 医学方面：①儿童从出生到就诊时的身体、智力的发育史；②曾患疾病的症状、治疗过程；③视力、听力和神经系统检查等。

(2) 教育方面：①儿童在幼儿园、家庭或学校各个方面的表现；②和同龄儿童交往的情况；③各科学习成绩、学习兴趣、习惯和类型；④教师和教学态度，教学方法和教材难度等。

(3) 心理方面：①首要工作是对儿童的智力水平和适应行为水平进行测验；②另外，还可进行注意力、记忆力、语言能力、推理能力、个性等方面的检查和鉴定。

(4) 社会方面：①儿童家庭、邻里、学校的状况，家庭成员尤其是父母的文化水平；②经济地位、管教态度和对儿童的期望水平；③三代亲属以内有血缘关系者的智力情况；④生活环境的变迁状况；⑤家庭是否稳定、和谐。

(二)鉴定步骤

鉴定过程通常包括以下四个步骤。

1. 推荐

学校根据教师、家长或其他有关人员的观察和学生考核的结果，将怀疑为智力有问题的儿童送往专门的机构进行诊断和鉴定。

2. 初审

这个步骤既可以由学校组织实施，也可以由专业人员进行。其主要目的在于确认儿童是否真有问题。如果有，问题的状况如何？需进行哪些方面的检查和鉴定？具体审查包括三个方面：①学生的个案材料，如出生史、病史、各科成绩、班主任评语等；②和任课教师、家长等进行谈话，了解学生各方面的实际表现；③有计划地观察儿童的日常行为表现，看看他的适应性行为水平。并且可以做一些简易的心理测验，如画人测验。通过初审，如果儿童智力落后症状被证实，则进入下一个步骤。

3. 个别测验和诊断

由专业人员对儿童进行全面的诊断性测验，包括智力测验和适应性行为测验。必要时，还需对儿童进行神经系统机能检查、听力测查、视力测查、运动能力检查、言语能力测验、人格测验等。经过多方面的综合检查，才能作出被推荐儿童是否确属智力落后，以及智力落后的性质和程度的诊断。

4. 个案协商

个别测验和诊断结束以后，还需尽快召开一个由学校领导、教师、家长、心理学工作者、医生及其他有关人员参加的会议，以确认诊断和鉴定的公正性和准确性；解释并分析鉴定结果；分析儿童的特殊需要并讨论如何满足这些需要；制定具体的教育和训练方案；做出将儿童安置在何种教育机构的决定。

智力落后儿童的鉴定工作是一项非常严肃和复杂的工作，要求很高。作为教师，不能只根据自己的观察和学生的几次考试成绩就轻率地下结论。在没有取得心理测验的资格证书前，也不要随便地运用标准化的心理测验量表。另外，对儿童的鉴定结论和有关个人材料要严格保密，以防扩散。

第三节　智力落后儿童的早期训练与指导

一、智力落后教育的教学原则

教学原则是指导教学工作的基本规则，是人们长期教学实践经验的科学总结。由于教学原则具有普遍适用性，因此，普通教育中所应遵循的一般教学原则，如直观性原则，同样适用于智力落后教育工作。直观性原则是指在教学中充分利用学生的感觉器官和已有经验，通过各种形式的感知，丰富学生的直接经验，使学生获得鲜明的表象，从而掌握比较抽象的知识。研究和教学实践表明，教学的效果在很大程度上取决于学生各种感觉器官进行感知的程度。对教材的感性认识越是多种多样，对它的掌握就越牢固。

智力落后儿童知识经验贫乏，抽象思维不发达，具体形象思维占主导地位，因此在教学中应充分使用直观教具，这样可以弥补这些不足所造成的学习上的困难，增加学习的趣味性，更好地领会和掌握新的知识和技能。直观性原则的运用，需要根据学生的实际情况和教学的具体任务进行。直观教具是直观教学的主要手段。直观教具有实物直观、图像直观和模型直观三种。为了充分发挥直观教具的作用，教师事先必须进行充分的准备。对教具的种类、大小、多少、准确性、演示的重点以及演示的顺序，都要精心计划好。应鼓励和提倡教师自制教具。教师的教学语言要形象、具体、生动、风趣，能够把深奥的道理浅显化、枯燥的东西形象化、抽象的东西具体化。需要引起注意的是，直观只是完成教学任务的一种手段，它本身并不是目的。教师要时刻记住每次运用直观教具的目的，有意识、有重点地引导学生观察，帮助学生认识它的主要特征，形成和获得清晰的表象，掌握所学内容。

由于智力落后儿童身心发展的特殊性，不同于健全儿童和其他类型的残疾儿童，因此智力落后教育教学工作还有其特殊教学原则，这些特殊教学原则包括以下几个方面。

(一)个别化原则

智力落后儿童之间个别差异很大，主要表现在他们有不同程度的智力缺陷、不同的致病原因和不同的行为特征。即使是同一缺陷程度的儿童，由于各种先天和后天因素的不同影响，他们的特殊教育需要也是不一样的。因此，智力落后儿童教育工作要求最大限度地个别化。这个原则并不完全是指个别教学或个别学习。

一方面，每一个智力落后儿童都应当有机会通过参加集体的学习和生活，学习如何与人相处，分享相互之间的经验。

另一方面，他们更应接受符合自己身心特征和发展水平的教育。运用这个原则要求在进行教学之前，教师应充分了解和考虑每个学生的具体特点和需要，如身体状况、智力水平、学习类型、个性特征等，制订出基本适合全班学生的教学计划。同时，要为每一个学生也制订出一份个别化教学计划。在课程设置、教学内容、教学方法等方面，也应充分考虑每个学生的不同需要。

另外，教师应随时了解每个学生在学习过程中出现的困难，分析产生困难的原因，及时进行个别指导和辅导。

(二)激发兴趣原则

教学过程是一个教师和学生的双边活动过程。学生是教学过程的主体，教师在教学过程中起着主导作用。这个过程如果没有学生主动、积极地参与，很难取得好的教学效果。智力落后儿童大多数都缺乏良好的学习动机，对学习不感兴趣，更谈不上积极、主动参与。因此，如何激发并保持学生的学习兴趣，强化学习动机，是智力落后儿童教育的一个重要课题。

首先，要创造一个充满爱与快乐的教学环境，克服儿童的退缩、自卑等不良心理。教师要尽量和儿童保持良好的个人关系，关心他们、爱护他们，使他们感到自己不是被抛弃的人，体会到被尊重和被接纳的喜悦，逐渐忘却过去遭受挫折和失败的痛苦，增强其自信心。

其次，要为儿童提供尽可能多的成功机会和体验。在教学内容的选择上，教师应尽可能照顾到每个学生的实际水平，使他们通过努力能够学会课程内容。在教学活动的设计上，教师应给予学生各种机会，鼓励他们发言、表演、创作，以引导其扩展学习兴趣，充实生活经验。除此之外，教师要善于发现学生的"闪光点"，对他们所取得的进步，哪怕是微小的进步，都应及时给予鼓励和强化。这样，就可以逐渐增强学生的自信与尝试的勇气，消除习惯性的畏惧、退缩心理，从而乐于学习。

(三)充分练习原则

这是根据智力落后儿童识记慢、遗忘快的特点而提出的。同样的学习内容，健全儿童可能很快就能掌握并记住，而智力落后儿童则需要进行更多的练习才能巩固。因此，充分练习是智力落后儿童教学的一个重要原则。贯彻这一原则，首先要求教师尽量引导学生对教学内容进行清晰感知和理解。这是由于人的记忆与感知、理解是相互联系的，只有在感知并理解的基础上，充分练习才能产生牢固的记忆效果。智力落后儿童的理解能力较差，对所学知识的掌握往往不深刻、不全面，教师在指导学生练习的过程中，应有针对性地加强理解性指导，通过细心指导、反复练习，学生才能记住、记牢，为进一步学习打下基础。

其次，要求教师组织好学生的复习。复习是学生记住所学知识的法宝，但复习的效果取决于复习的方式方法。复习需要重复练习，但并不是简单重复，更不是单调重复地练习。正确的做法如下所述。

(1) 复习要及时，传授新知识后要马上组织复习，然后逐渐进行间隔复习。
(2) 复习不要面面俱到，而要抓住重点内容。
(3) 复习的内容和方式要有变化，新颖多样。
(4) 复习的次数要适当，每次的时间也不要太长，尽量避免学生对复习的厌倦情绪。

(四)补偿和矫正原则

智力落后儿童的教学工作除了要传授给学生基本的科学文化知识和个人生活、社会生活必需的基本技能以外，还必须对其身心缺陷进行有针对性的补偿和矫正工作。我们前面已经讲过，智力落后儿童在生长发育过程中，由于受先天素质和后天环境的不利影响，会出现很多问题，如感知觉缺陷、语言缺陷、行为缺陷等，纠正这些问题是学校的教育目标之一，理所当然应该得到实现。只有这样，他们才能顺利地走向社会，自强自立。

要贯彻这一原则，首先，要求教师对学生的身心缺陷状况和程度有较深的了解，在此基础上制订适合每个学生特点的补偿和矫正计划。其次，教师要具备较为扎实的专业技能。缺陷的补偿和矫正工作是一项技术性很强的工作，如果缺乏专业训练，不具备相关的知识和技能，将很难取得成效。这就要求教师学习有关的知识，如行为矫正的知识。再次，缺陷的补偿和矫正工作是一项复杂和细致的工作，要求教师有长期工作的思想准备，防止急躁情绪。不要指望学生的问题在一朝一夕就能得到解决，这种奇迹是很难出现的。只有循序渐进、细水长流，经过长期的努力，学生的缺陷才能得到较好的补偿和矫正。

二、学前智力落后儿童的教育和训练的计划与方法

智力落后者历经了人类历史的全程，但对智力落后者的有目的、有计划的系统教育却只有不到 200 年的历史。如今，医学、生物学、心理学和教育学的发展已经硕果累累，这为智力落后的教育提供了丰富的理论依据，使之少走弯路，从而快速地发展成为针对智力落后儿童的教育和训练的方法。

(一)学前智力落后儿童的家庭训练计划

学前智力落后儿童绝大部分时间都在家庭里成长。儿童的父母和其他家庭成员是儿童最早的或许也是终生的教育者，所以家庭训练计划以及对家长的培训实际上是对智力落后儿童早期干预的一部分。

智力落后儿童的家庭生活周期中有三个关键期——婴幼儿期、学龄前和学龄期。在这三个时期，对家长进行训练和对家庭开展咨询是有利的。在前两个时期，父母开始面对儿童的缺陷，可能需要通过帮助来学习一些方法，以提供适当的早期语言刺激和类似的发展技能；特别是学前期，是强化计划实施的最适当时期，家长需要了解更多的方法，教给他们

的孩子基本的学习和社会技能[①]。

于1972年开始实施的波特奇计划(the portage project)是一项成功的儿童早期干预示范性计划。在智力落后儿童0～6岁期间由父母在家里教育，由一名治疗师每周进行一次家访，根据训练情况和反馈意见评估训练过程，并示范塑造新行为的方法。计划包括五个领域的技能：认知、语言、自理、运动技能和社会化。每一种技能被分解成非常小的步骤，这样实施起来就相对容易得多。

在美国，根据PL105—17公法，即障碍个体教育修正法案(Individuals with Disabilities Education Act，IDEA 1997)，对于3岁以下有特殊需要的儿童实施个别化的家庭服务计划(IFSP)作为个别化教育方案的补充计划。残疾儿童经专业诊断评估后，由一名服务协调员定期协调传递家庭和由特殊教育专家、医生、治疗师等组成的专家组之间的信息，制订实施相应的家庭教育计划。在我国尚无正式的家庭训练计划，但是大多数的特殊教育学校或培智学校会定期开展家长培训班，教给家长训练智力落后儿童的方法和技术。

(二)智力落后儿童的个别化教育

个别化教育方案(Individualized Education Program，IEP)看起来像一份医生们会诊的诊断书和治疗计划。为了给一名智力落后儿童提供最优化的教育，特殊教育老师、特殊教育督导员、心理学家、校长、咨询员以及任课教师组成团队联合拟订这份计划书，详细阐述他存在的问题以及解决这些问题的具体步骤[②]。个别化教育方案的目的是给智力落后儿童提供最适合其需求的特殊教育方案，强化父母、教师与专业团队间的沟通联系，使儿童有最合适的教育环境与最好的教育效果，而且可以作为教学的管理工具和教师绩效的评鉴工具促进教师有效率、有组织地教学。

(三)应用多元智能理论教育智力落后儿童

美国心理学家加德纳(Howard Gardner)提出的多元智能理论认为，智力是在某种社会或文化环境的价值标准下，个体用于解决自己遇到的真正的难题或生产及创造出有效产品所需要的能力。智力由八种相对独立的智力成分构成。每种智力都是一种单独的功能系统，但这些系统可以相互作用，每个人身上以不同方式、不同程度组合，使得每一个人的智能各具特点。智能无高低之分，只有倾向和强弱的不同。可见，多元智能理论是一种开放、兼容的理论，鼓励人们从多维的角度看待智能。

由此看来，多元智能理论和传统的智能理论大相径庭。传统的智能理论关注最多的是智力的G因素，即一般能力，人的基本的心理潜能。比如，根据传统的智能理论所构建的智商测试方法倾向于回答"你的智能有多高和你有什么缺陷"的问题，而多元智能理论则关注个体的智能系统，根据其所构建的"多彩光谱"倾向于回答"你的智能类型是什么和你可以做什么"的问题。

传统智力测量仅仅强调了智力障碍儿童的缺陷，忽视了智力障碍儿童的潜力和智能类型，仅仅是发现和选择适合培智教育的儿童；而多元智能理论通过一个多维的视角来看待智力缺陷，从而为创造适合于每一名智力落后儿童的教育提供了可能。

[①] 艾力克·J. 马施，大卫·A. 沃尔夫. 儿童异常心理学[M]. 孟宪章，译. 广州：暨南大学出版社，2004：382.

[②] Robert E. Slavin. 教育心理学理论与实践[M]. 姚梅林，译. 北京：人民邮电出版社，2004：313.

多元智能也许会成为开发智力落后儿童潜能的钥匙，正如其创始人加德纳所说：每个孩子都是一个潜在的天才儿童，只是表现的形式不同而已。

第四节　智力落后儿童的早期干预案例

一、智力落后儿童的特点

(一)智力落后儿童的身体发育特点

智力落后儿童的身体特征，因其不同的缺陷程度和原因而有比较大的差别。一般而言，轻度智力落后儿童的身体发育与健全儿童基本上是一致的。他们在身高、体重方面与同龄健全儿童没有明显的差别，发育基本正常。然而，随着智力落后程度的加重，智力落后儿童的生理和健康问题会越来越多，一些人有明显的相貌特征，如头颅尖小，眼距宽，骨骼、神经系统生长发育迟缓，动作失调，感官缺陷等。人们所熟悉的先天愚型儿童除了有明显的外部特征以外，还很容易出现心脏和肺脏异常。除此之外，中度以上智力落后儿童在肺活量、肌肉力量、身体平衡能力、身体的协调性等指标上明显落后于健全儿童。因此，随着智力落后程度的逐渐加重，对儿童身体发育带来的不利影响也越来越大。

材料：先天性愚型

先天性愚型，又称 21 三体综合征(21—Trisomy)或唐氏综合征，是在人体首先被描述的染色体畸变，也是最常见先天性愚型患者的常染色体疾病。1846 年由 Seguin 首先描述，1866 年经英国医生 Down 氏再次报道后被称为 Down's syndrome。1959 年法国 Lejeune 等证实此综合征病人细胞染色体异常，为 21 三体，故又称 21 三体综合征。病儿智能落后，肌张力低下，皮肤呈大理石样色泽。智能不足的程度范围很大，一般 5 岁时智商为 50，渐渐减退，至 15 岁时为 38，且缺乏抽象思维能力。

(二)智力落后儿童的感知觉特点

很多人认为，健全人一眼就能看见、看清的东西，智力落后儿童也一定能看见、看清。实际情况并非如此。苏联有位心理学家曾做过一个实验：她用速示器呈现人们所熟悉的苹果、桌子、猫、铅笔等物体图片，让正常的成人、普通小学一年级学生和弱智学校一年级学生辨认。当图片以 22 微秒的时间呈现时，正常成人能正确认出 72%，正常儿童认出 57%，而智力落后儿童一个也没有认出。当图片呈现时间延长为 42 微秒时，正常成人认出了所有的图片，正常儿童认出了 95%，而智力落后儿童只认出了 55%。这个实验表明，智力落后儿童的感知觉迟钝和缓慢。这种现象在实际生活中也常见，如一些节奏较快的动画片，智力落后儿童看起来较困难，有时兴趣不高。这是由于动画片变化速度太快，呈现时间太短，他们来不及感知。

与智力落后儿童感知觉速度缓慢相联系的另一个特征，是感知的范围狭窄，感知信息容量小。这表现在同一时间内他们能清楚地感知事物的数量比健全儿童少得多。例如，健全儿童在大街上行走，他们一眼就能看到行人、车辆、商店、工厂、交通信号、过街天桥等，可谓"一目了然"。而智力落后儿童在同一时间里则往往只能看到其中的一部分，有的只见行人不见车辆，有的只见道路不见行人，有的只听见热闹的音乐而看不见脚下的障碍物。这种特征往往会妨碍他们在新的环境中的定向，导致迷路。

人对事物的感知不是像镜子那样简单地反映客观现实，而是通过多种感觉分析器对刺激物作精细的区分和一系列分析综合活动。智力落后儿童由于感觉分析器的障碍，造成感知觉不够分化，区分能力薄弱。例如，他们很难区分出长方形和正方形、手表和秒表的差异，有的甚至对咸淡、甜酸也很难区分。健全儿童3岁就可以正确辨认各种基本颜色，4岁开始逐渐能够细微地区别各种色调、明度和饱和度。而智力落后儿童通常七八岁以后还分不清蓝和绿、白和黄等颜色，而要区分各种颜色的不同浓度，如深红、浅红、桃红、殷红、紫红，对他们来说就更困难了。

缺乏感知事物的主动性和积极性，是智力落后儿童感知觉的第三个重要特点。由于他们的神经活动过程存在惰性，因而在感知事物时，往往满足于一般的了解，缺乏仔细观察和深入了解的愿望。他们不会仔细观察或找寻某一物体，不会有选择地观察周围事物的某一部分，不愿从不同角度、不同方面观察同一事物，不愿把视线从当时不需要但色彩艳丽的方面转移开。有人曾做过一个小实验，给智力落后儿童和健全儿童分别展示一张彩色风景画，然后问他们："你看到了什么呀？"多数智力落后儿童只会回答"好看"，却说不出画中的任何内容；而健全儿童则准确地说出了画中的羊群、草原和牧羊人。

感知觉是基本的心理活动，也是其他心理活动赖以进行的基础，对于儿童的整个智力发展有着非常重要的作用。因此，教师要利用一切可能的方法和手段，最大限度地弥补智力落后儿童感知觉的缺陷，促进其智力发展。

(三)智力落后儿童的记忆特点

记忆对人的学习和生活有着巨大的作用。没有记忆，就没有生活经验的积累，也就谈不上知识和技能的学习，更谈不上智力的发展。智力落后儿童的记忆与健全儿童相比有着明显的差异，主要表现在以下两个方面。

(1) 识记速度缓慢，保持不牢固，再现困难或不准确。教育实践的经验告诉我们，智力落后儿童识记新知识时，只有在多次重复练习之后才能掌握，并且遗忘得也较快。前几年我国不少智力落后儿童学校使用普通小学的课本，但教学进度比普通小学要慢一半或一半以上。即使这样，学生的学业水平也无法与健全学生相比。这种情况出现的原因与记忆上的这个特点有着一定关系。

(2) 记忆的目的性差，选择功能薄弱。智力落后儿童记忆时，往往只是依照记忆材料的外部联系，采用简单重复的办法记忆，不善于有目的地去发现记忆材料的内部联系，在理解的基础上进行记忆。有这样一个实验很说明问题：给智力落后儿童和健全儿童分别呈现一组图片(狗、桌子、楼房、狼、小屋、椅子、草房、猫)，要求他们看几遍以后记住。健全儿童在记忆过程中往往会将图片顺序打乱，加以归类整理，这样很快就记住了；而智力落后儿童几乎不会归类整理，只能进行简单重复，记忆效果很差。这种情况的出现与他们思维的直观形象性和缺乏记忆方法有关。

(四)智力落后儿童的语言特点

语言既是人类交流思想、传递文化的工具，又是进行思维的"建筑材料"。健全儿童通常在1岁左右开始说话，入学时基本上掌握了口语交际技能，能够比较流利地运用口头语言来表达自己的思想和情感。而智力落后儿童语言发展的水平要低得多，不管是听觉辨别能力，还是表达和理解词及句子的发展都比健全儿童要晚。智力落后越严重，语言发展水平也就越低。有的儿童两三岁才会说一些单个的词，到五六岁才会说简单的、内容贫乏的和不合语法的句子。有的儿童上学以后，连自己的家庭地址都不会说。有的儿童听觉器官很正常，可以听到旁人的声音，但不能辨别和区分各个语音，只能分辨出少数的单音。多数智力落后儿童从别人讲话中区分词语的过程比健全儿童慢很多，这种情况就好像外语听力水平不高的人，听得见声音，甚至听得见一个一个的单词，但不明白整个句子的意思。这是智力落后儿童语言发展迟缓和不完善的原因之一。

智力落后儿童的词汇量也比同龄健全儿童要少得多。有研究表明，健全儿童入学时一般已掌握了2500~3000个常用口语词语，而同龄轻度智力落后儿童一般只会说几百个。与健全儿童相比，他们对语义的理解也不全面。例如，他们能说出鲢鱼、鲤鱼、鳞鱼等是鱼，而形状、颜色稍有不同的鱼类，如偏口鱼、鳗鱼，他们就说不出是鱼了。在有些儿童身上还经常可以见到语言的机械模仿现象，电影、电视中的一些对白，收音机和电视机播出的广告词，他们可以学着说出，但并不能真正理解意思。另外，智力落后儿童在语法方面也存在很多问题，主要表现为句式简单、句子不合语法，他们很少使用复合句，多为简单的陈述句。一些儿童还常出现情境语言，句子的意义只有和当时的情境联系起来才能为人所理解。

除了上述特征外，相当数量的智力落后儿童还存在着构音、声音和言语流畅性方面的障碍，表现为发音不准，吐字不清。多数儿童在说话时常出现音节的替代、省略、歪曲或添加。据调查显示，智力落后儿童出现这类问题的概率高达50%以上。另有一部分儿童说话声音过大或过小；音调平平，缺少变化，声音嘶哑；说话时出现气声、鼻音过重或无鼻音等。少部分智力落后儿童有口吃现象，这妨碍了他们和别人的言语交往。出现这些障碍主要有三个原因：一是听觉的辨别能力差，不能模仿正确的发音，言语发展水平较低；二是发音器官有缺陷；三是大脑言语运动中枢的功能缺陷，无法调节和控制发音器官的运动。

(五)智力落后儿童的思维特点

思维是反映客观现实的最高形式，是智力的核心成分。一个人智力的高低，最终都表现在思维品质的优劣程度上。智力落后儿童由于感知觉有缺陷，生活经验贫乏，语言存在障碍，影响了他们思维能力的正常发展。其主要表现为以下几个方面。

(1) 思维长期停留在直观形象阶段，概括水平低。智力落后儿童通常是在日常活动中直接观察事物的条件下进行简单的思维活动。他们的思维主要依赖于事物的具体形象或表象以及这些形象和表象之间的联系，缺少分析和综合，很难将已有的知识、概念和表象综合起来。例如，低年级智力落后儿童尽管学习了"两个加数位置交换，得数不变"的规则，并且能够流利地背出来，但在计算出"5+4=9"后，让他们再计算"4+5=？"，他们常常还得重新数手指。有人对30个平均年龄9岁半的轻度智力落后儿童进行物体分类的实验，发现他们的概括能力明显落后于幼儿园大班(6岁)儿童，只接近中班(5岁)儿童。智力落后儿童概括能力的薄弱，在教学的过程中表现为难以掌握各种规则和概念，因而对语言材料和数学概念的学习，难度最大。

(2) 思维刻板，缺乏目的性和灵活性。作为一种高级认识活动，思维总是有预定目的的。而智力落后儿童在思考问题时则往往缺乏明确的目的性。他们在进行某项活动时，一旦遇到困难或其他更有吸引力的事情，就可能会中止下来。在思维过程中，他们还难以根据条件或条件的变化，及时地调整自己的思维定向和方式，表现出思维的刻板性和不灵活性。有这样一个例子很说明问题：在一所培智学校里，值日学生每天都得负责给操场上的花草浇水。有一天，下起了大雨，一个当天值日的学生还是像往常一样，冒雨打伞去履行自己的职责——给花草浇水。

(3) 思维缺乏独立性和批判性。人们在从事某项活动或解决某个问题的过程中，总是要不断检查自己的思维方向、思维策略、思维方法是否正确，从而发现问题，及时解决。智力落后儿童则不是这样，他们往往对自己的行动和想法深信不疑，很少能主动地找出错误并加以改正。这是缺少思维批判性的典型表现。除此之外，相当一部分智力落后儿童思考的能力较差，表现出思维缺乏独立性。在教学中时常可以见到这样的情况，教师提问时，一个同学回答错了，其他同学也会受到"传染"，重复错误答案。另外，他们在回答问题时，不论对与错，只要老师反问一句，他们马上就会改口，而不去坚持原本正确的答案。

智力落后儿童的思维虽然具有上述特点，但从总体来说，他们的思维是在逐渐发展着的，只要教育得当、训练得法，他们的思维水平是会在原有基础上得到提高的。

(六)智力落后儿童的个性特征

个性是在个人的生理基础之上，受家庭、学校和社会环境等的影响，而逐步形成的意志品质、能力、兴趣、情绪、性格等心理特征的总和。智力落后儿童由于认识活动有缺陷，参加社会实践活动受到局限，生活经验少，影响了他们个性的健康发展，其主要表现出以下特征。

(1) 意志薄弱，缺乏主动性，易受暗示，固执。智力落后儿童在学习和从事其他活动时，难以遵循较为长远的行动目标，常常缺乏主动精神。他们可能会因为找不到笔而不做作业，也可能因为逛商店而忘了上学。然而，有时候他们也可以出现不可抑制的欲望并为此表现出相当的坚持性和目的性，如为了得到一个小玩具而哭闹不止，直到满足才肯罢休。在对待周围人们的影响方面，智力落后儿童易受暗示，经常会不加分析地接受别人的驱使和建议，因此他们很容易受到坏人的教唆而做出违法乱纪的事情。

(2) 高级情感发展迟缓，情感不稳定且调节能力差。研究表明，智力落后儿童的情感体验长期处于低级阶段。高级情感阶段，如义务感、责任感、集体荣誉感等产生晚、发展慢。另外，他们的情感很容易受到外界情境的左右，易变化、易冲动、又哭又笑，转怒为喜的现象在他们身上经常出现。在情感的调节与控制方面，他们主要受肌体需要的支配，很难用社会的道德标准来衡量。例如，当他们的需要得不到满足时，常会不分场合地大吵大闹。

(3) 失败期望高于成功期望，情绪比较消极。智力落后儿童由于认识活动的缺陷，在生活和学习中遭受的挫折和失败较常人多得多，他们逐渐就会丧失自信，对从事的工作缺乏成功的期望，甚至事情尚未开始，就觉得无法成功，从而放弃自己的努力。

二、学前智力落后儿童教育的目标和干预的内容

(一)学前智力落后儿童教育的目标

案例：

  面对着班上的 12 名不同程度智力落后的孩子们，某特殊教育学校培智班的刘老师经常感到困惑。大部分家长期望自己的孩子在写字和算术上每天都有进步，学校要求老师在一定的时间内完成教材所规定的教学内容，而孩子们似乎更喜欢一些游戏和生活实践课程。刘老师经常想：这些孩子能被教育到什么程度？什么样的教育对孩子来说是最有效的？

  刘老师的困惑说明，对于智力落后儿童的教育目标和内容，家庭、学校和儿童的期望是不一致的。

  学前智力落后儿童教育的总体目标为：通过感官训练提高其感知觉能力，通过大肌肉运动和精细肌肉运动提高其运动能力，通过日常生活行为训练提高其生活自理能力，通过日常生活学会用简单的语言与人进行交流，学会基本的社会行为规范，掌握最基本的动作技巧。因此，学前智力落后儿童的教育目标与普通儿童有所不同，其特点可以概括为：补偿缺陷，发掘潜能，立足生活，适应个体差异。

(二)智力落后儿童干预的内容

  特殊教育的目标是让每一个特殊儿童都得到最大限度的发展。对于智力落后儿童来说，这个目标应该根据智力落后的不同程度和类型，以"发展"为轴心，从感知、运动、语言与沟通、情绪和行为管理、社会适应、认知和元认知等方面进行详细划分。

  (1) 感知能力教育目标和内容：针对智力落后儿童的感知缺陷，补偿和发展他们的外部感觉能力——视觉、听觉、嗅觉、味觉、肤觉和内部感觉能力，运动觉、平衡觉和本体觉等，并使他们能将自己对外界的感知体验应用于日常生活中。它主要包括：了解事物的外形和质地，分辨声音和颜色，感知韵律和节奏，感知味道、温度等并做出反应，知觉深度、大小、距离等。

  (2) 运动能力教育目标和内容：针对智力落后儿童的大小动作不灵活的缺陷进行大动作和精细动作训练。逐步训练智力落后儿童的感官和肢体配合，动作的协调以及控制力度和速度的能力。大动作训练有俯卧、抬头、竖颈、翻身、仰卧、爬行、独坐、独站、行走、跑步、跳跃等；精细动作训练有大把抓、手指捏、筷子夹、串珠、填涂、写字等。

  (3) 语言与沟通能力教育目标和内容：针对智力落后儿童的语言交流障碍进行训练，能模仿别人的简单言语，能逐渐做到用目视、点头、摇头、微笑等动作表示理解他人的说话，并能用别人能理解的声音、单词、句子、问题来表达自己的愿望和要求。

  (4) 情绪和行为管理能力教育目标和内容：针对智力落后儿童的情绪和行为问题，运用一定的认知和行为矫正技术，逐步减少或消除焦虑、抑郁、恐惧、愤怒等负面情绪，攻击、毁物行为，以及自我刺激和自伤行为。

  (5) 社会适应能力教育目标和内容：针对智力落后儿童在社会适应方面的困境，根据儿童所处的生活情境有计划地训练其生活自理能力、基本劳动能力、社会交往能力和使用

基本的道德规范约束自己的能力。要根据儿童的智力和发育状况展开教育，使之逐渐学会基本的生活自理步骤和技巧，自我照料日常饮食起居和个人卫生，如穿衣、进食、个人清洁、如厕；学会简单的劳动，如扫地、擦桌子等；在游戏中学会遵守规则，和别的儿童交往，学会基本礼貌语言和文明礼仪；能运用学到的基本的自理技巧，应付环境和生活的需要。

(6) 认知和元认知能力教育目标和内容：根据智力落后儿童的认知障碍，特别是在记忆和问题解决上的滞后，教给他们特殊的认知技能以及将这些技能应用到新环境中去的元认知训练①。这些技巧和生活情境，被广泛应用到诸如感知觉、动作、语言、社会适应能力等训练中。

拓展阅读

拓展阅读内容见右侧二维码。

智力障碍幼儿早期语言干预的个案研究.docx

本 章 小 结

本章主要内容介绍了智力落后的概念及其表现，对智力落后的测查与鉴定进行了分析，阐述了学前落后儿童的指导方法，最后又结合相关案例进行了干预的研究。

智力落后是指个体发育人的智力有显著低于一般人的水平，并显示出适应能力的障碍，又称智力障碍或精神发育迟滞。包括在智力发育期间(18 岁之前)，由于各种原因导致的精神发育不全或智力迟缓；智力发育成熟后，由各种有害因素导致的智力损害或老年期的智力明显衰退。智力落后分为轻度、中度、重度三种落后程度。

斯坦福大学教授推孟提出了比率智商，比率智商是指个体的智力年龄与实际年龄的比。美国心理学家韦克斯勒提出了离差智商，离差智商是将一个人的测验分数与年龄组的人比较所得到的标准分数，然后观察这个分数所在的位置或其对应的智力商数。智力落后儿童的测查可参考韦克斯勒的离差智商、推孟的比率智商等方式来进行。

关于智力落后儿童的早期训练与指导，可采取家庭训练计划、个别化教育、多元智能训练等方式进行。

思考与练习

简答题

1. 什么是智力落后？学前儿童智力落后有哪些表现？
2. 如何对智力落后儿童进行测查？
3. 如何对学前智力落后儿童进行指导与训练？
4. 结合生活中的案例，谈一谈对学前智力落后儿童的干预该如何进行。

---

① 艾力克·J. 马施，大卫·A. 沃尔夫. 儿童异常心理学[M]. 孟宪章，译. 广州：暨南大学出版社，2004：382.

要尊重儿童，不要急于对他做出或好或坏的评判。

——卢梭

智慧属于成人，单纯属于儿童。

——蒲柏

第五章　学前超常儿童的教育

本章学习目标

- 掌握学前超常儿童的概念以及种类。
- 掌握如何鉴别学前超常儿童及其特点。
- 掌握如何对学前超常儿童进行教育。

核心概念

超常儿童(supernormal child)　超常儿童身心发展特征(Characteristics of physical and mental development of exceptional children)　超常儿童的教育(education of exceptional children)

引导案例

案例：金溪有个叫方仲永的孩子，家中世代以耕田为业。方仲永长到5岁时，不曾认识书写工具。忽然有一天方仲永哭着索要这些东西。他的父亲对此感到诧异，就向邻居把那些东西借来给他。方仲永立刻写下了四句诗，并题上自己的名字。这首诗以赡养父母和团结同宗族的人为主旨，并拿给全乡的秀才鉴赏。从此，指定事物让他作诗，方仲永都能立刻完成，并且诗的文采和道理都有值得赞赏的地方。同县的人们对此都感到非常惊奇，渐渐地都以宾客之礼对待他的父亲，有的人甚至花钱求取方仲永的诗。

(资料来源：本书作者整理编写)

案例分析

王安石说：方仲永的通达聪慧，是先天得到的。他的天赋，比一般有才能的人要优秀得多。方仲永是一个智力超常的儿童,但最终却成为了一个平凡的人,是因为他后天所受的教育还没有达到要求。他的天资是那样好,但却没有受到正常的后天教育,最终成为平凡的人。

美国心理学家、芝加哥大学教授布鲁姆对1523名婴幼儿长达82年的追踪研究得出国际公认的结论:如果以17岁智力成熟作为100%的话,50%的智力是在4岁以前获得的。0~6岁是儿童智力发育最快的时间段,对人的一生发展至关重要,其中3岁前更有其特殊的重要性,孩子上小学乃至中学时出现的偏差都可以追溯到学前。在这个过程中,要把握住事物发展的"度"。宝宝出生后,常常细语地对他说话,或抱着他看书,不仅有益于亲情交流,对语言的发展也有很大的帮助,这也是对3岁宝宝教育的很好的方法。0~3岁是子女和父母最亲密的时期,因为他的一切都是以父母为中心的,为了建立良好的亲子关系,对3岁宝宝的教育要注意下述几项原则:第一,充分利用周围环境,随时都可以教育宝宝,不一定要花很多钱,这些可以让宝宝模拟生活实际、接受眼前的小挫折;第二,不要因损坏东西而责骂孩子,要有爱心和耐心;第三,日常生活中启发孩子自己解决问题,如一长串珠子链条怎么放进小盒子内;第四,注意培养宝宝读书的习惯。

学习指导

学习本章时,要注意理解超常儿童的概念及种类,学会鉴别学前超常儿童,掌握如何对学前超常儿童进行有效的教育。

第一节 超常儿童概述

一、超常儿童的概念

在历史的长河中,有许多中外名人,他们在年幼时就显露出非凡的才能。

唐朝王勃,6岁善文辞,留下"落霞与孤鹜齐飞,秋水共长天一色"的名句。李白"五岁诵六甲,七岁观百家,十五观音书,作赋凌相如"。白居易9岁就精通声律,16岁写出"野火烧不尽,春风吹又生"的诗句。汉朝杰出的科学家、文学家张衡,10岁前就读了很多书,后来发明了最早的地动仪。德国大诗人歌德,8岁就能用德、法、意、拉丁和希腊语进行读和写。德国的高斯,3岁会计算,八九岁就会用级数求和公式解题。

在特殊教育学和心理学领域,将这些出类拔萃的儿童称为超常儿童。超常儿童是指智能上明显超过同龄常态儿童发展水平或具有某种特殊才能的儿童。美、英等国称这类儿童为"天才儿童",苏联称其为"高天资儿童",日本称其为"英才儿童",我国台湾地区称其为"天赋优异儿童"。名称虽不相同,但所指的对象是相同的。

"天才""高天资""天赋优异"等名称,比较强调的是儿童的先天遗传因素。按照辩证唯物主义的观点,既承认人的先天遗传素质有差异,又认为先天遗传素质不是决定一个人最终发展的唯一因素,后天的教育、环境以及个人的实践对人的发展也起着至关重要的作用。因此,我国内地采用"超常儿童"的名称。"超常儿童"的名称之所以更科学,主要原因有以下几个。

(1) 超常儿童是相对于常态(普通)儿童而言的,超常儿童是儿童中智能发展优异的一部分,他们与大多数智能中等的儿童之间虽有明显的差异,但却并没有不可逾越的界限。

(2) 超常智能是指在教育和环境的影响下发展起来的人的聪明才智,它不是天生的。先天素质虽然为超常智能提供某种潜在的可能性,但需要教育和环境条件才能成为现实。

(3) 超常智能是稳定的,但也是发展变化的,它不是固定不变的预测终生的指标。随着儿童年龄的增长,超常儿童的智能可能加速超常发展,也可能停滞甚至后退,这取决于儿童所处社会环境提供的学习机会、教育条件、本人的个性特点以及主观的努力等多种因素。

在理解"超常儿童"这个概念时,还应注意不能把有无成就作为衡量儿童是否超常的标志。"超常"是一种智力状态,不论儿童是否做出突出的成绩,这种状态都是存在的。

二、学前超常儿童的类型

过去人们对超常儿童的认识,关注最多的是智力方面,即高智商的儿童就被称为超常儿童,而对于其他非智力因素方面容易忽视。经过近半个世纪的研究,人们对超常儿童的分类已经比较全面和客观了。下面介绍两种比较普遍的具体分类方法。

从智力、才能上可把超常儿童分为[①]:①智力发展比较全面的超常儿童。超常儿童智能发展的水平并不完全一致,有些超常儿童智能发展高于同年龄儿童的 2 岁以上,有些高四五岁以上,个别甚至高 7 岁以上。国外把智商在 170~180 以上的称为高天才,130~140 以上的称为中等天才。这类儿童在普通智力测验上成绩高于常人,在学习上一般能力较强,成绩优异,有的能一年完成其他人 2~4 年的学习任务。②具有特殊才能的儿童。这类儿童有的既有较高的智力水平,又有某一方面的特殊才能。根据超常儿童的才能表现分类,有文学、数学、综合等类型。超常儿童有的偏好文学,幼年大量识字,三四岁已掌握 2000 余个汉字,能津津有味地自己阅读儿童读物并可写作,文笔生动通顺。有的数学才华早露,2 岁就表现出对数学的特别兴趣,七八岁自学完初中数学。有的擅长外语,7 岁时就掌握了 3000 个以上的英语常用单词,可以大量阅读英文儿童读物,还能自如地和外宾进行英语会话。有的表现出杰出的艺术、体育才能,如小画家、小影星、小健将等。还有的既具有非凡的心算能力,数学才能出众,又擅长绘画、书法,表现出抽象逻辑思维和形象思维兼优发展。有的具有音乐才能,对音乐有独特的理解,对节奏等也比常人更有领悟力。有的具有艺术天才,如亚妮两岁半开始画画,5 岁时首次举行个人画展,就引起轰动,显示了突出的绘画潜能。还有的具有领导才能、记忆才能等。

有障碍缺陷的超常儿童:这类儿童智力很高,但是有的在学业上表现并不突出,还有的甚至会被老师当作问题儿童。有的儿童自身有某种缺陷或障碍,如视觉障碍、听觉障碍等,但并不妨碍其表现出超人的能力和智慧。例如,盲人天才 Stevie Wonde,4 岁学会吹口琴,5 岁开始学钢琴。

[①] 刘玉华,朱源. 超常儿童心理发展与教育[M]. 合肥:安徽教育出版社,2001:10-13.

三、超常儿童的身心发展特征

(一)超常儿童的身体发展特征

超常儿童虽然智力水平明显高于同龄普通儿童，甚至达到或超过一般的成人水平，但他们仍然是儿童，身体尚处在发育过程当中，因此对他们同样要进行儿童保健工作。

历史上曾存在一种看法，认为超常儿童是一种超越生理发育阶段的不正常现象，超常儿童会早慧早衰。并且认为，由于超常儿童很早就沉溺于某一学科的学习，或很早就显露出某种才能而专注于某一项活动中，很容易缺少其他有利于儿童生长发育的活动，如游戏活动，这对身体发育不利，会造成身体发育缺陷。20世纪50年代，美国心理学家推孟等人根据20年来对千余名超常儿童的研究，证明智商在140以上的儿童，在身体发育、健康水平等方面优于同龄普通儿童。这项研究结果告诉我们，超常儿童在儿童期就开始进行的大量脑力活动，不会对儿童身体其他方面的发展有直接的不利影响。

同时也要指出，超常儿童智力超常，体力并不一定超常，他们的智力发展水平与身体发育水平是不平衡的。因此，他们在从事学习等活动时，也会出现心有余而力不足的现象。这需要对他们加强卫生保健和体育锻炼的指导，避免其片面发展。

(二)超常儿童的心理特点

超常儿童心理发展的水平很高，但他们的心理发展过程与普通儿童是一样的，也是从简单到复杂、从低级到高级。在不同年龄的超常儿童中，可以看到他们的一些共同的心理特点。这些特点包括以下几个方面。

1. 兴趣广泛，求知欲望盛

这是超常儿童非常突出的一个特点，他们从小就好奇好问，爱追根究底。特别是很小就表现出探求知识和学习的浓厚兴趣。

有些儿童两三岁时就不满足于看看图画、听听故事，而是要家长逐句念小人书，他们边听边看，随之认识了不少字。许多超常儿童对认字很感兴趣，把认字当游戏，四五岁就能自己大量地阅读，如饥似渴地看书。这种广泛的阅读兴趣，在已进入高中或大学的超常儿童中仍还继续保持着。

有些儿童较早表现出认数的特别兴趣，两岁多就能对算术棋认读和计算。七八岁时就不满足于学校所学内容，在家长辅导下自学小学和初中数学。

有些儿童很小就对大自然产生浓厚兴趣，爱观察了解动物、昆虫的生活习性，收集花叶制作标本，并开始用实验来探索事物发展变化的奥秘。

2. 注意集中，记忆力强

超常儿童注意既广，又能高度集中。特别是对感兴趣的事情，往往专心致志，高度集中，注意可达2～3小时，甚至精彩的电视也不能使他们分心。

超常儿童的记忆超过比他们大3～4岁儿童的平均水平。他们识记快，保持长久。例如，他们记忆数字的特点是善于分析概括数字之间的关系，并寻找有效的记忆方法。

3. 观察敏锐，想象丰富

超常儿童的视觉、听觉辨别能力发展突出，主要反映在对文字的形、音细微差异的区别上。因此，在学习汉字时极少有错误，听录音学英语时，读音、语调也相当准确。

超常儿童的空间知觉明显优于同年龄儿童，三四岁时不仅能正确分辨上下、前后，而且还能正确分辨左右方位。超常儿童的主要特点是有目的、有条理，善于分析比较，能够抓住观察对象的主要特点，采取有效方法，创造性地解决问题。超常儿童同时具有丰富的想象力。

4. 思维敏捷、宽阔，能独创性地解决问题

从与普通儿童的类比推理和创造性思维能力的比较看，各年龄超常儿童都不同程度地超过比他们大2~5岁普通儿童的平均水平。超常儿童的思维有着一些同年龄普通儿童所不及的特点。他们理解快，能迅速发现事物之间的关系，尽管有的语言表达不够概括确切，但能抓住本质。能摆脱已有经验、知识或习惯的束缚，思路灵活开阔，有适当的策略，善于分析条件或关系，从而迅速地找到正确的答案。

一些数学上超常的儿童，还有一个突出的特点，即善于在脑中分析、筛选、捕捉关键性的东西，压缩运算程序，使运算步骤简化、概括化。他们能采用一些独特的方法，不满足于一种正确的答案。

5. 自信心、进取心强，勤奋，有坚持性

超常儿童一般进取心都比较强，且十分自信，喜欢与别人相比，别人会的自己也要会。尤其突出的是他们有一股倔劲，想要学什么或干什么，就一定要学会、干好。他们一旦对某事发生兴趣，就会在一段时间里执着于这件事。他们为达到目的，坚持勤奋学习，即使遇到困难，他们也善于排除各种干扰，坚持学习和锻炼，表现出了坚毅顽强的个性品质。

超常儿童所表现出的这些特点在每个超常儿童身上发展是不平衡的。可能某一种或某几种特点发展特别突出，并以独特的方式与其他特点结合在一起，形成各自的特色。有的视觉、听觉的辨别力非常敏锐，言语感受能力很强；有的形象记忆和形象思维占优势，想象非常活跃；有的抽象逻辑思维发展优异，概括能力很强，善于推理。因此，超常儿童的表现是千差万别的。

超常儿童的心理结构除智能外，还包括个性品质方面。同是超常儿童，有些日后成就很大，有些则不突出。这种差别不在智力，而是取决于个性品质的不同。自信，有进取心，有最后完成任务的坚持精神才能获得成功，否则就会限制才能的发挥。

追踪研究超常儿童的发展变化情况，可以看出，他们的发展过程是不平衡的。多数是跳跃式前进，他们提前入小学，又在初中、高中跳级，破格考入大学少年班。有些是波浪式前进，在学前期发展非常突出，之后放松了要求，发展速度放慢，经过及时采取措施又明显地取得了进步。也有少数超常儿童发展迟缓，他们或是由于受到社会以及家庭的压力，致使学习积极性受到挫折，或是只注意学习而忽视良好思想品德的形成，甚至误入歧途。

第二节 学前超常儿童的鉴别

一、学前超常儿童产生的原因

智力超常产生的原因包括先天遗传因素、后天环境和教育因素、个人的勤奋能力因素。按照辩证唯物主义的观点，既承认决定人的智力的先天遗传素质有差异，又认为先天遗传素质不是决定一个人最终发展的唯一因素，后天的教育、环境因素，以及个人的实践和努力对人的发展也起着至关重要的作用。因此，超常智力不是天生的，先天遗传素质为超常智力的实现提供了可能性。通过后天的教育和环境作用，这种可能性才可能转化为现实。并且，超常智力不是固定不变的，受后天各种因素的影响，既可能进一步发展，也可能停滞不前甚至下降。特别是智力超常儿童自身的勤奋努力、不懈追求，才是保持和发挥超常智力的重要条件。

二、学前超常儿童的鉴别方法

超常儿童案例背景介绍：

王某，男，5岁。父母都是重点中学教师。从出生起父母就开始为其提供适合的教育训练。

王某从不到1岁开始，说话就逐渐表现出高于同龄孩子的各种能力，尤其是学习能力。喜欢各种游戏，尤其是智力游戏；3岁就开始喜欢各种棋类，尤其是中国象棋和围棋；学习识字和数数也明显快于同龄孩子。到5岁时，小学一年级的课程已经基本掌握。家长及幼儿园老师都认为他智力超常，所以建议为孩子进行智力超常的鉴别诊断。

根据上述个案的初步情况，初步诊断该儿童可能是一般智力超常儿童。随即对其采取一般智力超常儿童教育鉴别评估。

1. 智力测验

使用了《韦氏学龄期前智力量表》(WPPSI)，严格按照测验指导手册进行测验。该儿童的语言量表和操作量表得分明显高于同龄儿童的平均分，其操作量表得分略高于语言量表。原始分析和智商值为138标准分。该儿童得分明显高于同龄儿童两个标准差。

2. 儿童认识能力测验

这套测验是1987年中科院心理所经过协作研究而成，专门用于鉴别超常儿童的认识能力。测验结果如表5-1所示。

表5-1 超常儿童认识能力测验结果

图片词语类推	图形类推	数 类 推	创造性思维	记 忆	观 察
7.12	7.41	6.96	7.02	35.13	15.12

经过测验发现，该儿童的各项得分明显高于同龄组儿童两个标准差以上。

3. 学业评估

该儿童在幼儿园大班中属于年龄较小者，但其各科学习早已经远远超过班级的同龄孩子，尤其是数学和语言知识。其他方面如音乐、美术与班级中的同龄孩子差不多，体育课更是没有什么优势可言。

20世纪70年代以来，对传统的智力量表有了重新评价。许多研究者先后指出，智力量表只能测到完成学校作业所需的能力，它不能测量儿童可测智能的所有方面，因而不是鉴别所有超常儿童的完善工具。量表不能提供不同类型的特殊能力的足够信息，智商测验还带有文化偏见等。因为目前还没有对各种超常儿童都适用的鉴别工具，所以智力量表仅用于最初的筛选，倾向于使用综合的多种鉴别方法对超常儿童进行鉴别。其中包括标准化智力测验、创造力测验、成就测验或学习成绩评定、行为核对、人格测验、作品分析评定及书面谈话、向教师及家长问卷等方法。

(一)鉴别超常儿童的原则

我国的研究者们参考了国外鉴别超常儿童的经验，在辩证唯物主义的指导下，经过多年的实践摸索，逐渐形成了以下几条鉴别超常儿童的原则，如下所述。

(1) 在动态的比较研究中鉴别。
(2) 采用多指标、多途径、多种方法鉴别。
(3) 把发展的质和量相结合考察。
(4) 兼顾智力和非智力因素进行鉴别。
(5) 鉴别应服务于教育，通过教育进一步鉴别。

(二)我国鉴别超常儿童采取的步骤

我国鉴别超常儿童所采用的步骤如下。

(1) 与儿童见面：由家长填写调查表，包括儿童的发展史、超常的主要表现、家庭简况、家长对儿童的教育情况等。
(2) 初试：包括对有关主科知识和能力的考察及一般智力测查。
(3) 复试：用我国超常儿童研究协作组编制的《鉴别超常儿童认知能力测验》进行鉴别。对于具有特殊才能的儿童，则要将他们的作品送给有关专家评定。
(4) 向原学校或幼儿园老师进行问卷调查，了解其个性、品质及表现。
(5) 进行体格检查，了解儿童的健康情况。
(6) 综合分析材料，初步确定超常儿童，并对他们进行追踪研究或吸收他们参加超常儿童实验班，同时进一步对他们进行考察。

超常儿童的鉴别，有利于超常儿童的发现和培养，使他们能够健康地发展和成长。根据研究，家长和教师可通过以下几个途径来初步发现超常儿童。首先是观察。通过儿童的各种活动(学习和游戏等)，观察他们的言行表现。其次是注意儿童的教育过程。通过教育干预过程，从孩子的接受能力和学习能力、兴趣等方面了解情况，以发现哪些儿童具有特殊才能倾向。再次是通过孩子的作品展览或竞赛发现。最后是通过以上几个步骤的初步筛选后，再运用各种心理测验鉴别发现，以得到比较客观正确的结果。

我国学者根据国内外关于学龄前超常儿童表现的特点概括出《超常幼儿早期发展特点

核查表》，可以作为筛查超常儿童的参考。每个幼儿，只要符合核查表(见表 5-2)中的一至两项或两项以上特征，就可能是某方面的超常儿童。

表 5-2 超常儿童核查表

序号	核查内容
1	好奇心强。常爱打破砂锅问到底，喜欢拆拼玩具或用具，了解其中的奥秘
2	记忆力好。给他讲的故事、念的诗歌或阅读过的东西，不费力就能记住，有的甚至过目不忘
3	注意力集中。对感兴趣的事(绘画、阅读或制作等)能专心致志，并能集中注意较长时间
4	感知敏锐。对周围的事物敏感，能发现别人没有注意的现象，或很小的时候就对形状、色彩、音阶等具有精确辨别能力
5	语言发展早。不少超常幼儿很小就喜欢识字、阅读，表现为口头语言与书面语言同步发展
6	想象力丰富。自编故事、歌谣、绘画，或利用玩具和用具进行制作、建造、编织等，表现出突出的想象力
7	理解力强。喜欢比较事物的异同，或对事物进行概括和分类，并喜欢运用类比和推理
8	喜欢动脑，有创造性。能把两个看上去关系不大的东西或事件联系在一起，并能提出新奇的想法
9	兴趣广泛、浓厚。一个阶段一旦对某件事(如下棋、认数、识字、绘画等)发生了兴趣，往往容易入迷
10	好胜心强，有坚持性。无论学习或游戏都不甘落后，一旦要学成做什么事，非学会或做好决不罢休

鉴别超常婴幼儿的工具比较少，在测查幼儿智能方面的有《麦卡锡儿童能力量表》等。测查学前儿童的行为特点方面的有《学前儿童非智力个性特征测验》等。

第三节 学前超常儿童的教育

超常儿童的早期教育非常关键，可为超常儿童的发展打下良好的基础，更能促进儿童超常才能的形成以及让其已显露的才能得到进一步的发展。科学家认为，以 17 岁青年的智力为准，约有 56% 是 4 岁时完成的，30% 是 4~8 岁时完成的，余下的 20% 是 8~17 岁时完成的。可见，在人生发展的关键期及时进行教育是非常重要的。许多超常儿童的成功案例都说明了这个道理。超常儿童的教育是否成功，大部分固然取决于幼儿园、社会的安排，但是为了能尽早发现并予以充分培养，让超常儿童健康且全面地发展，父母对超常儿童的认识和家庭的教育、影响是很重要的。

一、学前超常儿童的家庭教育

1. 家长对超常儿童要有正确的认识

首先，家长不应过多地炫耀孩子，避免其盲目骄傲，不能客观认识自我。其次，家长对超常儿童要有正确的认识，不能以成人的想法来拔苗助长，给孩子太大压力。最后，在明白超常儿童也是一个处于成长期的儿童后，家长应从儿童的特点、兴趣等方面来培养孩子，促进其超常才能的发展。

2. 针对儿童心理特点，进行适当教育

作为超常儿童的家长，应该充分了解和学习儿童心理发展的特点和规律，并运用于对超常儿童的教育之中。1岁以前的婴儿主要是通过感知觉和外界发生联系去认识周围世界的。超常儿童家长要注意抓婴儿期教育，重视智力的早期开发，如在婴儿期，家长可以用颜色鲜艳的玩具、音乐等来促进儿童的视觉、听觉等感知能力的发展。超常儿童多数都表现出早慧，即2～3岁时就表现出优异的才能，这时，家长也可以根据孩子早期表现出的智力和能力倾向，因势利导地抓好早期学习。

3. 从玩中学

游戏是儿童最喜欢的活动，作为一名细心的家长，就应该考虑如何运用游戏来有计划、有目的地对孩子进行教育，让孩子边玩边学，把枯燥乏味的学习变成生动有趣的游戏。

4. 注意保护儿童的好奇心，抓住时机教育儿童

超常儿童都有强烈的好奇心，对任何事物都感兴趣并爱提出一系列的问题。作为家长，当孩子提出问题的时候，应该给予热情的支持，并根据孩子的心理特点耐心地讲解以及适当地启发。除了好问以外，儿童的好奇心还表现在行为上爱把玩或分解新鲜物品，对于这种表现，家长不应该鲁莽地训斥或打骂，而应该问清事情的缘由，给予正确引导。

二、学前超常儿童的幼儿园教育

幼儿园是儿童逐渐离开家庭，简单接触他人的一个开始。作为一名教师，首先应该知道如何去发现班级中可能存在的超常儿童，其次是教育策略问题。

1. 学前超常儿童在幼儿园的表现

了解超常儿童在幼儿园的一般表现，有利于教师在幼儿园及时发现这类儿童。一般来说，超常儿童在幼儿园中有如下表现(大器晚成者除外)[1]：①比一般幼儿更容易、更迅速地学习；②比一般幼儿有更加丰富的常识和实际的知识；③思想有条理，凡事好探求其中的关系和原理；④对所见所闻，能保持很久的印象而不会遗忘；⑤知道许多其他同学还没有注意到的事物；⑥容易用正确的字句来表达心中的想法；⑦阅读能力较强，阅读速度较快。⑧能够很容易地处理其他同学所不能胜任的工作；⑨好发问，对事物的兴趣非常广泛，常有异想天开的问题和想法；⑩经常保持最迅速的、正确的反应；⑪能够运用各种不平凡的方法和思想去解决问题；⑫喜欢研究比他高一级的功课。如果儿童具有上述标准中的一个甚至几个表现时，教师应该给予重视，并进一步观察。若情况属实，则应送相关部门进行科学鉴别。

2. 作为学前超常儿童的教师应具备的品质

学前超常儿童的教师，首先是一名教师，因此应该符合一个合格教师的标准。其次，

---

[1] 周兢. 学前特殊儿童教育[M]. 大连：辽宁师范大学出版社，2002：180-181.

由于其教育对象的特殊性，又应该与普通教育教师有所区别。具体包括：①热爱教育事业，关心、爱护超常儿童；②对超常教育有深刻的理解，真正了解超常儿童的特点，并愿意为超常教育服务；③有丰富的知识，在某个学科领域表现突出，在知识上能胜任超常儿童的教育工作；④善于观察，能够根据超常儿童的需要设计教学工作；⑤与超常儿童及其家长都能很好地交流和沟通；⑥能够灵活运用学前超常儿童的幼儿园教育方法和形式(见图5-1)。

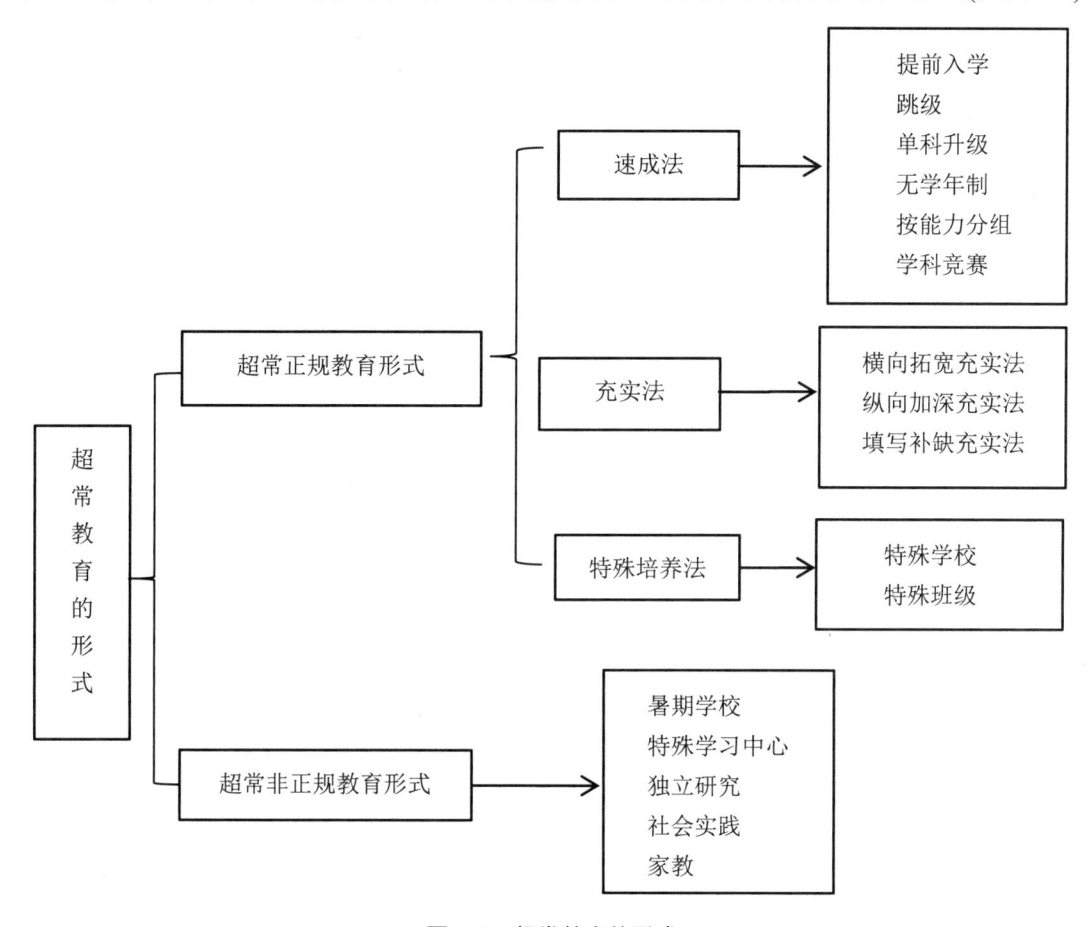

```
                                    ┌─ 速成法 ──→ 提前入学
                                    │            跳级
                                    │            单科升级
                                    │            无学年制
                                    │            按能力分组
                                    │            学科竞赛
              ┌─ 超常正规教育形式 ──┤
              │                     ├─ 充实法 ──→ 横向拓宽充实法
              │                     │            纵向加深充实法
超常教育的形式 ┤                     │            填写补缺充实法
              │                     │
              │                     └─ 特殊培养法 ──→ 特殊学校
              │                                       特殊班级
              │
              └─ 超常非正规教育形式 ──→ 暑期学校
                                        特殊学习中心
                                        独立研究
                                        社会实践
                                        家教
```

图 5-1 超常教育的形式

根据图 5-1 的教育安置形式，我们可以看到幼儿园教育属于正规教育形式。基于这种教育形式，本节介绍以下几种比较适合幼儿园的教育方法。

(1) 速成法，即按能力分组。这是遵循因材施教的原则，把特定年龄阶段的超常儿童按其能力编入同一组，施以特别的教育。在幼儿园中可以根据超常儿童学习能力、兴趣和智商等的不同，把他们分进不同的小组进行学习。这种按能力分组的方法能使超常儿童充分发挥自己的特长，并在其感兴趣的方面做较深入的学习和活动。

(2) 充实法。充实法是额外为超常儿童提供更多、更广、更深的课程内容，以满足他们强烈的求知欲望，充分发挥和挖掘他们的智慧潜力。其中包括横向拓宽充实法与纵向加深充实法。横向拓宽充实法就是扩大学习的范围，如各种课堂教学之外的兴趣小组。教师可以组织班级儿童参观、游览活动，带领儿童参观科技馆，这对拓宽儿童的视野、激发他们的兴趣都起到了很大的作用。纵向加深充实法就是加深、加快、加难超常儿童学习的内容，使他们的学习进程向前迈进一步。超常儿童的接受能力、理解能力和记忆能力都很强，在学习完一般的内容后教师就可以引导他们进行一些有深度和难度的思考。例如，教师给全班儿童讲完一个故事，就可以要求超常儿童改写这个故事，编出新的故事讲给其他儿童听，或者根据故事编写儿歌，或者把故事改编为小剧本等。通过这样的形式，让超常儿童在满足一般的学习内容后又可以有更多的延伸[①]。

拓展阅读

拓展阅读内容见右侧二维码。

5种迹象表示孩子智力超常.docx

给智力超常儿童的特殊教育方法.docx

本 章 小 结

本章主要介绍了智力超常的概念，以及学前智力超常儿童的特点，具体阐述了学前超常儿童的教育。

智力超常儿童是指在某方面出类拔萃的儿童，即智能上明显超过同龄常态儿童发展水平或具有某种特殊才能的儿童。

超常儿童明显具有如下特点：兴趣广泛、求知欲旺盛；注意集中、记忆力强；观察敏锐、想象丰富；思维敏捷、深刻，独立思考能力强；有自信心、进取心、恒心等。

超常儿童的鉴别可以通过智力测验、学业评估、儿童认识能力测验等方法进行。

超常儿童的教育需要家庭、幼儿园、学校等全力协作，并做到因材施教。

思考与练习

简答题

1. 什么是智力超常？
2. 学前智力超常儿童有哪些特点？
3. 如何对学前超常儿童进行教育？

---

① 周兢. 学前特殊儿童教育[M]. 大连：辽宁师范大学出版社，2002：180-181.

儿童的心灵是敏感的，它是为着接受一切好的东西而敞开的。如果教师诱导儿童学习好榜样，鼓励仿效一切好的行为，那么，儿童身上的所有缺点就会没有痛苦和创伤地不觉得难受地逐渐消失。

——苏霍姆林斯基

第六章 学前语言发展障碍儿童的教育

本章学习目标

- 掌握学前语言发展障碍儿童的定义。
- 理解学前语言发展障碍儿童的分类。
- 掌握学前语言发展障碍儿童的形成原因。
- 掌握学前语言发展障碍儿童的鉴定与评估。
- 学会对语言发展障碍儿童的早期训练与指导。

核心概念

语言障碍(language barrier)　语言成分分类法(language component classification)　发音异常(abnormal pronunciation)　言语流畅性(verbal fluency)

引导案例

案例：有一次，我在和圆圆班的老师交流的时候，说到一个女孩的特点。这位老师说："圆圆这个女孩最大的特点就是自说自话，完全不理会别人的问题，不信你试试，这是她们家的遗传，真是搞笑。"于是，我特意和圆圆聊了一会儿。我问她："圆圆，你知道我是谁吗？"她回答说："你是大一班的老师。"我又接着问："那你知道老师姓什么吗？"（在我和他们已经比较熟悉的情况下）她直接忽略我的问题，开始向我介绍她的新鞋子。我把这一情况告诉了同学，她也很感兴趣，于是接下来由她向圆圆提问题。同学说："圆圆，你喜不喜欢上幼儿园？"圆圆的回答是喜欢。"那老师再来问圆圆一个问题，圆圆在亮亮班里最喜欢和哪个小朋友一起玩呢？"重复两次，回答是多多(小男生)。接下来，我们又问了她一些问题，有些回答了，有些没回答。但总体来看，圆圆的情况并没有老师说得那么严重。

(资料来源：本书作者整理编写)

案例分析

在上述案例中，教师不应该对圆圆的情况视而不见，听之任之，而应该尝试在她偶尔立即回答老师问题的时候表扬她，并且给予她正确的期待，对她说："你现在可以做到老师问什么你就回答什么了，你真棒。"这样有助于帮助孩子获得自信，使其在语言方面的发展更顺利。

学习指导

语言不仅是人们用于沟通思想、表达情感、适应生活的交际工具，也是思维的外部表现。所有生理发育正常的儿童都能在出生后4～5年内未经任何正式训练而顺利地获得听、说母语的能力，其发展的速度是其他复杂的心理过程和心理特征所不可比拟的。然而，由于种种条件的限制，学前儿童群体中也有相当比例的学前儿童存在着各种形式的语言发展问题。对语言障碍儿童进行适当的矫治和康复训练，帮助他们克服由于语言障碍产生的交往、情绪和个性方面的问题，使他们更好地适应社会生活，是特殊教育工作者义不容辞的责任。本章将讨论学前儿童语言障碍的定义、分类、特征和原因等，并对语言障碍儿童的教育和训练进行介绍。

第一节 学前儿童语言障碍概述

一、学前儿童语言障碍的定义

传统语言研究中，语言和言语是两个不同的概念。语言，是以词为基本单位、以语法为构造规则而组成的一种符号系统。而言语则是运用语言材料和语言规则进行交际活动的过程。语言和言语既存在区别，又相互依存。言语不能离开语言材料，否则人们不能进行交际活动。同样地，语言也离不开言语，任何一种语言要通过言语活动才能起到交际作用。由于语言和言语的这种密不可分的关系，在实际生活中，人们往往把它们统称为语言。

言语和语言障碍在很多文献中也被统称为语言障碍。1987年全国残疾人抽样调查的《残疾标准》中规定："语言残疾是指由于各种原因导致不能说话或语言障碍，从而都难以同一般人进行正常的语言交往活动。"这里的语言障碍是指个人的语言理解和表达能力与同年龄儿童相比较，有显著的偏离和异常现象，从而造成交往困难。

一般来说,语言障碍(language barrier)指幼儿理解和(或)运用语言符号及规则方面发生的问题，或者儿童语言能力的发展明显落后于同龄伙伴的水平。通常包括三个方面的障碍：①语言的形式(语音、词法和句法系统)；②语言的内容(语义系统)；③交流中语言的功能(语用系统)。以上三种情况可以是单一存在，也可是三种表现任意组合。语言障碍存在于任何发育迟缓或障碍的儿童，影响他们理解(感受性语言)和(或)恰当地使用语词或表达性语言的能力。

那么，什么是言语障碍呢？言语障碍是指："和正常人的言语偏离甚远，引起了自己的注意，干扰了语言交流，或者使说话者本人或听话者本人感到困扰的言语异常。"根据这个定义，言语异常包含两个含义：一是说话者口头表达出现困难；二是这种口头表达上的困难引起了自己的注意，干扰了言语交流，并出现某些适应性行为上的障碍。言语障碍通常包括构音(或发音)障碍、声音(或发声、嗓音)障碍和语流(流畅性)障碍。例如，下面的案例1是语言障碍，案例2是言语障碍。

案例1：王×，男，10岁，现为×××小学四年级学生。王×除了语言发展落后于正常儿童之外，在生理发展、学习成绩方面与普通学生没有明显差异。该学生平常所使用的词汇不如普通学生丰富，较多使用名词、动词，说出的句子也比较简单，有的还有语法错误，出现倒句、破句、主语缺损等现象，这导致他不能像普通学生一样用语言表达自己的思想和情感。

该学生对别人的反应容易生气，拒绝跟他人交往，别人也不大愿意与他一起玩，因此朋友很少。该学生被诊断为轻度语言发展迟缓。

案例2：李××，女，9岁，现为×××小学三年级学生。该学生身体发育正常，身高、体重、动作协调等方面与正常儿童没有明显差异，但说话时常常咬字不清，经常以另外的音代替要发的音，或者省略要发的音，如将"公公"(gōng gōng)念成冬冬(dōng dōng)，"季节"(jì jié)读成"拒绝"(jù jué)，或把"老师"(lǎo shī)说成"老四"(lǎo sī)等。该学生被诊断为说话或言语障碍。

二、学前儿童语言障碍的出现率

言语与语言障碍是儿童期各种发展障碍中一种主要的类型，出现率达3.5%～7%。据国外报道，2岁儿童言语和语言障碍的发生率高达17%，6岁为3%～6%。美国0～5岁障碍婴幼儿中，语言障碍儿童大约占20.8%，是各类特殊儿童中出现率最高的；中国台湾的林宝贵从1982年到1983年调查了中国台湾12 850名的4～15岁儿童，发现学前、小学、中学阶段语言障碍的出现率分别为4.36%、2.69%、1.37%，平均为2.64%。1994—1999年在中国江苏的一项调查显示，普通低幼教育机构中语言障碍的发生率是4.02%，平均每个班级中约有2名儿童患有不同类型和程度的语言障碍，其中男童为4.93%，女童为2.93%。由于言语与语言障碍的复杂性，不同国家和地区以及不同年龄段儿童，其障碍出现率有一定的差异。同时，这些数据充分显示了对幼儿的语言障碍进行矫治的重要意义。

三、学前儿童语言障碍的分类

儿童语言与言语异常的发生率较高，语言和言语问题覆盖面广，异常的表现非常复杂。由于语言的学习涉及智力、感知能力、情绪、情感、动机、语言输入环境等诸多因素，同时又与医学有着密切关系，因此儿童语言与言语异常的分类极其多样。此处分别从语言的接收与表达、语言成分、语言与言语异常以及语言与儿童其他方面发展关系四个角度做分类说明。

(一)语言的接收与表达分类法

语言的接收是指将外在信息的形、音表征，透过不同心理认知历程的处理(例如，视觉辨识过程、音韵处理的历程、短期记忆的保留、工作记忆的操作、长期记忆的摄取等)，与接收者认知机模互动，进而形成语义的理解；语言表达则是将个人内在的思想、意见、情感等，以正确的语法借由不同的形式(口语、手语、文字或表情、动作等)来陈述，该过程包括词汇搜寻、摄取以及词汇序列化呈现和组织等。个体若在上述这些运作处理过程中出现问题，则可能产生不同表现的语言障碍。因此，语言的接收与表达的分类方法通常有语言理解障碍和语言表达障碍两种类型。

1. 语言理解障碍

语言理解是指对所接收的词汇、句子、指示语，语言的表面含义，语言的意识形态指涉，以及高层次抽象概念的理解能力。此能力与儿童的年龄、心智发展、是否伴随某类障碍、语言的使用(是否使用双语或手语)、早期介入的时间以及家庭环境的支持等有关。

2. 语言表达障碍

儿童常见的语言表达障碍可能反映在构音、声音或语畅等语言本质表征的问题上，也可以表现在语言表达的词句结构与用词的正确性、内容说明的清晰性，以及语言的适切性等方面。

(二)语言成分分类法

语言由不同的要素所组成，一般包括语音、语法、语义、语用等。依据语言要素分类，学前儿童语言障碍可分为语音障碍、语义和语言符号障碍、语法障碍、语用失误、语音句法缺陷、词汇句法缺陷等。

1. 语音障碍

语音主要是与语汇中的声音类别或声音类型有关，语音障碍是概念化或语言规则的失序。小儿说话时词语或短语不正确，以致他人不解其意。他们没有语言理解困难，但语音发声有困难。例如，一个说英语的儿童只会使用开放音节并且会倾向于将词尾的声母删除，可能就会出现语音失序的问题。

2. 语义和语言符号障碍

语义和语言符号障碍表现为：小儿说话流利，但似乎不懂对话规则，对某一特定的话题说个没完，而且常伴有社会能力落后的表现。因此，患儿常无同伴。其常见的表现形式有：词汇有限、过度类化、语义错误、自创新词、多义词理解困难、象征性语言理解困难、词汇提取困难、语义组织连接困难等。语言治疗中习惯以死记硬背的教育方式帮助患儿学习对话，并辅以行为治疗，改善患儿的状态。

3. 语法障碍

语法是指任意一种自然语言中句子、短语、词汇的逻辑、结构特征以及构成方式。它包括词法和句法两部分。词法主要指词的构成、变化和分类规律；句法主要指短语和句子等语法单位的构成和变化规则。儿童常见的语法障碍表现有以下几个方面。

(1) 语句形成的问题。
(2) 词汇结合顺序的问题。
(3) 从句结合顺序的问题。
(4) 电报语。
(5) 赘加词汇语句。
(6) 遗漏词汇语句。

4. 语用失误

语用失误是指语言使用者在言语交际过程中，由于说话方式不妥，表达不合习惯而导致交际失败。儿童在叙事方面表现出来的困难如下所述。

(1) 无法说出较完整的故事或事件描述。
(2) 说出来的内容颠三倒四缺乏组织。
(3) 叙事内容不顾及前因后果、前后顺序的逻辑关系，想到什么就说什么。
(4) 缺乏前后一致性。
(5) 用词或说出/造出的句子既简短又缺乏变化。

5. 语音句法缺陷

语音句法缺陷又称"语音句法缺陷综合征"，这类儿童同样表现出语音加工缺陷综合征儿童所出现的语音问题，但其程度更加严重，而且伴有语法方面的问题。特别是他们常常会在语句中缺失一些功能性的单词，如介词、副词。

6. 词汇句法缺陷

词汇句法缺陷又称"词汇句法缺陷综合征"。这类儿童通常有正常的语音，但是很晚才开始说话，而且找词困难，句法不成熟，在说出句法完整的语句时存在严重的困难。一个明显特征就是说话找正确的词语困难，而是用很多不恰当的停顿或词来表达话语意义。但这些儿童不是口吃，他们也不逃避说话。相对于年龄来说，这类儿童的语言组织能力较差，常用短句说话。语言治疗能缓解该类儿童用词困难，但远期疗效尚不清楚。

(三)语言与言语异常分类法

语言与言语异常是指儿童语言理解或言语表达与同年龄者相比显著偏差或迟缓的现象。儿童语言与言语异常通常有四种类型：语言发展迟缓、语言流畅性异常、构音异常及发音异常。

1. 语言发展迟缓

语言发展迟缓是指发育中的儿童因各种原因以致在预期时间内未能达到与其实际年龄相应的语言水平，但不包括由于听力损失导致的语言发展迟缓。通常语言发展迟缓有下列一种或多种情形：①语言发展开始的年龄比较迟；②语言发展的速度比较慢；③语言发展的程度较普通儿童低下。其语言特征表现有以下几个方面。

(1) 语义障碍。词不达意，或无法理解说话者的意思。
(2) 语法障碍。说话句型、结构简单，有颠倒、混淆或省略等不合语法的现象。
(3) 语用障碍。说话不符合沟通的情境或措辞不当。

(4) 语形障碍。有字形辨认不清或混淆等现象，对词汇的结构学习有困难。

造成儿童语言发展迟缓的原因很多，主要有智力发育迟缓、自闭症、发展障碍等，其中以智力发育迟缓所占的比例最大，是儿童语言发展迟缓的主要原因。

2. 语言流畅性异常

语言的流畅性，也称语畅，是指语言表达的速度与节律，亦即说话者可轻易地将词汇或句子连接在一起，没有中断地表达出来。而语言的流畅性会因停顿语、重复或延长等现象的出现而受影响。因此，语音、音节、词汇或句子常有中断、不持续的现象，称之为语畅异常。其特征如下所述。

(1) 重复语音达3次以上，且连续如此，如我们要出去玩。
(2) 延长语音超过2秒，如我——们要出去玩。
(3) 中断所说的词句，或添加特定的语音或字词，如我们——要去——看电影。
(4) 首语难发：第一个音节或语音难以说出，张口结舌或如鲠在喉。
(5) 谈话急促不清或省略某些字词，如迅吃。

儿童语言流畅性障碍表现为"言语气流在呼出过程中频繁出现的异常阻碍或阻碍的时间过长"，简称口吃。其最为常见的表现是声音的重复及延长，气流完全受阻，患儿在试图停止或减少这些口吃症状时，伴随表现出一些身体的运动(如点头、眨眼等)。很多儿童在成长过程中也会经历发展性口吃的阶段，但这与确诊的口吃疾病有所不同。儿童发展性口吃经过正确引导，有自愈倾向，大约只有1%会真正发展为口吃疾病。

3. 构音异常

所谓构音异常，其实多数指的是没有任何口腔构造及神经生理等功能的异常，在整个构音过程中，造成构音位置错误或是气流方向、力量、速度不准确；或是动作不协调，造成构音错误及改变，导致发出的语音无法完全正确且清晰度降低，多数与语音听辨力、口腔动作的协调性不佳、说话习惯以及单纯的错误学习等因素有关。

构音异常是所有儿童语言问题中比例最大的，占所有语言问题儿童的50%～70%。根据正常发展，儿童3岁半到4岁时可发出大部分语音，但每个儿童还是有个别差异存在，所以学龄前儿童发音不甚准确是被容许的，有时经过学习或随着年龄增长，也有一些儿童在入学后清晰度问题会渐渐改善。若2岁半之前发现儿童说话有发音不清的问题，可先观察、给予其一些时间；若3岁半到4岁以后仍有口齿不清现象，则有构音异常的可能，应接受语言治疗。

4. 发音异常

异常的发音形成涉及嗓音音质、音高、音量和弹性的偏异情形，可能会给人一种生病的感觉，或是对沟通造成干扰。

通常有发声障碍和共鸣障碍两种基本的嗓音疾病。发音障碍的症状表现为多数言语过程出现气息音、声音嘶哑、咽喉发干或紧张不适，严重时可失音。其原因可以是器质性的，如声带增生肥厚或慢性炎症；但声音嘶哑的症状更多出现于长期滥用嗓音的患者身上，如大声喊叫、噪声模仿或习惯性说话紧张。共鸣障碍的发音表现为鼻音功能亢进和鼻音功能低下两种。

根据估计，在美国3%～6%的学龄儿童以及成人存在发音异常。儿童发音异常通常涉及嗓音的误用或滥用，多数是暂时性的，在其逐渐长大时声音会成熟。

(四)语言与儿童其他方面发展关系分类法

按照语言与儿童其他方面发展的关系，儿童的语言障碍又可以分为单纯性语言障碍和伴随性语言障碍。单纯性语言障碍是指儿童其他方面发展正常，只有语言出现异常。伴随性语言障碍是由其他障碍所引起的语言异常。例如，儿童的智力落后、听觉障碍、视觉障碍和情绪情感障碍都可以伴随着语言障碍。

四、学前儿童语言障碍的产生原因

目前，对儿童语言障碍成因还缺乏系统而深入的研究，从现有情况来看，其成因非常复杂，每一种不同的类型就可能有一个或几个特殊的原因。综合分析，这些成因大体上可分为以下四个方面。

(一)遗传因素

遗传是指双亲身体结构和功能的各种特征通过遗传基因传递给下一代的现象，属于一种生理现象。研究发现，约20%的言语与语言障碍儿童的一级亲属存在言语或语言障碍。关于双生子的研究，为之提供了证据。艾奥瓦大学的科学家研究发现，同卵双生子言语语言障碍的共同发生率高达80%，异卵双生子言语语言障碍的共同发生率为38%。

在儿童语言学中对遗传因素强调最厉害的，应该还是以乔姆斯基和伦内伯格等先天决定论的主张者为典型代表。乔姆斯基曾用语言获得机制(IAD)来解释儿童语言获得，主张人类具有先天的语言能力；伦内伯格则根据儿童的生理发展和语言发展的对应等，提出自然成熟说，认为生物的遗传素质是人类获得语言的决定性因素。

现代神经语言学也揭示：人类的大脑和言语器官在结构和功能方面都是其他生物无法比拟的。人类的神经系统(包括结构和功能)具有非对称性，这与其他动物不同。研究表明，语言能力与左半球有关，左半球能决定我们辨认事物并说出事物的能力；同时，人类的大脑皮质也存在严格的分工。据临床研究报告，大脑第二左额回(布洛卡区)受到损害的人会导致运动性失语症；大脑后第三额上回(威尼克氏区)受到损害的人则会导致语音不识症和听觉记忆的丧失；而连接这两个区的神经纤维(上纵束)受到损害则会导致传导性失语症。可见，大脑和言语器官生理的损害对于语言功能的发挥会产生不同程度的影响。

此外，儿童的语言获得也体现出一定的遗传特征。基因是储存特定遗传信息的功能单位，受基因决定的不是具体行为本身(如不能让人生下来就懂得语言)，而是引起这种行为的倾向(如习得语言的能力)。

(二)环境因素

尽管遗传提供了儿童语言发展的可能性，但如果不生活在社会语言环境里，这种可能性也不会变成现实。野兽抚养大的儿童虽然具有人类的遗传素质，却不具备人类的正常语言。典型的例子，如印度狼孩卡玛拉和阿玛拉，不会直立行走，不会说话，没有人类的动作和情感。

首先，研究表明，语言的发展与环境所提供信息刺激量的多少有关，接受外界信息刺激多的儿童，其语言发展就快于其他儿童。同样的道理，那些爱与成人或年长儿童在一起的儿童，由于可以从同伴那里得到更多的语言信息，故其语言发展也比较好。语言的发展还与环境所提供信息刺激的质的优劣有关。颜君、刘可于2004年对广州市80例3~6岁儿童进行调查的结果显示，专业技术人员及干部家庭的儿童，其语言发展优于其他家庭的儿童，由文化程度高的带养人抚养的儿童，其语言发展优于其他儿童，父母文化程度高的儿童，其语言发展也比较快，因为这些儿童从小就在较好的文化氛围中长大，在潜移默化中接受了许多健康有益的知识。

其次，赵晶、金星明指出，家长创设一个能使儿童想说、敢说、喜欢说、有机会说并能得到积极应答的言语交流环境和条件，对培养儿童的言语表达能力十分重要。上海第二医科大学附属新华医院和上海儿童医学中心儿童保健科的临床调查指出，将儿童教育托付于老人或保姆，放任儿童玩耍，缺乏语言交流或家中语言混杂者占儿童语言发展迟缓原因的 30.3%。另外，经调查，带养人所说的语言也对儿童的语言发展有影响。比如，在广东出生和生活的儿童，说的是广东话，如果带养人也说广东话，该儿童进入幼儿园后，由于前后的语言一致，那么他的语言就优于在外地出生而生活在广东进入幼儿园的儿童，因为该儿童的带养人是外地人，不会说广东话，而只用外地口音，这样的儿童进入幼儿园后就会面对两种语言，他会发现自己的语言与他人的不同，从而羞于与同伴和教师交谈，这种沟通障碍便会导致其语言发展的落后，甚至会发生语言障碍。

另外，社会生活环境对儿童语言发展也有一定的影响，农村儿童的语言发展落后于城市儿童。现代儿童的语言发展要胜于过去的儿童，主要是农村环境和教育条件，特别是早期教育条件的巨大变化，因而形成差距。

(三)家庭因素

许多研究表明，不同形态的家庭环境与儿童语言的发展密切相关。有研究者曾十分关注家庭环境参数和儿童语言发展的相关性，研究结果证实，家庭生活质量(活动的多样性、社会性沟通和互动、在儿童活动中成人的介入程度)、家庭的教育条件(家庭中书籍数量和玩具数量及其多样性、儿童参加文化活动的频次)、家庭教养方式的多样化形态等与儿童语言的发展均具有一定的相关性。

近年来的研究还表明，家庭中父母的受教育程度、教养方式、沟通策略、与儿童会话过程中的情绪状态以及家庭的经济状况等都会对儿童的语言发展造成影响。学者们的研究发现，父母受教育程度及其社会、经济地位，与儿童语言发展呈正相关。也就是说，父母的学历与社会、经济地位越高，其家庭中儿童的语言发展能力也越佳。

另外，家庭中父母的语言输入特点也将直接影响着儿童的语言发展。例如，锜宝香(2009)研究发现，由于外籍母亲无法使用标准的汉语与其子女充分沟通，而造成其学前子女的语言表达能力方面出现汉语词汇较少、使用的句子文法较简单、沟通时主动性与社会化行为较少等现象。基于同时学习使用中文与外文所带来的影响，这一点同样发生在那些生长在国外的华侨子女的学前语言发展阶段，学者们通过分析发现，家庭中父母语言输入会影响儿童语言发展的原因至少有两点：一是因为对刚开始学语言的儿童而言，同时接受多种不同的语言刺激，会要求儿童必须同时区分多种语言刺激而增加负担；二是儿童必须将不同的语言刺激，与相同的外在事物表征相联结，这样便会增加儿童语言学习的复杂度与困难度。同样地，周兢在对汉语儿童语用发展的研究中也发现，高教育背景的家庭和低教育背景的家庭，儿童在言语倾向、言语行动和语用发展三种水平的评价指标上都存在一定的差异，这也证实了儿童语言发展与父母的语言输入方式不同有一定的关系。

(四)伴随其他异常

儿童语言的发展除了受遗传、环境及家庭因素的影响外，儿童自身的身心障碍因素也将严重影响其语言的发展。而且，由于儿童不同的身心障碍，其语言障碍的表现也各不相同。例如，自闭症儿童，因其认知思考形态与非自闭症儿童不同，其语言理解与表达也有不平均的表现。最明显的差异，就是其在机械性、记忆式的命名、复诵、数数及具体分类的表现较好，但在高层次的抽象分类、空间与相关概念以及语用能力的表现则较差。而听力损失儿童，则因为透过听觉学习语言的管道被阻隔，导致其早年的构音、语言表达与理解等能力均普遍落后，即便是使用手语的儿童，都会因为语言的问题而连带有语文能力落后的情形。脑性麻痹儿童的语言问题，则有可能是中枢神经异常，导致发声、发音等构音器官运动协调异常，造成无法如一般儿童一样，通过反复说话练习的方式习语，导致构音及表达的问题，进而影响其语言学习与社交技能。

第二节　学前语言发展障碍儿童的鉴定与评估

一、语言障碍儿童的鉴定与评估的目的

当教师意识到学生存在言语语言方面的问题时，就应该搞清楚学生的问题所在或转介给有关专业人员进行鉴定、评估。鉴定、评估的目的主要为以下几个。

(1) 确定儿童是否存在语言障碍，属于哪种障碍类型，可能的原因是什么，以及语言发展的具体情况，以便制订矫治和训练计划。

(2) 在实施矫治、训练计划前后要进行评估，以确定儿童是否受到了有针对性的帮助，评价治疗或训练对儿童是否有效。

二、鉴定与评估的过程

鉴定与评估的过程包括以下四步。

(一)收集资料

收集个体的背景资料，包括出生史、发展史、家族史、病史等，以尽可能多地了解导致其言语、语言障碍的原因。

(二)生理或医学检查

建议由专业人员检查儿童的生理器官，以确定儿童的言语、语言障碍是否由生理障碍引起。

(三)语言、言语评估

儿童语言、言语能力的发展与其所处的语言环境和文化背景有很大的关系,了解儿童的语言发展背景,能够提供儿童语言障碍的一些信息。切莫将儿童的语言背景和文化背景的贫乏误认为是语言、言语障碍。

(四)资料分析,完成评估报告

对收集到的资料作仔细分析,掌握儿童目前的发展情况,了解其言语和语言的发展状况,判断其是否存在语言、言语障碍,并制订相应的矫治和训练计划,完成鉴别、评估报告。

三、鉴定与评估的内容和方法

语言障碍儿童的鉴定与评估的内容和方法主要从构音障碍、流畅度障碍、发音障碍和语言发展障碍这四方面加以介绍。

(一)构音障碍

学前构音障碍儿童的诊断涉及教师、家长、语言矫治师和医生等相关专业人员的工作。对于幼儿园教师而言,最主要的任务就是能够及早发现有构音障碍的儿童,并及时将其转到专业的语言治疗部门做进一步的检查和矫治。

教师可以通过如下途径发现儿童可能存在构音障碍问题。

1. 学前儿童构音器官和发音能力的检查

学前儿童构音器官和发音能力的检查步骤如下所述。

(1) 检查儿童的构音器官,如嘴唇、口腔、舌头等是否存在明显问题。

(2) 请儿童说说自己的名字、年龄、家庭住址等。

(3) 数数:由 1 数到 20。

(4) 向儿童呈现一些图片,并让儿童说出图片上的名称,如气球(qì qíu)、蚕豆(cán dòu)、辣椒(là jiāo)。值得注意的是,教师设计的这些图片中包含的名称所涉及的音应该尽量全面,能够涵盖普通话各种类型的音(如塞音—塞擦音,送气音—不送气音),且必须含有较难发音的声母、单韵母和结构不同的复合韵母。

(5) 让儿童跟着教师说一些简单的词句。

(6) 就儿童感兴趣的话题与其进行交谈。

(7) 使用专门的构音评估工具,如中国聋儿康复研究中心编制的《构音障碍检查方法》。

以上步骤应详细记录。

记录不仅要注明音的正确和错误,还应该注明异常构音的类型(替代、遗漏、添加还是扭曲)。最好由两个人同时操作,以尽量记下幼儿所说的内容,同时配以录音,以便核查。

2. 学前儿童听音器官及听音能力的检查

(1) 教师要留意有语言障碍倾向儿童的听觉器官,观察其是否有明显的问题(如耳朵里有液体流出)。

(2) 教师可以通过一些简单的方法来判断儿童是否存在听力问题。虽然有些儿童的听力问题并不明显，但还是有些易观察的特征。一般而言，有听力问题的孩子在幼儿园中会有注意力不集中；侧耳细听；不完成口头指令；在安静的环境中做事，效果更好；喜欢跟着别人做事；常用手势或其他动作；不爱参加说话的活动等。

(3) 教师要检查幼儿的听音能力。这里所指的听音能力，是指儿童的听辨能力，既包含儿童对他人发音的感知能力，也包含对自己发音的感知能力。之所以要仔细检查儿童的听辨能力，是因为如果不能够感知别人的发音，那么在音位习得和构音矫治中就不能正确模仿别人的音，也就很难发音。

(4) 教师检查儿童的听辨能力的方法如下。①向儿童呈现相似的音(包括声母相同和韵母相同的音)，让儿童判断是否相同，如攀—班、师—思等。例如，教师通过录音向儿童先后呈现几个词，如"糊涂""饭煳了"和"小白兔"，要求儿童找出其中发音不同的词。②组织语言游戏，对儿童进行观察和记录。教师所设计的辨音检查应该涵盖汉语普通话各种类型的发音。

通过对以上程序的逐一操作，教师可以基本确定儿童的构音问题及其严重程度。如果儿童的问题确实比较明显，在征得家长的同意之后，就要转到语言矫治师及其他专业人员那里进行专业的诊断。

(二)流畅度障碍

对口吃的评估比较困难，不仅需要确定儿童是否存在单词或语音的重复、犹豫、延长，还要确定儿童言语不流利发生的情境是否具有一致性，以及是否存在具体的前奏事件和听众反应。教师可以通过如下途径发现儿童可能存在流畅度障碍问题。

1. 早期口吃的危险信号

当儿童出现以下行为时，教师和家长可以怀疑其具有口吃倾向。

(1) 在大部分说话情境中，不流畅的口吃现象占总字数的 10%以上，且持续 6 个月，越来越严重。

(2) 说话中出现不适当的中断，平均持续 2 秒。

(3) 经常表现出拖长音和重复，且常重复 3 次以上。

(4) 伴随很多怪异的动作。

(5) 幼儿已产生负面情绪，如曾因说话不流畅而生气，或因害怕说话而逃避说话。

(6) 在不流畅出现时，眼睛不敢看对方。

(7) 父母态度不正确，如过分焦虑、紧张，责怪幼儿说话不流畅或亲子关系不佳。

2. 幼儿言语状况评量

1) 确定是否有口吃及口吃类型

教师可以采用汉语流畅度诊断测验来确定儿童是否有口吃以及儿童的口吃类型。

(1) 自己说：从 1 数到 20 (年龄小的孩子可以少数)；背一首短诗或说一首歌谣。

(2) 跟读：跟着测验人员学，每次一个字、词或短语，如花鸟、房子、汽车、长颈鹿、拖拉机、我看电视、天下雨了、饺子很好吃、他爱拍皮球、3 只蝴蝶做了好朋友。

(3) 看图说话：用 10 张看图识卡看图说话，每张图用一两个字表示。
(4) 自言自语："请你随便说点什么。"(1 分钟，测试人员及其他人员离开现场)
(5) 讲一段话："给我讲讲你最近看的动画片好吗？"(1 分钟)
(6) 提问："你叫什么名字？你在哪个幼儿园？你在幼儿园都做什么？你爸爸在哪里工作？你家有几口人？他们都是谁？请你问我五个问题"等。
(7) 对话：教师与口吃幼儿交谈，时间约 2 分钟，题目自选。
(8) 观察幼儿在其他场合的言语情况，包括游戏、讲故事等。
(9) 利用观察记录表(见表 6-1)，观察口吃者在自然场合下与人交谈的情况。(1 分钟)

表 6-1 观察记录表

地点：		谈话对象：	
口吃次数：		每分钟口吃数：	
总时间(分)：			
测验时的表现与平时口吃次数比较			
备注：			

2) 确定评估过程

确定儿童是否口吃的评估过程应注意的问题如下所述。

(1) 口吃者有面部痉挛表现，所以最好用摄像机进行记录。
(2) 在被试者开始言语表述的同时按下秒表计时，如果被试者在表述过程中有较长时间的停顿，应停止计时，将停顿时间除去。
(3) 用计数器记录被试者在每个项目中出现的口吃次数。
(4) 结果分析。将口吃次数除以总时间，得出每分钟口吃次数，超过 3 次为异常。
(5) 可靠性分析。①测试完成后，教师要将测验时的口吃表现与平时相比较，询问家长，将儿童近几个月来口吃表现按照不同程度分成 5 个等级，最轻为一级，最重为五级，那么，今天的表现属于第几级？②教师要尽量从已有信息中弄清幼儿言语不流畅的类型：重复发音、起音困难、言语中阻还是拖长字音？并且，一次检查不足以说明问题，只有经过多次检查，才能对有无口吃做出评价。

3) 诊断过程

通过对以上程序的逐一操作，教师可以基本确定儿童的流畅度障碍问题及其严重程度。如果儿童的问题确实比较明显，在征得家长的同意之后，就要转到语言矫治师及其他专业人员那里进行专业诊断。

(1) 询问家长或口吃者以下一些问题。①儿童出现言语不流畅的场合有哪些？②儿童发生口吃之前是否发生了什么事情？③口吃发生的频率怎样？④口吃发生时会出现什么情况？⑤口吃的表现形式是不是一致或有变化？⑥口吃发生时家长通常做些什么？⑦口吃发生之后常会发生什么事？

(2) 评估儿童所处的环境。①家庭的气氛是否和谐？②儿童与人交流时是否存在过度的压力，家长是否逼迫其说话？③有没有存在抢话情形？④言语是否常被打断，说话意图是否常被家庭成员歪曲？⑤家庭成员间是否常常争论，存在敌意？⑥家庭问题、父母问题是否转移到儿童身上？⑦父母对儿童的期望是否过高或过低？

(3) 综合分析收集到的资料。①2%或更多的字、词有以 2 个字或更多字为单位的重复，用/e/音替代单词中其他元音，声音紧张。②2%或更多的单词延长 1 秒以上。③不恰当停顿或犹疑时间超过 2 秒。④言语不流利时伴随有像身体动作、眨眼睛、唇或颌颤抖的挣扎行为。⑤对说话有情绪反应和逃避行为。⑥言语破碎的频率和严重性随说话情境变化而变化。

(4) 在评估报告中需要说明儿童具体的口吃表现、可能的原因，并提出治疗与训练建议。

(三)发音障碍

儿童发音异常是比较容易发现的，因为他们的声音很容易给人造成不愉快的感受。事实上，儿童的发音障碍很少被当作一个问题，人们对发音障碍常常是听之任之，主要是由于发音障碍对于言语沟通的阻碍不如构音障碍和流畅度障碍那么大。但是，发音障碍毕竟对正常的沟通造成了一定的影响，因此应该引起广大教师和家长的重视。发音障碍可以从以下几个方面进行检查。

1. 收集案例史

要全面了解儿童的背景资料，特别是病史，确定是否由明显原因(如事故、手术、疾病)造成声音问题。

2. 耳、鼻、喉、口腔检查

确定这些生理器官的生理结构是否正常，灵活性如何。

3. 音调检查

教师可以让儿童以自然的音调朗读一小篇文章或通过自然对话判断儿童的音调是否适当，有没有过高或过低。在儿童朗读时，教师可以用鼻音跟着哼同样高的音调，然后在钢琴上找出相对其音调的音阶，便可知儿童说话的音调有无过高或过低的现象。

4. 音量检查

教师让儿童读类似音调检查的例文，或与儿童对话，让儿童打电话，叫儿童离开相应距离的人或者物等，看儿童是否能够发出各种情境下所需要的音量，以及是否会配合情境的需要，适当地变化声音的大小、高低、抑扬、顿挫等，从而了解儿童说话声音的强度是否适应各种情境，是否太响或太轻。

5. 音质检查

教师要用耳朵来判断儿童的音质情况，如共鸣是否存在问题，声音有没有带呼吸声、鼻音，是否有尖锐声、嘶哑声。教师要观察儿童在各种情境下的说话声，一般的音质异常分为以下几种。

(1) 气息声，即由于声带闭合不全而引起的如飒飒似的声音。

(2) 粗糙声，即由于声带过分密闭发出的声音，职业性大声演讲或歌唱常出现这种现象，含有吃力性的杂音。

(3) 嘶哑声，即气息声与粗糙声相混合的声音。说话时声带不能紧密闭合或振动，而使声音嘶哑。

6. 资料分析，完成评估报告

对收集到的资料进行详细分析，判断儿童是否存在声音障碍，严重程度如何，可能的原因是什么，并提出适当的治疗、训练建议，最后完成评估报告。

(四)语言发展障碍

幼儿园教师可以采用以下方法来评估幼儿的语言发展水平。

1. 收集案例史

案例史的资料包括儿童生长发育史、家族史、教育史、特殊病史、家庭生活情况、语言发展与智能发展情况、语言的最大问题、个性等。

此外，还包括儿童心理方面的资料，必要时可选用一些心理测验以了解儿童智力、情绪、个性、行为等方面的情况。另外，还包括环境方面的资料，如儿童与家人说话的方式、父母的管教态度、习惯用语、与家庭成员的交流情况、父母与儿童的相处时间等。

2. 生理或医学检查

生理或医学检查包括听力检查、构音器官及功能检查。

3. 制定简单的检查表并以此确定幼儿现有的语言能力

1) 简单指令的理解

教师可以设计 10 个简单的指令，例如：站起来；坐下；把球放在盘子里；张开嘴；把杯子给我；踢球；拍拍手；把门打开；把笔放在桌子上；摸摸椅子。然后，教师对儿童进行发问，看儿童是否有反应，反应是否正确。

2) 简单词语的模仿

虽然语言模仿能力不是真正的言语能力，但是它是言语表达的基础。对言语能力很低的儿童而言，语言模仿能力是其言语能力的重要方面，如这 10 个字或词语：爸、妈、大、哥、你好、公鸡、气球、小弟弟、大卡车、妈妈来。

3) 疑问句的理解和运用

教师可以设计各种类型的疑问句，对儿童进行检查。

(1) 特指问句：① 这是什么？(指笔) ② 这是谁？(指阿姨)

(2) 是非问句：① 这是笔吗？(指笔) ② 这是阿姨吗？(指阿姨)

(3) 正反问句：① 这是不是笔？(指笔) ② 这是不是阿姨？(指阿姨)

(4) 选择问句：① 这是黑的，还是白的？(指一白色物体) ② 这是阿姨，还是妈妈？(指阿姨)

4) 人称代词的理解和运用

(1) 要检查幼儿对人称代词的理解能力，可以采用以下小测试。

教师说："这里有三支水彩笔，咱们三个人分，我说，你拿。"

"这个给我。"
"这个给你。"
"这个给他。"

(2) 要检查幼儿对人称代词的表达能力，可以采用以下小测试。

"这件衣服是谁的？"(指被试者的衣服)
"这件衣服是谁的？"(指教师的衣服)
"这件衣服是谁的？"(指第三个人的衣服)

5) 词汇、语法和语用

教师可以设计一些较复杂的词汇、语法、语用，对幼儿加以检查。

在以上测试的基础上，教师可以大致将儿童的语言能力分成三个等级：第一级是完全没有言语理解和表达能力(幼儿完全不能对简单指令进行理解和运用，或仅能理解其中一两个指令)；第二级是言语能力高于第一级，能在言语表达中正确运用人称代词"你""我""他/她"；第三级是高于第二级，但言语能力的某些方面与正常同龄人有差距。

4. 语言评估

1) 正式的量表

教师可以通过正式的量表对儿童的语言能力进行评量。这些正式的量表有林宝贵编制的《婴幼儿语言发展评量表》等。通过这些量表，教师能够对儿童的语言状况作出更加精细的评估。

2) 观察或与家长交流

教师可以通过观察或与家长交谈了解情况。需要获得的资料包括以下几种。

(1) 孩子如何与父母沟通。
(2) 句子长短情况。
(3) 句子的复杂性。
(4) 语言的模仿能力。
(5) 回答问题及提问题的能力。
(6) 整体说话的方式及清晰度。
(7) 构音及四声变化运用。
(8) 语言被理解程度。
(9) 用来帮助交流的其他方式。

5. 资料分析，完成评估报告

对收集到的资料要做仔细分析，掌握儿童目前的发展情况，了解其语言的表达能力、表达方式、清晰度、不同情境中的交流方式等，判断其是否存在语言发展迟缓问题，完成评估报告。

第三节 学前语言发展障碍儿童的早期训练与指导

教师和有关专业人员在对儿童的言语、语言障碍做出评估，了解存在的问题之后，除可由言语语言病理学家直接帮助矫正外，教师也可以对儿童进行矫正和训练，实施特殊教育，满足学生的特殊教育需要。

一、构音障碍的早期训练与指导

据调查，构音问题是儿童语言障碍中出现率最高的一项，占儿童语言障碍的 20%。这里构音障碍是指与发声语言有关的呼吸器官、喉头、口腔、下颌、舌、口唇等功能性障碍。构音异常的训练包括口部运动训练、构音运动训练和构音语音训练三部分，具体的训练方法如下。

(一)口部运动训练

口部运动训练的目的是为准确、清晰地构音奠定生理基础，形成说话所必需的口部运动技能，包括舌、唇和下颌的治疗训练。

1. 舌运动训练

在通过刺激和强化运动增加舌肌自身的感知觉和肌力的基础上，通过一些较为复杂的舌运动，来阻止异常舌运动模式，建立正常的舌运动模式，并且增加舌运动的多样性和灵活性。舌运动包括五项：吮吸运动、伸展运动、舌尖运动、打扫运动、向后运动。

舌运动训练通常利用咀嚼动作、吸吮动作，使舌与口唇动作协调，增加舌的搅拌动作；训练舌向前伸阶段，让儿童张开口，把食品或其他儿童感兴趣的物品放在其口唇前方，使其出现伸舌指物的动作，并逐渐做到自行控制；训练舌向后运动阶段，可让儿童发/k/音；将舌根抬向软腭，连着发/k/音，重复数次；训练舌向前、后、左、右运动阶段，可用蜂蜜涂在口周，鼓励其做出伸舌舔蜜的动作。此外，也可以用压舌板做被动抵抗训练，锻炼舌的灵活运动。

另外，还可用各种不同形状、不同硬度的物体放在儿童口腔内进行刺激，使之获得感觉的经验，如用洗净的手指在儿童口腔内进行不同部位的按摩，这对于调动口唇、舌、软腭的动作十分有利，对儿童口腔的发育也会起到积极作用。

2. 唇运动训练

唇运动训练的目的是增加儿童对唇肌运动的感受性和正常唇肌的敏感性，增加正常的唇运动模式，提高唇肌运动的多样性。唇运动训练包括以下几种。

(1) 模仿大笑。闭住双唇，嘴角上提，做出大笑的表情，坚持 5 秒钟。放松，重复数次。

(2) 感觉酸的表情。将嘴唇撅起，就像在吸柠檬汁，坚持 5 秒钟，重复数次。

(3) 亲吻，微笑。将嘴唇从亲吻样转变为大笑样，来回重复 4 次。

(4) 亲吻，皱眉。将嘴唇从亲吻样转变为苦笑(嘴角下拉)并皱眉，来回重复 4 次。

(5) 夹住压舌板。用嘴唇将压舌板夹住，坚持 5 秒钟，重复数次。

(6) 出声吻。将嘴唇紧闭，然后分开，发出一个接吻声，重复数次。

(7) 夹住吹哨管，吹。用嘴唇夹住一根吹哨管，吹，重复数次。

3. 下颌运动训练

下颌运动训练是通过咀嚼来提高下颌的灵活性、协调性，同时可以放松构音肌群的紧张。如果在做夸张咀嚼动作的同时进行发声运动，还会使声带的紧张度下降。这样，音调微有变化，声音听起来较为自然放松，声带接触也更趋完善，音质也随之好转。为此设计的治疗内容有以下几项。

(1) 模仿做大幅度的咀嚼运动。让患者对着一面镜子张大嘴，好像咬住了4～5块饼干(或咀嚼器)，大幅度地咀嚼。

(2) 咀嚼的同时柔和发声。训练者应指导儿童运动舌部，使发声有所变化。练习时，请儿童用手指按压在甲状软骨上，即能感到有轻微的振动。

(3) 在咀嚼的同时发一些具体的单音/a, i, u/。

(4) 在咀嚼的同时进行数数，从1数到10(要强调音调的变化)。

(5) 在这个阶段，每天的训练应该间断地进行，大约5次为宜，每次10分钟。经过几周的训练之后，逐渐减小咀嚼的幅度，恢复颌部的正常运动。

(6) 让患者慢慢地体会口腔的开闭、颌部的运动以及声带放松的感觉。

(二)构音运动训练

构音运动训练是在口部运动训练的基础上，促使已经建立的口部运动模式准确地应用于构音，进一步强化各种构音运动中下颌、唇、舌位置的准确性和连续切换能力，促进口部运动与构音的统一。单韵母发音时，下颌、唇、舌处于某一构音位置(点)，才能准确发音，如/a/对应着下颌低位、自然唇形和舌中下位。复韵母发音时，则是两个或三个点之间连续、协调运动的结果，如复韵母/ai/即需要/a/和/i/两点之间的连贯运动。因此，构音运动训练包括下颌、唇和舌三部分的单一运动模式和转换运动模式训练。训练时，按下颌、唇、舌的顺序进行，利用儿童已能发出的音，先从容易构音的音开始，如先发唇音 b、p、m，然后再进行较难的音训练，如软腭音 k、g等，齿音及舌齿音 t、d、n 等。也可先训练发元音，如a、u 等，然后训练发辅音，如 b、p、m 等，再将已掌握的辅音与元音相结合，如 ba、pa、ma、fa等。

(三)构音语音训练

构音异常的临床表现之一是韵母音位构音异常和声母音位构音异常，所以构音语音训练的目的就是让儿童掌握韵母音位和声母音位的正确构音。

韵母音位的发音较为简单，因为除了鼻韵母外，其余的韵母皆为单纯的母音，发音时声道不会受到阻碍，仅涉及下颌、唇、舌不同位置的摆放及转换；声母音位的发音则较为复杂，需要两个不同部位形成不同程度的阻塞或约束，所以声母音位构音异常的训练，应包括音位诱导、音位习得、音位对比和音位强化四个主要环节。

1. 韵母音位构音异常的训练

韵母音位构音异常的训练应遵循单韵母(/a/—/u/—/i/、/u/—/e/、/o/)—后响复韵母—前响复韵母—中响复韵母—前鼻韵母—后鼻韵母的原则。韵母音位构音异常训练的流程包括发音认识、口部运动训练和构音运动训练三部分。其中，发音认识指训练者通过视觉、听觉、触觉等感觉通道，让儿童认识目标韵母的发音过程，意识到自己发音的问题所在；口部运动训练指通过下颌、唇和舌的运动训练获得说话时必要的口部运动技能，为清晰发音奠定生理基础；构音运动训练指在正确的口部运动基础上，进一步通过重读训练法巩固发音中所需的各种构音运动模式。

2. 声母音位的构音语音训练

在进行声母音位构音语音训练的时候，必须严格遵循声母音位习得规律进行训练，只有遵循从易到难的顺序，逐步加大训练的难度和深度，构音异常的康复效率才能得到快速提高。黄昭鸣(2006)指出，汉语中 21 个声母音位的习得应遵循五个阶段的发音规律：第一阶段/b、m、d、h/，第二阶段/p、t、g、k、n/，第三阶段/f、j、q、x/，第四阶段/l、z、s、r/和第五阶段/c、zh、ch、sh/。

1) 声母音位诱导训练

声母音位诱导训练的主要目的是帮助儿童诱导出被遗漏、替代或者歪曲的目标声元音位，是一个从无到有的过程。针对患者进行声母音位诱导的过程如下。

首先，需要增强儿童对目标音位的感知能力，这主要依靠听觉感知。这个阶段选择的材料一定是儿童在日常生活中可以经常见到的，如认识/b/音位，选择"杯子"等常见素材。其次，当儿童对目标音位形成一定程度的感知后，让儿童认识该声母音位的生理特征，即所听到的这个声音，是怎么由构音器官运动而产生的；它的发音部位在哪里，采用了什么样的发音方式，让儿童对目标音位有一个全方位的认识。训练者可以使用教学视频的形式动态呈现目标音位发音的整个过程，即下颌、唇、舌等重要构音器官的运动，气流呼出的路径及气流的多少和持续时间。最后，引导儿童经过多次自主模仿该声音，就能发出正确的目标音位了。

2) 声母音位习得训练

声母音位习得训练是在声母音位诱导训练的基础上，通过大量的练习材料巩固发音，将诱导出的音位进行类化，使患者不仅能发出目标音位的呼读音或者 1～2 个含有该目标音位的单音节，而且能够发出更多有意义的声韵组合，这些声韵组合包括/目标音位+单韵母/(如爸/bà/)、/目标音位+复韵母/(如白/bái/)和/目标音位＋鼻韵母/(如冰/ bīng/)；另外，为了提高构音语音训练的趣味性，声母音位习得训练可以采用游戏的形式。

3) 声母音位对比训练

音位对比训练是将容易混淆的一对声母提取出来进行的专门的、巩固的训练，用来进一步强化新习得的声母音位。音位对比训练法又称 PCT(Pair Contrast Therapy)训练法，它是专门针对精细语音的发音训练方法。PCT 训练法以"音位对比"为训练手段，用语音的最小单位为训练介质，可以提高特殊儿童言语康复的精度，为其打下扎实的语音基础，因此可以说是一种高级的基础训练。

4) 声韵组合强化训练

一般来说，音位对比训练过后，儿童就可以掌握目标声母音位的发音，并可以准确地发出其单音节、双音节和三音节词语。但是，这种发音刻板、僵硬，有很明显的训练痕迹。而人们学习说话的最终目的是在生活中能够运用该音位进行准确的交流，所以必须进行声韵组合强化训练。

声韵组合强化训练可以根据日常生活，设计若干常见主题，如食品、公共场所、活动、动物、物品、身体部位、交通工具、乐器等。每个主题中都包含声韵组合拼读训练，如 b—í—bí 鼻, m—ā—mā 妈等。在日常的情境中强化目标音位，可以帮助儿童将所习得的目标音位更快地应用到日常生活的使用中。

二、发音障碍的早期训练与指导

发音障碍的训练可分为功能性发音障碍、器质性发音障碍和神经性发音障碍的训练。功能性发音障碍的训练主要在于通过减少发音的滥用和误用，根据个体的发音障碍的程度进行相应的发声训练，改善发音，帮助其建立自然合适的发音。对于器质性发音障碍，首先应通过手术解决其解剖结构上的异常，在此基础上，进行发音发声训练，帮助其建立自然合适的发音。神经性发音障碍的训练侧重于解决声带开闭和运动的能力。对于学前儿童而言，功能性发音障碍占绝大多数，少部分为器质性发音障碍或者神经性发音障碍。

(一)发音训练的内容

1. 合理使用声带的训练

训练儿童合理使用声带的目的是减少过度紧张的发声、改变不良的习惯性声音响度和音调、改善共鸣，以帮助个体建立适合环境的声音模式。

2. 呼吸异常的训练

呼吸是发声的基础，听觉障碍儿童的呼吸方式常有异常，或者呼吸与发声不协调，常影响发音。因此，必须首先解决特殊儿童的呼吸问题。

3. 音调异常的训练

对于听觉障碍儿童而言，其发音障碍主要表现为音调过高或过低、音调变化过大、音调单一等。因此，对于音调异常的患者，必须根据其音调异常的类型，进行相应的训练。

4. 响度异常的训练

响度异常主要表现为响度过高、响度过低和响度变化过小。其中听觉障碍儿童的响度异常，需要进行听力的补偿和重建，在此基础上，进行相应的治疗。

5. 音质异常的训练

音质是反映个体发音特色的重要成分，音质的好坏不仅影响听感，而且降低言语清晰度和可懂度。因此，对于音质异常，需注意区分是功能亢进型还是功能低下型，以及聚焦异常的类型，然后选用相应的训练方法。

(二)发音训练的方法

学前特殊儿童常用的发音训练方法主要有以下五类：发音放松的训练方法、改善呼吸的训练方法、改变音调的训练方法、改变响度的训练方法、改善音质的训练方法。

1. 发音放松的训练方法

1) 颈部放松训练

通过颈部向不同方向紧张和松弛地交替运动，使患者的颈部肌群(即喉外肌群)得到放松。例如，身体直立放松，头随重力缓慢向下低，保持数秒，然后缓慢上抬，回到原位。

2) 声带放松训练

通过打"嘟"，让患者体会发声时声带的放松，并放松整个发声器官甚至颈部肌群。

例如，让儿童深吸气，自然闭合双唇，保持上身稳定，气流由肺部发出；呼气时，双唇振动并带动声带振动向正前方发"嘟——"音，重复10次。

3) 喉部按摩

通过对儿童喉部肌群或特定穴位的按摩，达到放松喉内外肌的目的。例如，训练者以右手拇指和食指置于甲状软骨的两侧后缘，以拿法和揉法进行纵向按摩，每次喉部按摩可进行约30分钟。

2. 改善呼吸的训练方法

1) 生理腹式呼吸训练

通过让儿童在不同的体位体验呼吸时的腹部起伏运动，帮助儿童建立正确、自然、舒适的生理腹式呼吸方式，为言语呼吸奠定基础。例如，让儿童仰卧/侧卧于床上或站位/坐位，将右手放于腹部，体会腹部随呼吸而相应起伏，吸气时腹部凹下，呼气时腹部鼓起。

2) 逐字增加句长训练

通过逐渐增加儿童一口气朗读句子中词的字数，训练儿童言语时的呼吸支持以及呼吸与发声的协调性。该训练适用于言语呼吸支持不足、说话过短、说话中断者。例如，苹果、红苹果、红的苹果、红红的苹果、红红的大苹果、红红的大的苹果。

3) 转音训练

通过让儿童有节奏地音调高低起伏地连续发元音，提高儿童呼吸和发声的协调性。该训练适用于呼吸和发声不协调者。例如，让儿童有节奏地音调高低起伏地缓慢/快速/快慢交替发元音/a/、/i/、/u/。

4) 增加肺活量训练

通过让患者进行一些设计的呼吸游戏训练，增加其肺活量，提高其呼吸控制能力和言语呼吸支持能力。例如，吹蜡烛、吹口风琴、吹泡泡等。在训练过程中，不仅要训练其一口气流率，还应注意训练其对呼气的控制能力，即对深吸气后气流缓慢呼出时间的控制。

3. 改变音调的训练方法

1) 降低或提高音调训练

首先，使用嗯哼音作为示范音，让儿童在放松状态下发"嗯哼"音寻找目标音调并体会和在说话中使用。其次，使用乐调作为示范音，让儿童模仿此音调发/a/或含/a/音的词以降低音调或发/i/或含/i/音的词以提高音调，并尽可能延长发音时间，然后逐步降低音调或提高音调直到发出最低或最高的音调。

2) 音调控制训练

首先，使用乐调作为示范音，训练者为儿童弹奏不同音调的琴键，让儿童模仿此音调发音，并尽可能延长发音时间。其次，使用有关设备设定不同频率的目标音调，进行音调控制的视听反馈匹配训练。

4. 改变响度的训练方法

1) 提高响度训练

首先，通过声门屏气训练，增加声门下压，可以提高响度；其次，通过阶梯式提高儿童的响度，即每发一个单音节词时，逐渐增加发音响度；再次，通过掩蔽时说话的方式提高儿童的响度，即在儿童说话时加入白噪声，白噪声的响度可从较低水平开始，逐渐增加；最后，可以通过使用有关设备进行提高响度的视听反馈匹配训练。

2) 降低响度训练

首先，让儿童意识到不同响度水平的言语；其次，让儿童进行较低响度言语的匹配；最后，通过使用有关设备进行降低响度的视听反馈匹配训练。

3) 增加响度变化训练

首先，通过姿势或者动作的提示，让儿童跟随训练者进行响度的提高或降低，然后过渡到儿童自己进行响度变化的控制；其次，适当变化音调，响度一般也会随之而变化；再次，朗读一些文章，同时尽可能地采用抑扬顿挫的语调；最后，通过使用有关设备进行不同响度变化的视听反馈匹配训练。

5. 改善音质的训练方法

1) 哈欠叹息训练

通过夸张的哈欠式叹息动作，将声道充分张开，咽缩肌放松，并在叹息时发音，体会"舒适"的发声和自然的音质，从而获得正确的起音方式。该训练适用于发声时声道过于紧张、硬起音和高音调的儿童。例如，全身放松，打哈欠，在快结束时叹息并在哈欠快结束的时候说/h/、/h—h/、/h—h h/、/h—h h—h/。

2) 声门屏气训练

通过让儿童在做推掌、甩臂等一些动作的同时发声，帮助儿童的声带快速闭合，从而促进声门的闭合。该训练适用于声门闭合不全导致的音质障碍儿童。

3) 哼鸣发音训练

通过闭嘴哼鸣的方式发音，使哼鸣时在声道内的气流反作用于声带，促进儿童声带的闭合，改善其音质。该训练适用于由于声带闭合不全导致的音质障碍者。例如，让儿童双唇闭合，使气流从鼻腔发出，从易到难哼不同的调，然后哼歌，哼歌后发/ɑ/、/i/、/u/或以浊音开头的单音节词。

4) 气泡发音训练

通过柔和的气泡式发音，使患者的声带得到放松，声带振动更为均匀而且富有规律性，同时使声带内收能力增强，从而改善儿童发音音质。该训练适用于音质障碍，尤其适用于声带闭合不全导致的音质障碍者。例如，让儿童微微张开嘴，尽量放松喉咽腔，在呼气和吸气时，从喉咙中发出一系列低沉的、缓慢的噼啪声，如同气泡冒出一样；然后呼气和吸气时交替发气泡音。

5) 半吞咽训练

通过在吞咽进行到一半时用较低的音调大声地发/bo—m/音，使产生的气流在声道内反作用于声带，以提高声带闭合的能力。该训练适用于因声带闭合不全导致的音质障碍者。例如，在吞咽进行到一半，喉的位置处于最高时发/bo—m/音；依次再发/bo—m/ + /i/音；/bo—m/ + /i/ + /bo—m/音，然后逐渐将吞咽淘汰，练习自然发音。

6) 伸舌发音

通过让儿童将舌前伸，扩张口咽腔，以高音调发前位音，体会发音时口咽腔放松的感觉，从而改善因喉咽腔过于紧张而导致的喉位聚焦和后位聚焦。该训练主要适用于喉位聚焦和后位聚焦者。例如，首先伸出舌头以高音调发高元音/i/并适当延长，注意颌部和舌部都要放松。

7) 前位音发音训练

通过让儿童发一些发音部位靠前的音来体会发音时舌位靠前的感觉，帮助其减少发音时舌位靠后的现象，从而治疗后位聚焦。该训练适用于后位聚焦者。例如，以爆破的方式发含/p/或/b/或/t/或/d/＋/i/的单音节、双音节词，如皮、枇杷、弟弟等；注意让患者适当延长元音部分的发音时间，并体会舌位靠前的感觉。

8) 后位音发音训练

通过让儿童发一些发音部位靠后的音来体会发音时舌位靠后的感觉，帮助其减少发音时舌位靠前的现象，从而治疗前位聚焦。该训练适用于前位聚焦者。例如，以夸张的方式发含/k/或/g/＋/u/或/o u/或/e/的单音节、双音节词，如哭、裤、哥哥、苦瓜等；注意让患者适当延长元音部分的发音时间，并体会舌位靠后的感觉。

9) 鼻音边音刺激训练

通过让儿童朗读一些含有鼻音和边音的刺激词，帮助患者建立较好的音质。该训练适用于硬起音和高音调等发声功能亢进者。例如，让儿童发鼻音/m, n/、边音/i/时，感觉到鼻腔共鸣，且发音时舒适不费力；接下来，连续发以鼻音/m, n/或边音/i/开头的词语，并在每个词语之间加入一个/a/音，如"马啊马啊马"；最后，将鼻音/m, n/与边音/t/结合起来，如"龙马啊龙马啊龙马"。

10) 吸气发音训练

通过让儿童在吸气的时候发音来帮助儿童重新使用真声带进行发音。该训练主要适用于嗓音音质异常者，尤其适用于功能性失音症和室带发声者。例如，吸气，同时以高音调发高元音/i/或/u/适当延长发音，然后过渡到呼气时发音，并从高音调自然下滑到正常音调的发音；最后以自然舒适的音调发音。

三、流畅性障碍的早期训练与指导

口吃是语言的流畅性障碍，是儿童常见的一种语言缺陷。一般认为，60%～80%的儿童口吃问题会随着年龄增长而自愈，没有自愈的口吃常常伴随至成年或终生。儿童的口吃如果能及早发现，并及时进行适当的矫正训练，还是可以得到改善并取得显著效果的。

一类儿童的口吃属于正在发展尚未定型的口吃，训练中可通过环境控制、家庭咨询的方法，对家庭成员进行干预，减少他们对儿童口吃的埋怨、担心、焦虑及惩罚，创造一个有利于儿童改变口吃的生活环境，同时也可以通过系统脱敏法增加儿童对环境压力、挫折的耐受力。除此之外，也需对儿童进行言语训练，以塑造流利的言语。

另一类儿童的口吃发展的时间已经很长，属于已定型的口吃，治疗一般比较困难。一般来说，可通过心理方面的咨询，尽可能消除儿童负面情绪和心理压力，然后确定目标进行言语流利性的训练。此外，这类儿童在说话时常伴随有挣扎行为、逃避行为，因此训练的另一个方法是通过行为矫正技术消除儿童存在的上述行为。

(一)非顽固性口吃的训练

目前，国内外对儿童非顽固性口吃的训练方法主要有以下几种。

1. 环境控制法

通过对口吃儿童语言环境的评估，找出导致其口吃的环境因素，进而消除这些不利因素，以减轻或消除儿童口吃。家长要创造平静和谐的家庭气氛和轻松愉快的语言环境，使儿童免受不良心理刺激而引起精神紧张；家长或教师不要过分注意或刻意纠正儿童说话的过程，平时用平静、柔和的语气与该儿童讲话，并且要耐心听其讲话，不要轻易打断其讲话。此外，同伴间不要模仿、讥笑或批评口吃儿童。

2. 心理治疗法

对有心理或情绪问题的口吃儿童应进行心理治疗。治疗过程中对言语症状不多加关注，治疗的重点在于对口吃儿童的心理对抗及防备机制、个体的发育、焦虑、其他感觉和人际关系等方面的关注。提倡"不惧怕，不逃避，顺其自然，为所当为"的森田疗法来改善口吃者的焦虑、抑郁情绪，缓解口吃者的心理压力，从而使口吃症状明显减轻或消失。此外，治疗也强调建立和维持流利的情绪控制，加强自我情绪管理是预防和控制口吃复发的重要手段。

3. 系统脱敏疗法

系统脱敏疗法(systematic desensitization)是一种常用的行为治疗方法，又称交互抑制法，是由美国学者沃尔帕(1958)创立和发展的。这种方法主要是诱导病人在缓慢地暴露出导致其焦虑、恐惧的情境的同时，通过心理的放松状态来对抗这种焦虑情绪，从而达到消除焦虑或恐惧的目的。如果一个刺激所引起的焦虑或恐惧状态在病人所能忍受的范围之内，经过多次反复地呈现，病人便不会再对该刺激感到焦虑或恐惧，治疗的目标也就达到了。

口吃的系统脱敏治疗是不直接针对言语不流利的疗法，此方法是逐渐加大儿童对某些导致口吃环境因素的耐受力，通过父母—儿童言语相互影响，降低口吃儿童对环境紧张因素的敏感而缓解口吃症状。Guitar (2006)建议用角色扮演来教孩子如何在被干扰的情境下仍然维持放松说话的方式。做此项治疗时，所有家庭成员都要参加，这样能够了解如何减轻环境激惹因素。

4. 减慢语速训练

减慢说话的速度对口吃者的言语活动起着全面的调节作用，可以摆脱习惯性的言语动作抽搐，确保言语运动(呼吸、发声、构音的运动)的适当协调性。训练时，从短和容易的语句开始，逐渐延长语句和难度。例如，可设计一种缓慢说话的游戏，由治疗师先示范如何缓慢说话，并让患儿模仿，以杜绝儿童那种时快时慢式的语言。此方法能帮助儿童渐进地放松声带，避免呼吸道紧张，以促进其说话的流畅。当口吃者不再口吃时，再慢慢提高其说话速度。

5. 言语矫正训练

训练者可以有意识地组织一些言语活动来帮助口吃儿童进行言语训练，训练的方法如下。

(1) 呼吸与发声的协调训练。首先，可用叹气法、游戏法，如吹泡泡、吹气球等方式进行呼吸调整训练以提高儿童的肺活量，让儿童说话变轻松。其次，让儿童张大嘴巴学老虎叫，再通过各种游戏，如蹦跳练习"石头、剪刀、布"等方式训练儿童协调发声流畅说话。

(2) 口腔各器官的协调训练。通过练习训练儿童的口腔器官的灵活性。

(3) 言语与节律的协调训练。通过练习训练儿童说话中的重音、停顿及节奏，让节奏深入说话中。

6. 呼吸训练法

对口吃儿童来说，他们的呼吸器官、肺活量一般正常，但说话时常常呼吸不规律，喉头与口腔气流中止、喘气、说话气流不足、长句"拖延"等。采用符合发音规律的呼吸疗法，如练习呼吸操，进行呼吸和发音的协调训练，结合言语训练和系统脱敏，能够取得良好的效果。

7. 游戏治疗法

游戏治疗法适用于开始表现出焦虑感、内疚感等消极情绪和人际关系不融洽的口吃儿童，以及在家庭中情绪表达受到否定的口吃儿童。教师或家长可以通过设计一些说话游戏和角色扮演游戏，使他们在游戏中充分释放自己的压力与焦虑，并在放松的状态下感受到流畅言语，有机会练习流畅言语，以达到训练的目的。

8. 药物治疗

人们试图用许多药物治疗口吃，吩噻嗪、钙通道阻断剂、抗焦虑药、抗抑郁药和抗痉挛药等都可用于口吃。但多数口吃者不愿意长期服药，因为多数药物都有不同程度的副作用，同时也容易引起药物依赖。

9. 其他

建立健康的生活方式，有规律的生活、充足的睡眠可以消除紧张、焦虑、抑郁等不良的情绪，减轻儿童的口吃症状。

(二)顽固性口吃的训练

口吃发展到顽固性口吃阶段，就成为一种自我强化的障碍。顽固性口吃患儿，一般7岁以下即患有口吃，这些儿童可能需要长期治疗来维持一个可接受的言语流畅水平。顽固性口吃的矫正训练比儿童的初期口吃治疗要困难得多。常用的训练方法有以下几种。

1. 心理治疗

顽固性口吃儿童通常对自己言语障碍的具体情况理解得不是很准确，他们往往把自己的口吃估计得过于严重，因此不仅有口吃的言语症状，还表现出焦虑、抑郁、强迫、敏感等负面情绪，影响其社会活动和人际交往，从而使口吃症状加重，形成口吃的恶性循环。所以，要向他们解释口吃产生的原因，讲清实际情况，帮助他们认识自己的负向思考模式，减少负面情绪，建立信心，学会用积极的心态来面对口吃和生活。

2. 确定目标

对顽固性口吃儿童，治疗师要如实准确地向他们说明治疗效果，让他们树立信心，正确对待口吃，掌握一些控制口吃的方法。最高目标是能对言语行为完全控制，这样就不会发生口吃了，也就是所谓的用可控制的口吃来说话，但要达到这个目标是很难的。短期治疗可以在一定程度上控制言语行为，减少口吃次数，减轻口吃程度，使言语沟通能够基本正常地进行。治疗后要达到的最终目标是使口吃儿童建立和维持能控制言语的流畅感觉。

3. 言语流畅性训练

言语流畅性训练是指调整口吃儿童的说话方式，以避免发生口吃，或发生口吃时可以控制口吃使得言语交流能够继续下去。这项训练有发音、放慢语速、轻柔发音、运用气流及形成说话的节律等方法。言语流畅性训练是矫治口吃的重要方法，也是一项可行的、效果较佳的治疗方法。

(三)口吃治愈标准

由于口吃的确切原因还不清楚，影响口吃的波动和加重的因素也很多，因此口吃完全形成后，治愈就相对较难。经过治疗，大约有 1/3 的儿童能够治愈，2/3 的儿童症状得到改善。根据 Silverman (1996)标准，口吃治愈需要符合以下条件。

(1) 患儿言语不流利的数量在正常范围内。
(2) 患儿流利的程度在正常范围内至少持续 5 年。
(3) 患儿不再认为他/她有流利性障碍或再次发生此类问题。

四、语言发展障碍儿童的早期训练与指导

语言发展障碍儿童的早期训练的主要目标是增加儿童的词汇量和理解词义的能力，帮助他们接近或达到正常同龄儿童的语言理解和表达能力水平。为了达到这个目标，应该为语言发展障碍儿童制订详细的早期训练计划。

语言发展障碍儿童的训练内容和方法有以下几点。

(一)语前训练

针对尚不能理解言语符号，行动范围狭窄的儿童，可采用语前训练，具体方法如下。

(1) 注意力的训练。选择儿童感兴趣的玩具或物品吸引其注意，如儿童喜欢动物则教其模仿动物的叫声和动物的跑、跳、飞动作；采用这些刺激可促进儿童对事物的注视及随着活动的实物持续进行追视。

(2) 对事物的持续记忆训练。让儿童注视到眼前存在的事物后，把事物用手遮住或藏在盒子中，但只要把手拿开或拿掉盒子，就会发现该物品仍存在。要让儿童理解这一点，即理解事物永远持续存在的性质。

(3) 促进主动交往的训练。对于不太注视人及物的儿童或物品操作未成熟的儿童，可导入使其因触觉及身体感觉变化而感到快乐的游戏，如哄抱、背背、举高、转圈、追赶等不需要器具并且成人与儿童仅发生身体接触的游戏。游戏一段时间后还可以暂停，等待儿童"还想玩"的要求出现，从而增强其主动交往能力。

(4) 事物的操作训练。学习是对外界的事物进行某种操作而引起变化的过程。在此要充分进行视觉刺激与听觉刺激的活用。从触摸、抓握、晃动、敲击、拉拽等单一的事物操

作，发展到用一物敲打另一物(如敲鼓)，再发展到物品的拿出、放入等复杂操作。如果通过，则不断帮助使之理解在头上戴帽子、在脚上穿鞋等事物的功能性操作。

(5) 事物的功能性操作训练。通过模仿学习，使儿童懂得身边日常物品(电话、碗筷、衣服、玩具等)的用途，并能扩大使用的场所，即在治疗室、家庭、幼儿园等场所都能操作这些物品，这就需要治疗室训练与家庭指导同时进行。

(6) 多个事物的辨别训练。以外部特征为基础的操作性课题，训练儿童将多种事物按颜色、大小、形状等不同属性进行分类来认识事物的外部特征；以内部特征(功能)为基础的操作性课题，训练儿童将多种事物按用途进行分类，建立事物的类别概念。训练方法有匹配和选择两种。

(二)手势符号训练

手势符号是利用本人的手势作为一定意义的示意符号。对于儿童来说，手势符号比言语符号更容易理解、掌握和操作，也容易引起兴趣。在儿童掌握言语符号之前，手势符号将代替言语符号及文字符号与他人进行交流。

针对中度或重度语言发展迟缓、言语符号的理解与表达尚未掌握的儿童，或言语符号理解尚可但不能表达的儿童，需要进行手势符号的训练。另外，对言语方面理解与表达均迟缓的儿童也可以开展手势符号训练。具体方法如下所述。

1. 状况依存手势符号的训练

训练手势符号时，应先训练状况依存的手势符号(是指在特定环境下使用的手势符号，如伸出手来表示"要"，把手叠在一起拍一拍表示"给我"，在分别的情况下伸出手来挥一挥表示"再见"等)。此训练方法主要在日常生活场景及训练时的游戏场面中使用。此阶段的训练重点在于培养儿童能够注意手势符号的存在。

2. 表示事物的手势符号训练

此训练方法适合于言语符号尚未掌握的儿童，力求手势符号与指示内容相结合。表示事物的手势符号比状况依存的手势符号的抽象度高。例如，用手指在口腔外面作刷牙状表示"牙刷"；用两手的食指和中指放在头上表示"小白兔"。

为了促使儿童对手势符号的注意，在进行理解训练时，还应要求让儿童进行手势符号的模仿。例如，利用玩具娃娃(示范项)训练事物的对应关系。在儿童面前放着能穿戴在玩具娃娃身上的三种事物，如帽子、鞋、手套(选择项)等。训练者拍打玩具娃娃相应的部位(手势符号)给予提示，促使儿童进行选择。如果儿童选择正确，训练者要给予玩具娃娃相应部位的实际操作(穿鞋、戴帽等)进行正反馈强化，再进一步促进手势模仿。如果选择错误，训练者要拍打玩具娃娃的相应部位，提示儿童进行修正。

3. 利用手势符号进行动词及短句训练

在日常生活场景中，训练者要根据儿童的行为和要求，在给予言语刺激的同时给予一定的手势符号，并让儿童模仿该手势符号，渐渐将此动作固定下来作为此行为及要求的手势符号。例如，把手放在一张一合的嘴巴上拍拍表示"吃"，将两手握在一起做搓洗状表示"洗东西"等。手势符号宜选用简单易行的动作及表情，将学会的手势符号运用在每天的日常生活中予以强化。

在进一步进行组句训练时，以手势符号为媒介将句子的语序固定化。例如，训练儿童掌握"小白兔吃萝卜"语句时，训练者拿着小白兔吃萝卜的图片，先做"小白兔"的动作，再做"吃"的体态符号，最后做"萝卜"的手势符号，并让儿童模仿使顺序固定下来。儿童长期进行语序固定化的训练，以后在学习言语符号及文字符号时，便会很自然地正确组句。

(三)词汇训练

当儿童能通过动作(手势符号)来理解事物时，则可开始训练其通过听口语来理解事物，即进行词汇训练。具体训练方法如下所述。

1. 名词训练

该训练适用于口语理解有困难，正在学习事物名称(建立语义概念)的儿童。训练初期导入的词汇以日常接触机会多、儿童十分感兴趣的具体词汇为主。开始主要是扩大词汇量(事物名称)，之后逐渐向同一范畴的词汇扩展，如"狗、猫、猴""苹果、香蕉、橘子"，从而促进词汇范畴的分化。

2. 动词训练

该训练适用于名词的词汇量已扩大，且可理解范畴词语的儿童，可以用图片和实际的简单动作游戏一起进行动词训练。例如，学习"吃"：儿童吃苹果时，训练者做体态语符号(用手拿且放入口中)，同时说"吃"，让儿童模仿。反复训练，鼓励儿童在日常生活中用言语来表达需求。

3. 形容词训练

该训练适用于可理解事物的名称和多数动词，但两词句少的儿童。儿童最早使用的形容词一般为描述物体特征的形容词，其中颜色词出现较早。因此，训练可以先选择容易掌握的红、黑、白等，然后再进行描述味觉、触觉和肌体觉等形容词的训练，如甜、咸、热、冷、痛、饱、饿、痒等。最后才是对空间维度形容词的训练，如大小、长短、高低等形容词。训练方法以图片形式为主。通过反复强化，鼓励儿童在日常生活中加以运用。

(四)句式训练

儿童语言中各类结构的词句出现次序及发展趋势大致为：不完整句、简单句(主谓、主谓宾、主谓补句等)、复杂句(主谓双宾句、连动句、联合结构等)。句式训练时应按照以上顺序来安排训练内容，以掌握语言理解和表达所需的必要的语法知识。训练形式以图片为主，训练图片组合则根据儿童具体的实际水平进行选择；先进行言语理解训练，然后进行言语表达训练。

1. 简单句训练

(1) 两词句训练。句型：主谓结构，例如"宝宝吃饭"。训练方法：先出示一张宝宝吃饭的图片，提问"这是谁啊"，让儿童回答；然后继续提问"他在干什么呢"，儿童可用体态语回答；最后训练者提问"肚子饿了，怎么办呢"，让儿童自发回答。

(2) 三词句训练。句型：主谓宾结构。适用对象为可以理解两词句的儿童。训练方法同上。

2. 复杂句训练

(1) 可逆句训练。适用对象为可以理解不可逆句的句型(如"妈妈吃苹果"等),但对于理解不同词序对应不同指示内容的句型有困难的儿童。例如,学习"宝宝亲妈妈"的句子,训练方法:先出示一张"宝宝亲妈妈"的大图片,让儿童注意观察其中的动作主语;然后从小图片中选择按"宝宝→亲亲→妈妈"的顺序从左到右排列好,这时动作主语的位置要被儿童注意到;接下来让儿童练习排列小图卡的顺序,要把动作主语排在第一个位置;最后儿童模仿、自发说出句子。

(2) 被动句训练。适用对象为可以理解可逆句语句形式的儿童。例如,学习"妈妈被宝宝亲"句子。可以通过游戏方式来使儿童理解不同词序代表不同的句意。反复训练,直至儿童能自己理解、排列、说出被动句式。

(五)表达训练

大多数语言发展障碍儿童都能理解言语符号,但其口语困难或口语很少,因此应对他们进行口语表达的专门训练。

1. 手势符号表达训练

不能接收或发出言语符号的儿童,或者即使能模仿言语符号而不能自发发出有意义言语符号的儿童,必须从手势符号表达训练开始。

训练方法:一边给儿童看实物或图片(如鞋、帽子等),一边做出相应的手势符号,促进儿童对手势符号的模仿,同时训练者加以言语符号刺激,以逐渐达到让儿童主动用手势符号进行表达的目的。

2. 口语表达训练

对能模仿言语的儿童,应促使其进行主动的口语表达。在训练早期,儿童可能仅能模仿词头或词尾等单词的一部分,或有构音的错误。只要儿童能进行模仿(如仅能模仿词尾,或仅能模仿语调等),即可帮助儿童开始口语表达训练,促进儿童主动发出有意义的符号,使其发出符号的行为得到固定化。

最初,使用实物名称开始训练,按照可接受符号的水平逐渐引入动词、形容词的训练。语言沟通不能离开情境,语言表达训练最好在情境中进行。例如,儿童进门时挡在其前面不让他进,训练其说"让我进去"。数次后,儿童遇此场景就能自发地表达自己的要求。

3. 替代交流手段

有明显构音运动障碍的儿童,尤其言语符号发出困难的儿童,应考虑使用代偿性交流手段,如文字板、交流板、手势符号及手语等。

(六)文字训练

由于语言发展障碍儿童的语言学习存在困难,因此可以考虑在未掌握口语或未完全掌握口语时开展文字符号的学习,将文字符号的学习作为一种很有效的语言学习方法。训练的方法如下所述。

1. 字形辨别的基础训练

为了掌握文字符号，必须能够辨别字形。为了辨别字形，必须先进行辨别各种几何符号(10 种以上)的训练。另外，作为写字的前提要求，还必须先进行位置辨别、方向构成及图形构成等内容的训练。

2. 文字的形义训练

让儿童先从文字符号与意义的结合开始进行学习，再开展文字符号与语音结合的训练，最终达到文字符号—意义—语音的对应统一。

3. 文字的音形义训练

语言学习中有许多音比较相似，单纯靠口形无法辨别，因为很多字的发音动作是在口腔内部完成的；另外，不同人说的虽是同一个字，但口形也会有略微的差别。因此，应用文字作为提示，达到音、形、义的统一。

4. 句子训练

可利用文字帮助儿童掌握简单的句式，补足句子成分，调整词句中字词的顺序。

(七)交流训练

所有语言发展障碍的儿童都可进行交流训练，特别是发育水平低和交流态度有障碍且尚未学习语言的儿童，以及语言理解和表达发育不平衡的儿童。交流训练可参考以下内容。

1. 亲子互动中的视线接触、表达需求的交流训练

促进视线的接触等亲子互动的抚爱行为，即儿童对母亲或训练者之间能够相互认知，有互相接触、亲近的行为。例如，利用儿童喜欢的大运动(如举高和团团转)、小运动(如挠痒痒和吹气)等儿童能表现出快乐反应的游戏和玩法进行交流训练。在这样的游戏中，训练者要努力和儿童的视线对视，进行交流。另外，当儿童有需求时应引导其表达出来。例如，在做挠痒痒的游戏时，先让儿童被挠痒痒并大笑，反复做几次。以上交流训练适于语言前阶段水平的语言发展障碍儿童。

2. 操作反馈、角色交换的交流训练

选择容易引起儿童兴趣的用具(如一击就能发声或振动的物体)，利用这些物体进行操作训练时，最好是使儿童很快能理解其操作和结果之间的关系。例如，摁钢琴键发出琴声等。

角色交换游戏，即当两名儿童或儿童与训练者一起做游戏时，改变双方的条件(如互相交换原来所拥有的物品，或交换原来所处的位置)，就可以改变发出信号者和接收信号者的地位，从而在进行交换的操作训练中，让儿童学会"请给我"的动作和将事物传递给对方或训练者的传递行为。另外，要注意训练儿童不管是在长距离的情况下或长时间的状态下都能完成他被要求完成的交流动作，并能够保持持续的交流态度。

以上的交流训练适用于只有单词水平的语言发展障碍儿童。

3. 使用言语符号的交流训练

进行交换游戏时，发出信号者可以利用身体动作或声音符号来传达自己的意志，如要

求他人传递玩具狗时,可发出"汪汪汪"的声音,来表明自己所要的物品是什么。如果是两名儿童之间的训练,则应在训练之前,先让成人进行示范,然后再在儿童之间进行。

(八)家庭康复训练

如果家中有语言发展障碍儿童,家长往往会有不能接受、焦虑、不知所措等表现。如果得不到及时的指导和帮助,会出现教育训练不适当或放任自流的现象。因此,家庭康复训练尤为重要。

1. 家庭指导

帮助家长开展家庭康复训练,应对有语言发展障碍儿童的家庭尽可能地提供具体指导。

(1) 不管自己有多忙,有要随时随地有耐心地与儿童说话。

(2) 每天尽量抽时间给儿童念童话故事。

(3) 每天最好有固定的时间训练儿童说话。

(4) 与儿童相处时,父母尽量避免仅用手势或表情与儿童交流,要用明确的语言表达自己的要求或观点,可以配合丰富的表情、增强的语气以及拖长的语调。

(5) 应仔细倾听儿童所说的话,不能有丝毫的不耐烦。

(6) 教儿童如何表达自己的想法,以及如何与其他小朋友相处。

(7) 不断地扩展儿童的生活范围或经验,可以常常带儿童去各种公共场所,以增加他的感官体验。

(8) 当发现儿童存在语言发展障碍时,家长应该及时带儿童去医院就诊。

2. 家庭环境调整

儿童学习语言与其生活的环境有密切的关系。家长要考虑调整相应的语言环境。

(1) 改善家庭内外的人际关系,给儿童创造一个和谐、温暖、健康的家庭生活环境。

(2) 注意家庭中的言谈行为,给儿童提供良好的模仿对象,为儿童树立良好的榜样。

(3) 改善对儿童的教育方法。儿童有疑似语言发展障碍症状时,家长一定要带儿童到有经验的语言治疗单位,诊断语言发育迟缓的程度以及类型,制订训练计划。在家中也遵循训练计划。

(4) 帮助儿童改善交流环境和社会关系。在家庭和学校中,家长和教师都要给这些儿童以更多的注意和关心,帮助他们去改善人际关系和交流环境,同时也要教育别的小朋友要用自己的爱心去帮助这些儿童。

拓展阅读

拓展阅读内容见右侧二维码。

自闭症儿童的言语障碍表现.docx

本 章 小 结

在对学前特殊儿童进行语言矫治训练时，矫治或训练者要及时了解和评估孩子的语言发展情况，准确掌握孩子语言进展的水平及存在的问题，及时调整训练内容、进度和强度。为了搞好语言矫治过程中的评估，在实施矫治前就要制订好语言矫治的计划和安排，包括矫治训练的时机、目标、时间控制、方法选择、评价与调节控制等，这样评估才有依据、有标准，从而保证评估的科学性。

思考与练习

一、名词解释

语言障碍　语言理解障碍　语言表达障碍

二、简答题

1. 学前语言障碍的分类有哪些？
2. 学前儿童语言障碍的原因有哪些？
3. 学前语言发展障碍儿童的鉴定与评估的过程有哪些？

三、论述题

1. 结合生活谈一谈语言发展障碍儿童的训练内容和方法有哪些。
2. 结合目前国内外情况谈一谈针对儿童非顽固性口吃的训练方法有哪些。

【实践课堂】

李毅是幼儿园中班新转来的一个小朋友，转园时总是低着头，不肯说话，在幼儿园很少与小朋友交谈。针对这种情况，我对他进行了一些观察。例如，在自选图书时，李毅总是在小椅子上，不肯去选图书，另一位小朋友坐在他旁边，有些伤心了，喊"找奶奶"，他也坐在那里说了起来，然后一个人跑到一边，默不作声，看上去很可怜。吃饭的时候，李毅把最爱吃的炸肉吃没了，可能还想要点，他瞪着眼睛注视着老师，老师问他，他只简单地用方言重复了一句"要肉"。据了解，李毅父母因工作原因都在西藏，无暇照顾孩子，李毅从小跟着老人长大，老人对孩子照顾得无微不至，可缺少与孩子交流沟通的机会，对话也是少之又少。久而久之，孩子与别人交流的能力明显不如同龄的孩子，在同伴眼里已是一个被冷落的孩子，无法交谈。而他偶尔说一句话，还会招来一阵耻笑，时间一长，他就更加不愿意说话了。

分析案例中李毅语言障碍的形成原因，并且提出具有可行性的教育干预策略。

当教师把每一个学生都理解为一个具有个人特点的,具有自己的志向、自己的智慧和性格结构的人的时候,才有助于自己去热爱儿童和尊重儿童。

——赞可夫

第七章 学前情绪与行为问题儿童的教育

本章学习目标

> 熟悉学前情绪与行为问题儿童的概念界定、特征与表现。
> 熟悉儿童自闭症的成因、表现与治疗方法。
> 熟悉儿童多动症的成因、表现与干预措施。
> 熟悉儿童强迫症、恐惧症的教育与干预措施。

核心概念

学前情绪与行为问题儿童(preschool children with emotional or behavior disorders) 自闭症(autism) 多动症(hyperactivity) 强迫症(obsession) 恐惧症(phobia)

引导案例

一个自闭症儿童的案例[①]

王晓明(化名)2005年8月出生,男孩,独生子,2009年6月进入机构训练。进入机构前被中国香港某医院诊断为"重度自闭症",一直在该医院做重金属排毒治疗,医生推荐边做排毒治疗边进行教育干预。该生家长来咨询时就说过,孩子在家里是"恐怖分子",每天搞得家里乱七八糟,可以自己吃饭喝水,但吃饭必须用特定的碗和勺子,喝水必须用自己家里的屈臣氏矿泉水瓶的盖子,大小便不知道去厕所拉,叫其姓名没有反应,无语言,有无意识的发音,但不是很多。社交方面喜欢跟在比自己年龄大的孩子后面,跟同龄孩子没有一起玩耍的倾向。多动,自从孩子学会走路后,走路一直都是小跑,除睡觉外,其他时间无法安静下来。喜欢打游戏。

---

① 杨萍. 3~5岁自闭症儿童教育干预的个案研究[D]. 上海:华中师范大学,2010.

案例分析

这个案例为我们描述了一个自闭症儿童在家中的具体表现。自闭症属于学前儿童情绪与行为问题的一种。虽然他们的行为表现千差万别，而且每个儿童都有自己的特点，但他们具有自闭症儿童的共同特征：沟通与语言能力低下、社会交往能力与社会认知能力低下、狭隘的兴趣和刻板的行为，而且都是发病于36个月之内。他们的生活自理能力发展与正常儿童的发展有一定的差异，情感发展方面都与自己的养育人之间感情深厚。那么除了自闭症，学前情绪与行为问题儿童还包括哪些类型？其具体表现怎样？应该怎样干预？这些问题都将在本章具体内容中逐一介绍。

学习指导

本章的重点是各种学前情绪与行为问题儿童的表现、形成原因与干预方法。在学习的过程中，首先要仔细阅读教材，掌握相关的理论。其次要结合阅读相关问题儿童的具体案例，理解各种学前情绪与行为问题儿童的形成原因。最后要理论与实践相结合，掌握各种情绪与行为问题儿童的干预措施。

第一节　学前情绪与行为问题儿童概述

一、情绪与行为问题儿童概念的界定

情绪与行为问题儿童(Children with Emotional or Behavior Disorders，EBD)是学校教育中公认的最难应对的一类儿童或青少年。这类儿童或青少年表现出外向性的攻击、反抗、冲动、多动，内向性的退缩、畏惧、焦虑、忧郁等行为，或其他精神疾病等问题，以致造成个人在生活、学业、人际关系和工作等方面的显著困难，而需要提供特殊教育与相关服务。在第一次全国残疾人抽样调查中，我国将这类人群部分纳入了精神残疾。

二、情绪与行为问题儿童心理行为特征及表现

(一)智力及成就方面

学前情绪与行为问题对儿童的智力及成就方面表现产生了负面影响。学龄前期是儿童大脑发育的关键时期，情绪与行为问题儿童往往存在着不良情绪和社交互动能力差的问题，这会影响到他们的学习能力和表现，具体情况可分为以下几个方面。

(1) 情绪与行为问题的儿童的智力中等(90左右)，只有少数智商在中等以上。
(2) 缺乏理性灵活的思维、恰当的判断和选择。
(3) 自我认知能力差，看不到自己的优点和不足，不能正确评估自己。
(4) 有能力，但是学业成绩差。

(二)人际关系方面

学前情绪与行为问题是目前学前教育中的热门话题之一。在日常教育教学中，有一些幼儿存在情绪、行为等问题，这些问题可能会对幼儿的人际关系产生负面影响，具体可分为以下几方面情况。

(1) 多数情绪与行为问题儿童互动能力欠佳、经常发脾气、攻击他人，所以无法与周围的人建立较妥善的互动关系。

(2) 独来独往，不和人交流，不加入同伴的游戏。

(3) 大多数情绪与行为问题儿童通常不受同伴的欢迎，总是扰乱别人，自己的愿望得不到满足时便发脾气，和别人发生争吵、打架，且不接受老师和家长的管教。

(4) 在家喋喋不休，到外面却闭嘴不说话，多发生于自闭症儿童。

(5) 只对特定的人开口说话。

(三)言语表达方面

大多数情绪与行为问题儿童表达能力欠缺，经常说些与情境无关的事情，常会用显著尖锐或特别低沉的音调讲话。

(四)日常生活方面

部分情绪与行为问题儿童自理能力差，无法料理自己的生活，甚至衣食住行等最基本的需求，也不会用自己的语言表达自己的需要、想法和要求等。

(五)生理机能方面

(1) 知觉反应障碍。对外界光线、声音的刺激反应较迟钝，或者出现过激的反应，不能专心听讲且理解不了老师讲课的内容。

(2) 饮食或睡眠不是太多就是太少，没有良好的卫生习惯，对身体的不适反应比较迟钝。

(3) 头疼、头晕、胸闷、气短，或肢体某一处麻木或疼痛等。这些儿童年龄多在 6 岁以上，主诉头脑或肢体麻痛等，部位不固定，突发突止。体格检查正常，头颅 CT、脑电图、肌电图正常。

(六)社会适应方面

社会在适应方面，学前情绪与行为问题儿童面临着很多问题和困扰。为了帮助他们更好地适应社会和成长发展，我们需要从多个方面着手，包括家庭教育、社会关注以及教育者的教学策略等方面，共同关注、支持和帮助这些儿童。

(1) 控制能力较弱、常发脾气，对外在事物表现出漠不关心、经常喜怒无常，且不合情境及时宜。当儿童的欲望得不到满足时，采取有害他人、毁坏物品、打人骂人、强抢别人东西、自残等行为。

(2) 顽固性习惯。表现为有意无意地吸吮手指或嘴唇、抓发、摇头、啃咬手指甲、擦腿等，这类儿童以 6 岁以下多见，这也可以称之为难以改掉、难以控制的行为习惯，症状与弗洛伊德研究的歇斯底里症患者病情相似。

(3) 大多数情绪与行为问题儿童可能有攻击行为和退缩行为。

(4) 情绪与行为问题儿童常出现异常不良行为，诸如打架、说谎、厌学、逃学、戏弄、碰撞、大叫、不顺从、哭泣、破坏及野蛮作风等。

(5) 表现出退缩行为的儿童基本上是行为幼稚或者不愿意与他人沟通互动，表现出社会性孤立，很少或几乎不与同伴玩耍，缺乏玩乐的能力。

(6) 有些儿童会有幻想和白日梦等不切实际的行为，有些会产生无缘由害怕的情绪，有些会退化到先前的发展阶段，同时要求不断地协助和注意，有些会产生莫名的沮丧，经常表现出一种弥散性的不愉快和抑郁心境，也叫作弥散性心境，严重的甚至会产生自杀倾向。

(七)兴趣与注意力方面

大多数情绪与行为问题儿童无法静坐，被所有事物分心，白日梦过度，不劳动，记忆力差，注意力短暂，好像没听见，一直是昏昏欲睡的状态，对所有事情都缺乏兴趣，没有任何爱好。

并非所有的情绪或行为障碍儿童都有以上所述所有特征，往往有一种兼两种以上上述的特征。

第二节　自闭症儿童的教育

自闭症属于典型的儿童情绪和行为障碍。1906 年，勃罗勒第一次在儿童身上鉴别出这种没有语言、没有交往的行为，该病直到 1943 年才被哈佛大学的一位临床医学家肯纳(Kanner)确定。近年来，有研究表明自闭症的患病率可能高达 60/10 000，男性发病率显著高于女性。我们将在本节详细介绍自闭症儿童的相关知识及教育策略。

一、自闭症的研究

对自闭症进行详细的临床研究并发表第一篇研究论文的学者是美国的临床医学家 Kanner。他通过对 11 名儿童的临床观察，于 1943 年发表了题为《情感交流的自闭性障碍》的论文。Kanner 的研究对后来研究者的影响很大，其论文至今仍被广泛地引用和借鉴。偶然的是，1944 年澳大利亚医生汉斯·阿斯伯格(Hans Asperger)也独自发表了关于"儿童期的自闭性精神病质"的研究论文。二者的论文在很多方面具有类似点。例如，都使用"自闭性"一词，认为自闭症者的社会性障碍是天生的，且在成人期也会持续不变，并举出缺乏视线的接触、言语与动作的刻板性、特殊的兴趣以及对变化的强烈抵抗等特征。虽然两者对自闭症的描述有很多相似点，但是又很难看出他们描述的是完全相同的症状。例如，Asperger 报告的患者比 Kanner 报告的患者有着较高的言语能力和独特的思维能力，但是运动机能障碍更显著。关于这一问题，Lorna Wing 于 1981 年提出"Asperger 症候群"一词，用来区分与 Kanner 报告的典型的症状不一致且有着高能力水平的自闭症者。

那么，自闭症是一种新的障碍吗？Uta Frith 认为在过去的历史材料中可以找出自闭症存在的证据。例如，几乎任何民族的民间故事中都有涉及行为古怪、不能正常交流、缺乏常识的单纯的主人公的故事。如果自闭症不是一种新的障碍，那么学术界开始认识这一症状的时间未免太晚。这可能与自闭症的发生率非常低，又经常伴随着一般性学习困难或智力障碍有关。自从 Kanner 发表第一篇关于自闭症的研究论文以来，已经过了近 80 年，在这期间关于自闭症的研究也在不断丰富和深入，取得了不少新的进展。

二、自闭症的概念

自闭症是儿童从出生后到 30 个月以内所出现的一组症状群。这类儿童对听觉或视觉的刺激反应异常，对别人的话难以理解，并且言语中常有反向语言、文法构造不成熟、不会使用反身代词和抽象的语言等特点。从 1943 年 Kanner 的心因性、环境性的情绪障碍学说到 1967 年路特(Rutter)(英国伦敦大学精神医学者)的脑器质性的障碍所致的认识、言语障碍学说的变化，不同的学者观点有所不同。根据 1987 年美国精神学会的分类，认为自闭症属于一种精神发育障碍。

在 1990 年世界卫生组织小儿自闭症的诊断标准中，对自闭症的概念进行了更加清楚的表述：自闭症的临床表现是一种广泛性发育障碍的其他类型。具有继发性的、社会的、情绪的问题，接受性言语的特异发育障碍，反应性迟滞障碍或脱抑制障碍，同时伴有一些情绪、行动障碍的精神迟滞。有些症状虽与精神分裂症相似，但不是非常早期发病的精神分裂症。自闭症(又称孤独症)是一种因神经心理功能异常而导致交流、社会交往和行为三方面同时出现严重问题的综合征。

Kanner 归纳了 11 例具有极其相似背景和行为模式的儿童的几项共同特征：很难与他人发展人际关系；言语获得的迟缓或丧失曾发展良好的语言能力；有重复的刻板行为，缺乏想象；擅长机械记忆；强迫性地坚持某些惯例或常规；有正常的生理外表。坎那把这种新的疾病称为早期婴幼儿自闭症。

笔者认为自闭症也就是孤独症，是儿童出现的一种严重性发育障碍。他们一般存在语言发展障碍、交往障碍、想象障碍等，最明显的表现是兴趣取向和日常行为异常。

三、早期自闭症的筛查与诊断

路特(Rutter，1978)归纳了儿童自闭症的三个主要诊断特征：①人际关系障碍：5 岁之前，缺乏依恋行为，和他人没有目光交流；5 岁后，不会与其他儿童一起玩耍，没有朋友，缺乏共情能力，不能正常地感受他人的情感和反应。②语言交流障碍：语言理解和表达能力发展滞后，有目的使用物品的能力欠缺；极少参与表演性游戏；机械模仿他人话语，语言发生单调，而且很少用于交流。③知觉僵化：对游戏方式变化无动于衷，心智活动僵硬和呆板，想象力极其有限；对物品有强烈的依恋；固执于某种单一活动；存在仪式性或强迫性的动作；拒绝环境的改变。

合理使用常用筛查工具是提高自闭症早期诊断的重要手段。现在国内外有很多自闭症筛查测试，如修订版幼儿自闭症行为量表，可用于 1 岁半至 2 岁幼儿筛查，是国内最常用的筛查量表；交流与象征行为量表，适用于 6 个月至 2 岁的婴幼儿；第一年问卷，可用于 9 个月至 1 岁婴幼儿；早期自闭症特征筛查量表，适合年龄是 15～18 个月的幼儿。这些量表多数都有中文版本，初级保健医生可以运用。

四、儿童自闭症的成因

到目前为止，人们对自闭症的致病机制尚未完全阐明。但从总体上讲，自闭症是由遗传因素、环境因素、孕期的影响等共同作用引起的。

(一)遗传因素

对自闭症患者的双生子和家庭成员的研究表明，一些患者存在明显的遗传易感性。同卵双生子之一患有自闭症，另一个的患病概率高达60%，甚至90%；而异卵双生子则只有5%的患病概率。结合自闭症的发病率，有研究推测自闭症以及类似行为特征的遗传性高达90%。除此之外，直系亲属患病率也受遗传因素的影响。自闭症患儿的兄弟姐妹患病风险会明显增加；家庭中有一个孩子患有自闭症，那再生一个孩子患病概率可达5%～6%。研究者还发现，自闭症孩子的家庭成员出现较多的社交技能或重复性行为异常，以及某些情感障碍类精神疾病，如躁郁症等。还有理论认为，两个具有重复、刻板、注重秩序和规则等超系统行为比较明显的人结婚后更容易生出自闭症的孩子。

尽管研究认为自闭症是一种复杂的多基因控制的遗传性疾病，然而并没有发现确切的自闭症致病基因，仍不清楚它们之间的联系机制。事实上，遗传学因素能够解释10%～30%的自闭症成因，它的发病率逐年迅速升高提示着自闭症是遗传和外部环境相互作用引起的疾病，而环境可能更是值得我们关注的因素。

(二)环境因素

杀虫剂、农药、添加剂和防腐剂等正常人体不存在的生物异源物质进入体内会对人体产生伤害。某些重金属，如砷、铅、汞、镉、锑和锰等会对人体神经系统产生毒害。有研究发现，重金属和生物异源物质会引起硫代谢异常，氧化还原水平以及甲基化都会受到影响。

值得注意的是汞对人体健康的影响并不简单在正常情况下，人体能够将汞代谢为乙基汞，大约18天内就会被排出体外。然而，在体外，某些肠道微生物能够将汞甲基化或去甲基化，甲基化的汞具有神经毒性，可破坏神经系统，引起脑萎缩。历史上著名的环境污染事件——"日本水俣事件"就是由于环境中的微生物将污水中的汞转化为甲基汞而引起的中毒事件。此外，用抗生素清除大鼠肠道中的微生物后，会导致组织中汞的含量增加，并且甲基汞的比例也明显增加。某些肠道微生物可能将本身无毒的物质转化为有毒的物质，对含汞疫苗的安全评价应考虑特定肠道微生物的代谢。

除汞外，另一种环境中常见的重金属——铅在自闭症患儿体内的含量也显著高于对照组。一项对55位5～16岁的自闭症儿童和44位对照组的研究发现，重金属在自闭症患儿血液和尿液中含量更高，其中自闭症组血液中铅的含量高于对照组41%，尿液中的铅、铊、锡和钨含量分别比对照组高74%、77%、115%和44%，而血液中钙含量却比对照组低19%，可见，自闭症的严重程度与体内的重金属含量密切相关。

(三)孕期的影响

自闭症的发病时间通常是3岁以内，关键时期是出生之前、期间或出生后不久，这段时间正是幼儿生长发育的关键时期，极易受到外界环境的影响。研究发现，怀孕期间的多种影响因素都有可能影响孩子的神经系统发育，如怀孕期子宫感染和孕期并发症、接触化学物质、环境污染、围产期和产后健康状况等都将增高幼儿患病风险。动物研究发现，产前应激会使母鼠脑中五羟色胺的含量显著升高，而它的代谢产物五羟吲哚乙酸会在后代中积累，导致后代婴儿期出现行为缺陷。在怀孕和围产期感染病毒也可导致后代患自闭症和精神分裂症的风险增加。有研究发现，给怀孕母鼠注射人流感病毒后，其生产的后代会出现缺乏探究行为和交流行为等类似自闭症的异常行为。可能产前应激在人体内也会有类似的影响。

有研究报道，父母生育孩子时的年龄越大，孩子患自闭症的风险越高，并且祖父母晚育也会增加第三代患自闭症的风险。最近的一项研究表明，自闭症儿童母亲的年龄显著高于对照组，且约有50%的母亲曾经有过产前并发症。在怀孕期间服用药物可能增加自闭症风险，如孕期服用处方药丙戊酸和萨力多胺等。此外，母亲孕期接触可卡因和酒精、病毒感染以及甲状腺功能减退等都可能提高孩子患自闭症的风险。孕妇生活的环境会影响孩子，环境污染会增加自闭症的发生率。研究发现，怀孕期间以及在孩子出生后的第一年暴露于交通空气污染中，高浓度的二氧化氮、PM2.5和PM10会增加孩子患自闭症的风险。因此，对自闭症的诊断和预防可能并不需要等到孩子长大，而是在孩子出生时、孕期乃至在母亲怀孕之前就应该进行后代自闭症风险评估和干预。

五、自闭症儿童的表现

(一)语言障碍

自闭症患儿表现的语言发育障碍十分常见和严重，这是最早也是最容易引起父母注意的症状，常为自闭症患儿的首诊原因，具体表现有以下几种形式。

1. 语言发育延迟或不发育，患儿语言发育迟滞

约一半自闭症患者终生沉默，仅以手势或其他形式表达他们的要求，或极少情况下使用极有限的语言。也有些患儿2~3岁前语言功能出现后又逐渐减少甚至完全消失。

2. 语言内容、形式的异常，不主动与人交谈，不会提出话题或维持话题

自闭症患儿常常是自顾自地说话，毫不在意对方听与不听，也不顾及周围的环境或者别人正在谈话的主题。部分患儿不会使用代词，或代词混淆不清，不能正确运用"你、我、他"，或把"我"说成"你"等，以致其言语变得毫无意义或不知所云。有的患儿即使有相当的词汇量，也不能运用词汇、语句来与人进行正常的语言交流。

3. 刻板重复的语言或模仿语言

刻板重复的语言可为反复模仿别人说过的话，亦可是患儿重复提类似的问题或要对方回答一样的话，或重复自造的话，并渴望维持这种刻板重复语言和重复简单游戏活动不变，有的患儿则表现出无原因反复尖叫、喊叫。

4. 言语音调、节奏的障碍

语言缺乏声调，存在速度、节律、语调、重复等方面的问题，语言单调平淡或怪声怪调，缺乏抑扬顿挫，没有表情配合。患儿有时尖叫、哼哼或发出别人不能听清或不可理解的"话"，或者自顾自地说话，也有人称之为"自我中心语言"。

5. 非语言性交流障碍

面部表情、手势或姿势语言缺乏，患儿很少以点头、摇头或摆手及其动作来表达其意愿，常以哭或尖叫表示他们的需要或不舒服。稍大的患儿可以拉着大人的手走向他们想要的东西。

(二)社会交往障碍

自闭症患儿不能与他人建立正常的人际关系。年幼时即表现出与别人无目光对视，表情贫乏，缺乏期待父母和他人的拥抱、爱抚的表情或姿态，也无享受到爱抚时的愉快表情，甚至对父母和别人的拥抱、爱抚予以拒绝。分不清亲疏关系，对待亲人与对待其他人都是同样的态度。不能与父母建立正常的依恋关系，患者与同龄儿童之间难以建立正常的伙伴关系。例如，在幼儿园多独处，不喜欢与同伴一起玩耍；看见一些儿童在一起兴致勃勃地做游戏时，没有去观看的兴趣或去参与的欲望。

(三)兴趣范围狭窄和刻板的行为模式

自闭症患儿对于正常儿童所热衷的游戏、玩具都不感兴趣，而喜欢玩一些非玩具性的物品，如一个瓶盖，或观察转动的电风扇等，并且可以持续数十分钟甚至几个小时而没有厌倦感。对玩具的主要特征不感兴趣，却十分关注其非主要特征；患者固执地要求保持日常活动程序不变，如上床睡觉的时间、所盖的被子都要保持不变，外出时要走相同的路线等。若这些活动被制止或行为模式被改变，患者会表示出明显的不愉快和焦虑情绪，甚至出现反抗行为。患者可有重复刻板动作，如反复拍手、转圈、用舌舔墙壁、跺脚等。

(四)智能障碍

在自闭症儿童中，智力水平表现很不一致，少数患者在正常范围，大多数患者表现为不同程度的智力障碍。国内外研究表明，对自闭症儿童进行智力测验，发现 50%左右的自闭症儿童为中度以上的智力缺陷(智商低于 50)，25%为轻度智力缺陷(智商为 50~69)，25%智力正常(智商高于 70)，智力正常的被称为高功能自闭症。

六、儿童自闭症的预防

1. 控制导致儿童自闭症的因素，降低致残的风险

自闭症的概念自 1943 年被提出，目前已成为跨越医学、心理学、教育学等几个学科的边缘学科，但至今人们依然没有肯定哪些是致病因素。遗传、病毒接触感染、疫苗注射、脑异常、饮食缺乏或过多、围产期并发症、精神因素等，都被认为有导致自闭症的可能。从该层面的预防角度来看，做到以下几点可能会对预防自闭症的发展有所帮助。

(1) 提高全社会公共卫生状况，提倡全民环境保护和健康的生活方式。

(2) 做好婚前医学咨询和优生优育咨询，了解预防儿童自闭症的基本知识，提高人们的自我预防意识。

(3) 加强孕期保养，保证孕妇有足够的营养和充分的休息；提供良好的生活、工作环境，使孕妇避免接触放射线和致畸性物质，预防各种病原体感染；戒烟戒酒，加强产前检查，预防妊娠并发症，指导孕妇合理正确地使用药物。

(4) 提高产科质量，加强产时监护，防止胎儿窒息缺氧事故的发生。做好儿童期保健，避免婴幼儿期脑损伤等。

2. 及时控制儿童自闭症的发展，限制或逆转残损发展为残疾

研究表明，早发现、早诊断、早治疗，对预防自闭症儿童残疾进一步发展有百益而无一害。早期经验对个体成长的重要作用已成为多数心理学家的共识，自闭症儿童也不例外。2～3岁作为语言发育的关键期，是培养儿童语言能力和初步社交能力的最佳机会，而自闭症儿童最为突出的问题就是语言发展障碍和社会交往障碍。因此，自闭症儿童家长更应该注重儿童该年龄段的防治。

早发现是早诊断的前提，早诊断是早治疗、早康复的前提。但是自闭症儿童家长的侥幸心理或对现实逃避的态度以及相关知识的缺乏，使得这些家长往往错过了对孩子早诊断的最佳时机；即使孩子的状况得到了医生的确诊，还有些家长对医学诊断持怀疑态度，转战多家医疗机构，企求得出新的结论，从而错失了早期康复的良机。

有专家指出，成功的个案通常都是那些年幼的、父母非常配合的、接受深入及广泛干预的自闭症儿童。因此，在目前社会对自闭症缺乏相关常识、家长还抱有侥幸心理和逃避心态的大环境下，尤其要注重该阶段的预防工作。

(1) 普及儿童各阶段发育状况知识，使人民群众普遍掌握自闭症儿童早期筛查方法。

(2) 提高妇幼保健医师的业务素质，促使其全面掌握儿童心理学、语言学以及运动、精神发育、社会发育方面的知识，增强早期识别和诊断自闭症的临床能力。

(3) 开展对高危儿童的观察和管理，对低体重、早产、生产中窒息缺氧等高危儿童进行定期观察和检查，以便及时发现异常情况；引导家长注意发现自闭症儿童在婴幼儿期明显存在的症状(如过于烦躁或过于安静)并及时就诊。

(4) 帮助自闭症儿童的家长克服内疚、失望等不健康情绪，引导他们了解自闭症并勇敢面对现实，从而积极参与到早期干预工作中来。

七、自闭症儿童的治疗

目前，还没有治疗自闭症障碍的核心有效的方法。然而，医生、科研人员和患儿家长尝试了多种治疗方法，积累了很多经验。常见的治疗方法有行为干预法、特殊教育法、药物治疗法、生物医学干预法以及心理干预法等。其中，常用的是使用高度结构化的和密集的技巧性训练来帮助儿童发展社会和语言技能的行为干预法，如应用行为分析。此外，还有一些有争议的治疗或干预方法，如补充和替代疗法(complementary and alternative medicines)。其中生物相关疗法包括：抗生素、抗真菌、抗病毒药物，胃肠道药物，营养补充剂疗法，限制或特殊饮食疗法，分泌素疗法，螯合疗法，高压氧疗法，静脉注射免疫球蛋白疗法等。其他非生物相关疗法包括：听觉整合培训、针灸疗法、颅骨疗法、器械辅助沟通疗法、按摩和气功疗法、互动节拍器疗法、灵气疗法、自然疗法、经颅刺激疗法和瑜伽等。据统计，有50%～70%的自闭症患者会采用生物相关疗法，但大多缺乏完整有效的安

全性和有效性评估，仍需更多的系统性的研究和评估。随着对人体微生物和自闭症关系研究的发展，与之相对应的干预或治疗方法，如食物干预、益生菌以及粪菌移植等逐步显示出其独特的安全性和有效性，是具有广泛应用前景的生物干预方法。

(一)药物

目前，还没有针对自闭症的特效药，现用的药物并非针对自闭症的核心症状，而主要是一些抗精神病药物，用于治疗焦虑、抑郁或强迫性精神障碍等，用于改变 5-HT 和 DA 等神经生化系统，并且只是针对部分自闭症症状。其中，利培酮和阿立哌唑是唯一通过美国食品药品监督管理局(Food and Drug Administration，FDA)认证的仅可用于 5～16 岁儿童的自闭症药物，其他选择性 5-HT 再摄取抑制剂西酞普兰、艾司西酞普兰和氟西汀等可以用于治疗自伤行为和重复行为等严重的行为问题。治疗癫痫症状的抗痉挛药物和治疗注意力缺陷障碍的药物可有效地帮助自闭症患者减少冲动和多动，抗过敏的药物赛庚啶对自闭症症状也有所缓解。据估计，有 47%的患儿使用这些药物。

虽然医生会给自闭症患者对症下药，但药物并不能对自闭症的核心缺陷，即社交和沟通障碍起实质性治疗作用。这些药物的有效性也低于其他类疾病，且都具有一定的副作用，在儿童用药方面仍欠缺足够的临床经验，因此有必要限制对自闭症患者做大规模和长期用药治疗。

(二)抗生素

在发现一些自闭症的肠道症状后，人们开始尝试使用抗生素治疗肠道症状，并对自闭症症状也有所帮助。一些自闭症病人口服两种广泛用于厌氧菌感染的万古霉素(vancomycin)和甲硝唑(metronidazole 或 flagyl)后都有一定的治疗效果。其中，万古霉素可能主要通过影响革兰氏阳性厌氧菌发挥作用，高浓度的万古霉素还会清除艰难梭菌和大部分革兰氏阴性厌氧菌。

需要注意的是，虽然某些抗生素不能被人体吸收，但当肠道出现炎症、溃疡等异常时，它们也会进入血液。此外，万古霉素和庆大霉素(gentamycin)通常用于其他抗生素无效时的严重疾病，因此被认为是对抗耐药菌的最后一道防线，一旦错误使用很容易引起细菌耐药性。所以，应慎重选择此类抗生素应用于自闭症治疗。

(三)食物

对自闭症的常规治疗通常是基于行为疗法、饮食疗法与药物治疗的组合疗法。而饮食疗法相比其他疗法易于掌握，风险和副作用相对较小，能够与其他疗法同时使用，所以更易被采用。适当的饮食能够帮助患者减轻痛苦，改善心理和胃肠道症状。

目前，已有多种饮食干预方法和理论，主要包括无麸质/无酪蛋白饮食、特殊碳水化合物饮食、肠道和心理综合征饮食、低草酸饮食、生酮饮食和法因戈尔德饮食等。某些饮食方式对自闭症有一定的改善作用，获得了一些患者家庭的认可，但其机制仍缺乏科学根据，相应的研究也较欠缺。

(四)益生菌

胃肠道症状和自闭症之间存在关联，但它们之间的关系还不是很明确，因果关系仍不清楚。可能某些未知因素或病原菌引起了胃肠道症状和自闭症，或者两者之间相互影响，相互促进。已有研究证明，改善肠道菌群健康状况能够改善自闭症症状，自闭症儿童服用一些益生菌或吃富含益生元的发酵食物。同时，限制或避免能够影响肠道微生物的抗生素、含酒精或加工食品等，自闭症症状，特别是便秘、腹泻、炎性肠炎或肠易激综合征等肠道症状均得到了明显改善，推测可能微生物—肠—脑共同参与了自闭症的发病。近两年来，越来越多的研究表明，肠道微生物能够影响大脑发育、心理和行为。因此，通过改变肠道微生物可影响宿主的心理和行为，从而为自闭症的治疗带来新的希望。

(五)语言训练

自闭症儿童一般都存在或重或轻的语言障碍。高功能自闭症儿童还有一定的语言能力，低功能的自闭症儿童甚至终生都不会讲话。即使经过训练能说上几句，也往往是语言单调且没有人称的转换，还有少数儿童说着一些别人听不懂的语言。有人说他们就像是来自星星的孩子，说着不属于人类的语言。在一些机构里，培养孩子的语言能力的训练非常多，具体有以下两种。

1. 呼吸训练

这种训练一般用于学前班内从未开过口的自闭症儿童。在训练之前，他们往往连妈妈都没有叫过。训练时，先教他们吹泡泡、吹蜡烛、吹哨子、吹小风车等，这些训练产生的效应都能被儿童感觉得到。这样，训练就变成一个有趣的游戏，使他们产生了兴趣。

2. 口型训练

这种训练一般在课上进行，通过教师进行训练。主要方法是在课上多给他们说话和发音的机会，如果他们回答不出问题，教师就要用口型进行提示。如果他们只是在咬字方面存在问题，教师就出声指导，反复训练。

(六)感觉统合训练

感觉统合训练是指基于儿童的神经需要，引导其对感觉刺激作适当反应的训练。此训练提供前庭(重力与运动)、本体感觉(肌肉与感觉)及触觉等刺激的全身运动，其目的不在于增强运动技能，而是改善脑处理感觉资讯与组织并构成感觉资讯的方法，正确的概念是"脑功能的神经功能"。对于自闭症儿童来说，大都存在重复刻板的行为和感觉异常等方面的问题，因此感觉统合训练对改善自闭症儿童动作协调能力、行为组织能力以及集中注意力的能力非常有意义。

目前，感觉统合训练是自闭症儿童重要康复干预之一，其疗效在临床上得到证实，多数学者认为感觉统合训练是治疗自闭症的有效方案。邓红珠、邹小兵等学者对45名自闭症儿童进行了6个月的感觉统合训练，结果显示自闭症儿童的语言、社交、感知觉、行为各项都有了显著的改善，原本本体感失调、触觉过分防御、前庭失衡失调的情况都有显著改善。具体改善为注意力集中、目光对视好转、多动减少、情绪稳定、听指令，合作性行为增加，发音较干预前清晰，主动语言增多。

儿童感觉统合失调矫治，应该在3~13岁年龄阶段。标准的儿童感觉统合失调的矫治是一个严密的体系，由于目前我国还有许多地方没有儿童感觉统合训练中心，很多患儿得不到正规的矫治，因此我们在此介绍的是一些操作简单的、具有矫治功能的游戏。

1. 根据儿童的心理特点，创造良好且安全的训练环境

对儿童感觉统合训练室的设计符合儿童身心特点，各感统训练器材布置摆放合理，环境色彩搭配上运用冷暖色调相结合，墙壁图案动静结合，为自闭症儿童训练营造一个愉悦宽松的氛围。做好训练中的入门关，即在训练的第一次与儿童建立良好的关系，带领其熟悉环境，进行简单快乐的游戏，消除其紧张情绪的同时也让儿童对训练产生兴趣，让儿童乐于身处其中，同时树立权威有亲和力的老师形象。

2. 顺应他们的兴趣，增加训练的游戏性

兴趣是最好的老师，对自闭症儿童也是如此。例如，在训练时如果孩子注意到一样玩具，我们应当就势引导，教他这种玩具的玩法。然后通过这种游戏将其他玩具引入到游戏中，使他们在无意之中学到一些玩具的游戏方法，积累游戏经验，增强大运动协调能力，从而提高本身的运动能力。例如，当自闭症儿童注意到大龙球时，我们可以引导其去推动球、拍打球、爬到球上、躺到球上，还可以将球放在钻桶一头引导儿童钻过钻桶获得大龙球，进行钻、爬的训练。

3. 多种训练器材和多种方法相结合

在训练时，要注意多种训练器材和多种方法相结合，这样不仅能增加训练的趣味性，而且能使自闭症儿童同时得到更多方面能力的锻炼。例如，在推球训练中让患儿趴在横桶上进行，不仅使他们的前庭功能得到锻炼，而且通过腿部肌肉收缩夹紧横桶、腰腹部用力保持平衡、双臂屈伸推球击打目标这些活动，使其平衡感、视觉注意、各部位肌肉力量等都得到锻炼，各肌体、感官协调、整合达到统合训练的目的。如果利用两个孩子相互推球，形成互动，还能提高其运动的相互协作能力，比单纯的推球训练获得更好的训练效果。

(七)应用行为分析法

应用行为分析(Applied Behavior Analysis，ABA)是指人们在尝试理解、解释、描述和预测行为的基础上，运用行为改变的原理和方法对行为进行干预，使其具有一定社会意义的过程。

应用行为分析是行为干预的一种，最基本的原理就是刺激—反应—强化。治疗者向患者提供一种或多种刺激，患者根据刺激作出一定的反应，治疗者对患者的正确反应提供强化物加以鼓励，对其不当行为则不提供强化物，另外教授恰当行为以替代问题行为。与传统的行为疗法相比，应用行为分析的运用非常强调个体化，即针对不同的患者采用不同的刺激和强化策略；更注重个体内在需要，强调行为功能，巧妙运用各行为矫正技术，从个体的需要出发，采用"ABC"的模式消除问题行为或塑造社会适应性行为。A(Antecedents)即前提，指问题行为发生前的情境，包括物理环境和他人行为等，它会刺激问题行为的发生；B(Behavior)即行为，指需要干预的问题行为；C(Consequences)即结果，指问题行为发生后的情境，也包括物理环境和他人行为等，它对问题行为有强化作用。

行为分析运用于自闭症儿童康复训练的突出特点表现为：第一，将动作分解为小的单元；第二，恰当地使用强化程序(针对不同的个体、不同的时期、不同的动作)；第三，干预

应尽早实施(一般认为3岁之前为宜);第四,干预应长时间地实施。

应用行为分析法在自闭症儿童中的干预内容主要包括下面几个项目:①生活自理方面。训练自闭症儿童在日常生活中的自理能力,包括穿衣、吃饭、上厕所等。②语言沟通方面。训练自闭症儿童听懂语言指令,先从简单对话开始,根据语境与他人进行交流。王国光(2006)曾运用应用行为分析法对部分自闭症儿童的主动性语言和丰富性语言进行塑造,取得了一定效果。③学习能力方面。训练他们可以进行简单物品分类、内容配对、数据排序,认识常用字母和数字,了解数量,教授部分数学知识和语文阅读方法(周家秀,2010)。④大运动。如平衡木、滑板、跳床、滚筒等(钱乐琼等,2013)。⑤问题行为。矫正不良行为。朱登燕(2013)针对1名自闭症儿童的偏食情况,运用应用行为分析法对其进行干预,有效地改善了该儿童的偏食行为。

第三节 多动症儿童的教育

多动症又称注意缺陷多动障碍(ADHD),是最常见的儿童情绪行为障碍之一,是指以儿童表现与其实际年龄心理生理发育阶段明显不相称的活动过多、注意力不集中、容易激动、冲动、任性和情绪不稳定为主要特征的行为障碍。同时伴有学习困难、运动功能不协调或技巧能力的发展延迟,因此是儿童心理学家、儿科学家、精神学家以及教育学家共同关注和研究的问题。ADHD通常发生于6岁以前,主要是童年早期阶段的2~5岁,但由于正常儿童在此期间精力充沛、活泼好动,使得多动症难以在早期被发现,故显见于学龄期。在本节中我们将探讨关于多动症的相关理论知识与多动症儿童的教育问题。

一、导致儿童多动症的主要因素

关于造成多动症的原因,至今没有明确界定。研究者提出了各种假设,从心理、生理和社会等方面来探讨造成多动症的原因。医学家、生理学家和生化学家致力于神经解剖研究,发现大脑额叶区的失调与注意力缺损有关,主要表现为多动症儿童在额叶区的代谢活动要少于正常儿童,但在以感觉和感觉动作为主的区域内的活动却比正常儿童要多。心理因素与多动症有密切关系,也是造成多动症的直接原因之一。下面我们详细分析可能会引起儿童多动症的相关原因。

(一)生理因素

遗传、营养不均衡、儿童的不良饮食、小儿铅中毒或不良生活习惯所造成的大脑发育滞后和脑组织器质性损害,都可能导致儿童多动症。在这些因素中,遗传因素、小儿铅中毒及脑组织损伤最引人注目。

1. 遗传因素

父母患有多动症或某些精神类疾病对儿童多动症的形成有一定程度的影响,父母的染色体异常、器官畸形和先天性生理缺陷,也可能是遗传儿童多动症的主要原因。根据临床观察,单卵双生子的儿童出现多动症相比双卵双生子儿童出现多动症的比例更高,且多动症儿童的父母或者兄弟姐妹之间同样患有多动症的可能性高达 40%，在女性多动症患者中癔症比较多，而在男性多动症患者中，反社会人格和暴力、酗酒多一点。由此可见，多动症的发生多是家族性的。

2. 器质性因素

器质性因素是引起儿童多动症的核心因素之一，器质性因素主要指的是孕妇在生产前、生产时和生产后因损伤而造成婴儿轻微脑损伤，如脑外伤、新生儿难产导致缺氧窒息、早产、颅内出血等。器质性因素是一种先天性的因素，诸如妊娠期孕妇受伤，从而引起胎儿窒息等状况，导致儿童患病。还有的母亲可能在生产过程中用了较长的时间，生产的时候血压升高，这是十分危险的，因为高血压会减少母体供给胎儿的血流量，因而导致婴儿的脑损伤，此时需要进行剖腹产，将胎儿可能受损的程度减到最低。在医学界有这样的说法，难产会对儿童的脑部造成损伤，在生产时脑部受过创伤的孩子，在以后会出现无法集中注意力、冲动或暴力等倾向。

(二)环境因素

1. 铅中毒

铅进入人体后，可通过血液侵入大脑神经组织，使营养物质和氧气供应不足，从而破坏小儿大脑的正常兴奋和抑制调节功能，使儿童产生行为异常和智力发育障碍，临床上则可表现为儿童多动症，产生多动和注意力不集中的表现。张建平等通过对 102 例(男 62 例，女 40 例)多动症的患儿进行铅接触方面的问诊和末梢血铅检测分析，结果发现 59 例血铅超过其检验正常值(超标率为 57.8%)，据此推测多动症与高铅有一定关系。而夏以琳报道 96 例多动症儿童的发铅则明显高于正常儿童，也反映了高铅与儿童多动症有密切关系。

2. 家庭环境

从儿童的成长环境看，特别是家庭教育环境，家长不当的教育方式方法会在某种程度上促成儿童多动症的形成或多动症症状的恶化。一方面，调查发现，如果父母经常干涉孩子的决定，虐待儿童，并伴有责骂甚至惩罚行为，这可能会导致孩子焦虑、注意力不集中等症状。父母不恰当的教育方法或特殊的教育环境均会对儿童造成较大的心理影响，甚至使儿童产生暴力倾向。例如，当父母承受了过大的社会压力时会不自觉地把自己的负面影响传递给儿童，在此家庭教育环境中，儿童的多动症症状会越发严重，甚至有可能衍生出更多的共存疾病，如焦虑症和忧郁症等。因此施加相应的治疗术时，应该以身心兼治为基本原则，否则很难治愈多动症。另一方面，不良家庭教育的影响会使儿童缺乏安全感，情感的需求得不到满足。林文娟等人研究表明，父母文化程度越低，职业越偏重体力工作，他们的孩子越容易成为多动症儿童。

二、儿童多动症的表现特征

患有多动症的儿童总是不停地无目的运动，并且注意力不易集中。患儿与同年龄、同智力和同经济社会地位的正常儿童相比，在活动质量及水平上是不同的。其具体表现如下所述。

(一)活动过多

儿童多动症最常见的症状，表现为活动明显增多，患儿往往从小活动量就大，有的甚至在胎儿期就特别好动。随着出生后身体机能的发展更显得不安分。其活动杂乱、缺乏组织性和目的性，从婴儿期爱哭闹、难以入睡、喂食困难、常以跑代走、平时总是翻箱倒柜、拆卸玩具等。上学后，在需要安静的场合也表现为活动过度，上课爱搞小动作、敲桌子、摇椅子、削铅笔、撕纸条、在座位上扭来扭去。严重的则擅自离开座位，在教室走来走去。多动症儿童中约有一半会出现动作不协调，如不能扣纽扣、系鞋带等。

(二)注意力缺陷

多动症儿童最突出的表现之一就是注意力难以集中，持续时间短暂，这类儿童比一般的同龄儿童更缺乏专注及贯彻到底的能力，易受环境的影响而分心。到了小学症状表现更明显。坐在教室里总是东张西望，心不在焉，没有自控力，做事有始无终，半途而废。多动症儿童的注意障碍具有特殊性，主要是注意转化困难，注意分配涣散，对连续而快速的作业完成不好，对运动反应的选择性抑制能力差等。

(三)冲动任性

多动症儿童的自我控制能力较差，情绪不稳定，易激动、好冲动、想干什么就干什么，行动先于思维，不能忍受挫折。常使同学和伙伴害怕和讨厌，因此患儿不易合群。久而久之也可造成其反抗心理，常常发生自伤与伤人的行为。

(四)学习困难

多动症儿童大多智力正常或接近正常，但都表现为学习困难、学习成绩低下。部分患儿可能有不同种类的认知功能障碍，如语言功能障碍、视觉运动功能障碍、空间功能障碍、思维功能障碍等。有的患儿分不清 6 和 9、b 或 d，有的患儿甚至倒读文字、反写字。有的画图比例大小失调，位置安排不当；学习成绩落后，高年级患儿尤为明显。

(五)情绪与行为问题

情绪不稳，波动性大，想干什么就干什么；行动先于思维，不经考虑就行动。由于多动和学习成绩差遭到周围人的反感和歧视，多动症儿童伴有各种各样的行为问题，表现为个性倔强，不愿听从父母或老师的教导，为了逃避惩罚，出现说谎、逃学、偷窃、离家出走等不良行为，易形成恶性循环，学业上愈加失败，社会适应问题也愈发突出。

(六)神经系统轻微表现

在指鼻、对指、翻手、两翼伸展等试验上，可以看到平衡共济运动不协调或病理性连带运动。在快速轮替运动和精细动作方面，则显得笨拙、不自主，且有习惯性抽搐等表现。

三、多动症儿童的鉴定和干预

(一)多动症儿童的鉴定原则和鉴定标准

1. 鉴定原则

对 ADHD 儿童的鉴定是一项需多方面人员协作的工作。其主要成员应为医生、心理学家和教师。在美国，多数 ADHD 儿童的鉴定和药物治疗以儿科医生为主，而且美国的学校系统里常有学校心理学家负责心理测量工作。

在具体的鉴定过程中，医生要负责和解释生理和脑神经方面的检查，以确定儿童是否有脑神经解剖上的异常或其他生理症状；检查和确定儿童造成 ADHD 的病因，如遗传、造成脑伤的病史等，收集和确定儿童是否具有符合 ADHD 的症状，检查或通过儿童的疾病史，确定药物治疗对儿童是否有任何明显的危险性。

在具体的鉴定过程中，心理学家要执行和解释标准的心理测量工具并进行综合判断。而且，在具体鉴定过程中，教师也担任着重要角色。除了父母或养育者之外，教师是长期直接接触学生的人，教师直接接触与被测评儿童年龄相仿的儿童经验较多，能对学生作出较正确的判断。同时，教师可以提供包括儿童的能力表现、成就、工作效率、人际关系及其他社会行为等在内的完整资料。

2. 鉴定标准

1989 年《中国精神疾病诊断标准》正式提出以下诊断参考指标，为多动症的诊断提供了较为客观的标准。符合下列指标越多，诊断正确性越高。

(1) 病于学龄前(6～7 岁以前)，病程至少持续半年。

(2) 必须符合以下症状表现中四项以上：①需要其静坐的场合下难以静坐，动个不停；②容易兴奋和冲动；③常干扰其他儿童的活动；④做事常有始无终；⑤注意力难以保持集中，常易转变；⑥要求必须立即得到满足，否则就要产生情绪反应；⑦经常讲话，好插话或喧闹；⑧难以遵守集体活动的秩序和纪律；⑨学习成绩差，但由非智力障碍引起；⑩动作笨拙，精巧动作较差。

(3) 并非由于低能、儿童期精神病、焦虑状态、品行障碍等原因所致。

要注意区别 ADHD 和一般多动行为，即要区分 ADHD 儿童和一般多动儿童。两者最大的区别为多动行为的跨情境性——真正的 ADHD 儿童在任何场合下都无法控制自己的行为而表现出多动忙乱的行为。另外，药物治疗实验常使 ADHD 儿童明显改变多动症状，而对一般多动儿童则没有影响。鉴定"多动症"是一个慎重的、涉及医学和教育领域的严肃的、科学的工作。

(二)对多动症儿童的心理学技术与药物干预措施

1. 干预的原则

1) 早期发现和早期干预

出生后最初几年是儿童的大脑、智力和社会适应能力发展最迅速的时期，可塑性很强。大量的研究表明，人一生中掌握的概念有一半在 5 岁以前已经形成。针对儿童的特点提供适当的教育可以促进儿童的发展，为良好的行为习惯和个性品质形成奠定基础，对多动症儿童的早期发现有利于早期诊断和早期教育。对他们的早期干预不仅可以尽早阻止障碍的加重，而且可以减轻障碍对儿童发展造成的不利影响，进行科学、有效的早期教育。

2) 充分重视家长的作用和意见

由于家长对孩子的挚爱胜过专家，他们与孩子相处的时间和经验多于专家。因此，对于多动症儿童的教育、干预应充分重视家长的作用和意见。家长往往是最先发现儿童异常表现的人。如果能让家长了解多动症的特征、表现，将会大大有助于多动症儿童的筛查。在诊断时，家长对儿童表现的描述应作为诊断依据的一部分。更重要的是，在教育、干预时，家庭是一个重要的场所，可以取得在治疗室难以达到的效果；家长在早期教育阶段是最重要的教育者。

3) 采取有针对性的干预措施

虽然同为多动症儿童，但每个多动症儿童又是各不相同的。他们不仅在发展水平、个性、气质等方面存在较大差异，甚至在生理上的差异也是不容忽视的。对多数多动症儿童有效的药物并不见得对某一个多动症儿童也有效。同样地，一种教育、干预措施也不是适用于所有多动症儿童的。同一种干预模式在每个多动症儿童身上具体的操作也是有差异的。因此，在对多动症儿童进行教育、干预时，不能人云亦云，不能盲目照搬某种"有效"的方法。

2. 干预的模式

1) 药物治疗

早在20世纪30年代，就已经有用兴奋药治疗多动症的先例。直到20世纪六七十年代，大量研究证实了兴奋药的有效性。在美国，那些被父母、学校和医生都认为是多动症的儿童中有85%接受了药物治疗(Sandoval et al., 1980)。典型的兴奋药是右旋苯丙胺(Dexamphetamine)或哌甲酯(Ritalin)。据研究，大约有70%接受药物治疗的儿童，课堂行为达到正常范围。但精神药物不能治愈多动症，只是在服药期间减轻原始症状。此外还会产生不少副作用，如食欲减退、胃痛、头痛、失眠、健忘、好哭等，少数出现触幻觉，长期使用会造成发育迟缓。因此，对精神药物的使用必须认真对待，药物的剂量以及什么样的儿童能从药物中得到益处需要进一步的研究，滥用药物只会给不幸的患儿带来更大的不幸。

2) 行为疗法

20世纪60年代，行为疗法发展了各种治疗多动症的方法。这类行为疗法基本上都是运用操作性条件反射原理，通过对儿童的某种目标行为相联系的事件进行适当的环境控制，以增加那些我们所期望的行为，同时减少我们所不期望的行为。在这一原则的指导下，人们常采用以下两种方法。

(1) 强化。强化指通过某一事物增强某种行为的过程。强化要考虑到事件发生的时间、情境、频率及主体的想法等酌情进行。时间即情绪发生前、发生中和发生后；情境是根据对个案的了解，控制周围的环境，包括嘈杂的噪声、阴暗的屋子、杂乱物品的摆放，这些对多动症儿童情绪的影响非常大；频率是指通过观察，看儿童一般隔多长时间出现负面情绪；考虑主体即是要尊重当事人的想法进行干预，从这四方面来分析决定采取强化或者负强化的措施进行调节。实行强化策略时，需要注意以下几点：①在强化物实施之前，应将计划告诉受训练者；②强化物的发放应及时；③使用恰当的指导语；④让受训练者逐渐脱离程序。

(2) 行为的自我控制训练。自我监控是建立在信息反馈基础上的控制。自我监控与调节作用主要体现在个体通过计划、监察、评价、反馈、控制和调节的过程后，对自身行为与思想言语的发动作用或制止作用。实际应用中还需要注意很多，如在计划环节，如果儿童有自我欺骗性防御机制(如合理化，"我本来就不会嘛")或者逃避性防御机制(不做数学题了而拿其他科目来看，或一言不发，或直接走开)，则要在干预前对个案进行全面分析，考量儿童的心理弹性，然后制订严密的干预计划；掌握儿童基本的疲倦周期，即何时需要休息，休息时可给儿童做感觉统合训练，使儿童在玩中学，在学中体验成长的乐趣。

3) 认知行为干预模式

认知行为干预疗法是通过改变患者思维的形式、信念、态度和意见以达到其行为的改变。这种干预模式有许多具体的方法，对多动症儿童常采用的方法包括：自我指导训练、归因再训练和压力接种。自我指导训练主要是为了发展多动症儿童在学习或解决社会问题时的自我导向能力，常包含问题解决训练的一些内容，如学习辨别问题的存在，形成可供选择的问题解决方案，评价不同方案的合理性，检查选择方案的结果等。具体地说，该方法分为以下八步。

(1) 任务选择。干预者应选择那些需要长时注意的、要有一定的策略才能顺利完成的任务，这些任务对于多动症儿童来说难度要适当。

(2) 认知模拟。干预者要以自己口述的形式模拟任务的解决过程。

(3) 明显的外部指导。按照上述认知模拟的步骤，干预者一步一步地教多动症儿童完成所要求的任务。

(4) 外显的自我指导。干预者让儿童按照上述方法自己去独立完成任务。这一阶段，多动症儿童如果不能按要求完成，则再回到第三阶段，直至按要求完成为止。

(5) 模仿悄声的外部自我指导。

(6) 练习悄声的外部自我指导。干预者认真地听多动症儿童的言语，观察他们的行为，帮助他们自己思考、自我指导，而不再模仿干预者。有时，多动症儿童对悄声的自我指导比对大声的自我指导更容易理解，而且零散的指导更适合于内部语言或思维。

(7) 模仿内隐的自我指导。

(8) 练习内隐的自我指导。这一阶段多动症儿童必须自己思考完成任务，干预者可以问一些问题，如"你现在是怎么想的？"等，了解他们的自我指导过程。对比行为矫正模式和认知行为干预模式重视个体的主动性，激发个体动机，人们曾对它抱有很高的期望，但这些年来，研究者大量训练的结果似乎并不如意。一项有关自我指导训练效果的分析表明：这种方法有一定矫正效果，但其标准差过大，很难进一步得出结论。

4) 综合的干预模式

近年来，对多动症儿童的大量干预表明，单一学科、单一治疗模式对多动症儿童的矫正效果都不理想，综合干预模式渐渐显现出生命力。

(1) 从学科来看：综合干预模式要求多学科的共同参与，包括医学、生理学、生化学、心理学、教育学。因为造成多动症的原因是多方面的，而矫正干预时，能从多方面着手，对症下药，各个击破，其效果自然优于单一学科孤军奋战。

(2) 从参加人员来看：综合干预模式要求医务人员、生理学家、生化学家、心理学家、教育学家、学校教师及管理人员、多动症儿童的家长，甚至包括多动症儿童本人都有可能参与其中。因为种种外因要起作用，都要通过内因。在干预中，重视和激发多动症儿童自我的作用，有利于取得更好的干预效果。

(3) 从干预的模式来看：主要有以下四种：①药物治疗与在家庭、学校中家长与教师的行为管理、技术训练相结合；②药物治疗与自我控制训练相结合；③家长行为管理、技术训练与儿童自我控制训练相结合；④药物治疗、自我控制训练与教师、家长行为管理、技术训练相结合。已有的研究表明，这种综合干预模式对多动症儿童的矫正来说，不但有明显的短期效果，而且具有较好的长期效应。

(三)儿童多动症的教育干预措施

针对儿童多动症的成因，笔者认为应先给予药物与心理治疗，再辅以教育干预及其他干预手段，才能达到较好的效果。各国专家经过长时期的摸索确认：多动症儿童的教育不同于正常儿童的教育，它属于特殊教育。教育的重点是教会他们必要的社会生活技能，让他们尽快适应环境，提高适应能力。教育干预(包括家庭干预和学校干预)是多动症的重要治疗方法之一。为患儿的父母提供培训管理。因为父母对患儿的态度会直接影响症状的改善。2003年，刘津、王玉凤首次在国内对30例多动症患儿家长进行了为期10周的父母培训开放性临床试验，结果其患儿的多动冲动症状总数显著下降，多动冲动症状病例数下降57%。由此可知，对父母的培训管理目前显得极为重要。就多动症儿童教育干预方面，我们可以从以下几点着手。

1. 家庭教育干预

ADHD儿童家长不仅是养育儿童的监护人，也是实施行为干预的主体。所以，家庭因素在儿童ADHD的发生、发展及预后等方面都具有重要的影响。对于家庭来说，父母可以从以下几个方面预防或干预儿童的多动症。

1) 改变家长对多动症的错误认识

多动症儿童由于无法控制自己的行为，通常会置教师和家长的命令于不顾，做出让教师和家长无法预测和理解的行为。因此，家长和教师会形成一种错误的信念，觉得孩子的行为是一种恶意的品行问题，是故意向教师、家长和权威挑战。事实上，多动症的孩子虽然外表上是正常的，但是他们的许多行为是不正常的，导致行为不正常的主要原因是大脑执行功能缺陷引起的。多动症儿童所患的行为障碍就像他们心理上的"轮椅"，使他们无法以一种正常的方式运行。因此，父母对儿童的多动症要有科学的认识，要知道多动症不是儿童的恶意的品行问题，而是由于大脑里的神经传递素的不平衡所导致的。多动症也不是一个能很快治愈或者单靠说理和惩罚就能克服的心理问题，父母必须接受系统有效的训练来改进儿童的行为，这一过程可能是漫长的和反复的。父母要无条件地接纳多动症儿童，不要把患有多动症的儿童和正常的儿童相比，对他们提出过高的要求和期望，对多动症儿童表现出来的一些无伤大雅的行为不要太在意，更不要想当然地认为那是一种恶劣的、故意挑衅的行为，而把孩子认同为坏孩子。

2) 改善教养方式，为多动症儿童提供温暖和信任的环境

父母教养方式作为精神因素的一个重要构成部分，与ADHD有密切关系。有学者研究

发现，ADHD 儿童的父母较正常儿童的父母缺乏情感上的温暖、理解、信任和鼓励，多倾向于用权威性处罚来教养孩子，对他们严厉惩罚，没有耐心。郭艳、施新宇的研究进一步证明，多动症患儿的家庭亲密度、情感表达、娱乐性的评分都低于健康儿童家庭的评分，而矛盾性评分则高于健康儿童家庭，多动症患儿父母心理健康水平比健康儿童父母心理健康水平低，而且患儿父母在教育方式上过度强制。

父母在教育多动症的孩子时，要多一些耐心和爱心。在孩子出现行为问题时，要冷静应对，不要动辄训斥和打骂孩子。平时要多花些时间与孩子进行沟通交流，有意识地陪孩子做一些游戏或运动，并在活动过程中给孩子一些有效的指导，以此来培养孩子的自控能力和自信心。要保持教养态度的一致性，在面对孩子的行为问题时，父母要采取一致的、理性的态度去面对，不能各执己见或前后要求不一。此外，父母也不可走向另外一个极端——因为同情自己的孩子，而包办或替代孩子完成一些义务和责任，过度纵容孩子的一些行为，从而失去了让孩子自己体验生活与承担责任的机会，这样做不仅会让孩子失去体验生活的机会，也会进一步增强 ADHD 儿童内心的无能感，降低他们的自信和自尊。

3) 父母可以尝试采用正向行为强化法塑造

多动症儿童虽然在行为上会出现一系列让家长或教师颇为头疼的问题，但是在内心深处，他们与正常孩子一样，都渴望能得到父母或老师的认可。父母的奖励或表扬能增强多动症儿童的正向的积极行为，以减少他们的负性行为。来自强化依随范式的总体研究结果也表明，奖励和反应代价在 ADHD 与控制组的成绩和动机水平上有积极的效果，但 ADHD 儿童在奖励和反应代价条件下成绩比无强化依随条件下成绩提高的程度要比控制组大。还有研究发现，奖励对 ADHD 儿童自我评定的动机水平有积极的效果，反应代价对内部动机提升有正面效果。无论是在奖励还是在反应代价条件下，ADHD 的动机水平都得到了明显提高，与正常儿童没有差异，且强化依随对 ADHD 儿童的动机促进作用较正常儿童更为明显。

代币制法和好行为记录本都是在家庭中实施正向行为强化法的有效手段。所谓代币制，就是在目标行为出现时(例如，能够及时去做某项事而不抱怨)，给予儿童一种"标记"或代币，代币可以是扑克牌、五角星、小纸花或空白的记事本等。等代币积攒到一定数量，可以让儿童用一定数量的代币换取种种自己喜欢的物品或特殊待遇，如一根棒棒糖、一场喜欢的电影或睡个懒觉等。采用代币制时，一方面，要对儿童出现的积极行为给予代币等形式的奖励；另一方面，对儿童出现的破坏性等消极行为应给予收回代币等形式的处罚。另外，用代币换取奖励有一个前提，就是儿童可以用自己赢得的 80%的代币换取他们喜欢的玩具或食品，而保留 20% 的代币作为长期的奖励。代币制的运用可以鼓励儿童服从一些命令、规则、纪律以及社会或幼儿园、学校对儿童日常行为的一些基本要求，也可以培养儿童学会等待、控制即时冲动的能力。

好行为记录本就是让父母用一个记事本记录下孩子的所有好的行为 (只要儿童没有表现出坏行为，就可以被记录为好的行为)。每天，多动症儿童的父母可以用心观察孩子一天来的表现，如果孩子能不需要父母督促而顺利地自己洗脸、刷牙、穿衣服，或者没有说脏话，父母都要用简短的词语记录下来，并不断在家中大声交流孩子的这些好行为，以便让孩子能够听到。晚上睡觉前，父母再给孩子念一念记事本上的好行为，再一次让孩子意识到自己哪些行为是有益的、可以让父母高兴的，从而强化多动症孩子的积极行为。此外，合理的饮食可以预防或缓解本病，多动症儿童的父母要注意给孩子提供合理科学的饮食。

父母要保证让孩子每天饮用充足的水和牛奶，控制孩子少喝饮料，注意饮食的多样化，多食一些新鲜蔬菜和水果，多吃核桃、花生、芝麻等能改善脑神经功能的食品，让儿童少吃含铅高的皮蛋、爆米花、油炸的膨化食品等。儿童注意缺陷障碍是让许多心理治疗师、教师和家长较头痛和困惑的一种慢性行为障碍，尤其是多动症儿童的家长。

家中有一个如此"不正常"的孩子，往往会出现许多意想不到、难以应对的问题让家长去处理，父母也许会愤怒、痛苦、失望和无奈。但是，无论如何，父母都要无条件地接纳和关爱孩子，注意调整自己的教养态度和方式，多关注孩子的积极行为，忽略或淡化孩子的消极行为，创设一种充满温暖和信任的能够让多动症儿童心理上感到安全的家庭精神环境，以预防和减少多动症儿童的不良行为。

2. 学校教育干预

学校教育的前提是家长能将发病的孩子及时送进特殊学校，因为在特殊学校里有专业的教师给予教育训练引导，集中在一起的患儿可以互相感受集体的气氛，利用集体的鼓励和赞许干预治疗。在学校教育中，行为强化是占主导地位的干预方法，对于多动症患儿，教师可以使用以下几种干预方法。

1) 强化消退训练

在教育实施的过程中，使用强化原理和消退训练来辅助是极其重要的。赵新喜等曾对32例多动症患儿采用强化与消退技术进行干预，显著地减轻了患儿的多动症状，其中29例疗效显著。对于多动症儿童安静、守纪律的行为要及时给予鼓励强化；对经常发脾气、尖叫等不满行为及时予以制止，应用消退训练。将"消退"和"强化"相结合，即对不满意行为不予理睬，满意行为给予鼓励强化，使强化消退训练更能取得最佳效果。

2) 程序训练

减少患儿过多活动和不良行为，安排一定的程序训练，如使患儿学会在恰当的时间和地点安静地坐着，可用"刺激辨别训练"进行积极强化训练，即在某一特定时间打开一个非常显眼的绿灯，宣布："同学们，灯亮了，大家坐好，不要说话！"组织患儿们就座，时间开始应短暂(约15秒)，对坚持者给予表扬和糖果，强化那些安静者，立即警告违犯者"不行，灯亮着！"并带其到隔离室待一会儿(通常2～5分钟)。程序训练几周后绿灯就变成(教室里)安静坐着的强有力的控制信号，经过循序渐进的训练，可有效地控制患儿的多动行为。

3) 感觉统合训练

多动症患儿的一个具体表现就是精力过于旺盛，动作多，停不下来，因此对于这类活动过多的患儿要进行感觉统合训练：通过滑板、滑梯、球和绳等体育器材和有趣的体育游戏活动进行形体协调训练。例如，滑板是由患儿俯卧在滑板上，从滑梯上自然下滑，在下滑的同时可以伸手去拿放置在旁边的小球。主要促进前庭神经和脑干体系的活跃化，强化刺激儿童前庭器官，抑制过度敏感的信息。这些训练一方面给多动症儿童过多的精力提供释放的出路；另一方面，通过这些有目的的活动，可锻炼患儿动作协调能力，促进大脑统合功能的完善，使儿童对外界刺激做出适宜的反应，增强其自我控制行为的能力。研究表明，感觉统合训练通过体育器材结合游戏的形式让患儿参与，每疗程为20次，隔日1次，每次40～60分钟。一般经过13个月的训练，有85%的患儿可以取得明显的效果。

近年来，对多动症儿童的大量干预表明，单一学科、单一干预治疗对多动症儿童的矫正效果都不理想，单纯的治疗效果欠佳。应该综合心理治疗技术、药物与教育因素协同共用，这样才会对多动症儿童的症状有明显的康复效果。

拓展阅读

拓展阅读内容见右侧二维码。

其他情绪与行为障碍儿童的教育.docx

本 章 小 结

情绪和行为障碍儿童指他们的行为在没有智力障碍和精神失常的情况下，与其所处的社会情境及社会评价相悖，在行为上异于常态，且妨碍个人对正常社会生活的适应。这种孩子的异常既不是由智力、感官残疾引起的，也不是由健康条件引起的，他们往往不能与同龄人、伙伴、家长、教师建立或维持令人满意的人际关系。即使在正常情况下，也会出现过度的情绪困扰和别人难以接受的行为方式，他们往往伴有不愉快的心境和抑郁、沮丧、压抑感。在本章节中，我们在概括了解学前情绪与行为问题儿童相关理论的基础上，对自闭症儿童、多动症儿童以及其他情绪行为障碍儿童的表现、成因以及教育策略进行了深入的探讨。

思考与练习

一、名词解释

情绪与行为问题儿童　多动症　自闭症

二、简答题

1. 自闭症儿童有哪些表现？
2. 导致儿童多动的主要因素有哪些？
3. 儿童多动症的表现有哪些？

【实践课堂】

2005年10月出生，有一个比他大5岁的哥哥，足月顺产，哥哥就读于深圳市某所小学，母亲怀孕期间没有服药和意外发生。2009年6月进入机构训练，在2岁时被广州某医院诊断为儿童自闭症，但其家人觉得儿童不会说话是属于"贵人迟开口"，所以一直不支持该儿童进行教育训练，直到该儿童快4岁时，他母亲才不顾家人的反对，把他送到机构来进行训练。该幼儿的行为特征如下。

该幼儿一直由母亲喂养，在他出生后不久，因家里做生意需要，故而从农村搬到城市，住在单元楼里。由于母亲在城市里人地生疏，再加上其父亲应酬较多，母亲心情不好，所以在养育的过程中跟孩子没有太多的交流，每天只是照顾好他的日常生活，并不关注其他方面。该幼儿在2岁半时学会过说话，会说"爸爸、妈妈、拜拜"三个简单的词。在其3岁时，家长把他送到一所幼儿园就读。该幼儿在幼儿园很乖，很听老师的话，只是不开口说话，幼儿园老师也没有对其进行其他方面的教育干预。该幼儿对每天父母什么时间来接他非常敏感，如果自己父母不是第一个来接，他就会跟在先被接的小朋友后面。幼儿园老师向家长反映了这个问题后，家长说如果再有这种行为可以给予适当的体罚。老师实施后该幼儿慢慢改正了这种行为，但越来越不愿意开口说话，连以前会说的三个词也不说。半年后，该幼儿连无意识的发音都没有。家长终于意识到了问题的严重性，把他送到机构训练。该幼儿记忆力很好，能记住复杂的路线。去公园玩时喜欢到一个小湖边看金鱼，而去小湖边的路线非常复杂，即使家长故意走错，他也会纠正过来，从没有走错过。另外，该幼儿比较好动，一刻也不愿意停下来，如果母亲不抱着他，他一下子就会冲着往前跑，所以出门一般母亲都抱着他。

分析导致该儿童自闭症最可能的原因是什么。

人的幻想是没有止境的，儿童的幻想更是无边无际。因为孩子的心灵比成人的心灵更加秘密，儿童的心灵是纤尘不染的，而被生活所磨炼出来的成长，心灵深处却显然存在着这种纤尘的污痕。

——高尔基

第八章　学前其他障碍类型儿童的教育

本章学习目标

- 了解学前恐惧及焦虑障碍儿童和肢体与健康障碍儿童的身心发展特点。
- 掌握学前恐惧及焦虑障碍儿童和肢体与健康障碍儿童的教育方法。
- 了解脑瘫形成的原因。
- 掌握脑瘫儿童的鉴定与评估方法。
- 学会脑瘫儿童的早期干预方法。

核心概念

恐惧障碍儿童(fear disorder children)　焦虑障碍儿童(anxiety disorders in children)　肢体障碍儿童(limb disabled children)　健康障碍儿童(health disorders in children)　脑瘫儿童(children with cerebral palsy)

引导案例

案例： 乐乐的妈妈每次让乐乐上幼儿园，她就非常难过，每天早晨进幼儿园前都会抱着妈妈哭半天，而且声音很大，让妈妈早点来接，每次都弄得乐乐妈妈很难受，上班也心不在焉。乐乐在幼儿园的一天情绪都比较稳定，回答问题时声音很小，有时候也只会笑笑不说话。幼儿园会开展很多亲子活动，只要妈妈来参加，等妈妈要离开幼儿园的时候她总会很害怕，会不顾一切跑到妈妈跟前抱着妈妈的腿大哭，最后的结果就是妈妈把她接走。

(资料来源：本书作者整理编写)

案例分析

如果孩子得了幼儿园恐惧症,要寻找孩子不肯上幼儿园的原因,当发现孩子出现不肯上幼儿园的现象时,家长应该与他们谈心,尽可能了解所有与他们上幼儿园相关的情况。要注意开导,不要采用简单的恐吓方法,迫使孩子去上幼儿园,以免加重孩子的心理创伤。要正面诱导,讲清目前上幼儿园和将来工作之间的联系,让孩子在认识上有所提高,切忌各种强迫性、惩罚性的言行。

学习指导

除了前面所述的几种障碍类型儿童的早期教育干预外,本章还学习了如恐惧及焦虑障碍、肢体与健康障碍、脑瘫等儿童的早期教育干预,本章主要从这三类儿童的概述、评估以及干预方法等方面进行分述。

第一节　恐惧及焦虑障碍儿童的教育

恐惧及焦虑是儿童期情绪障碍的主要临床表现,是十分常见的儿童心理健康问题,其患病率非常高,主要与个体素质因素和心理应激,如某些精神刺激或家庭教育不当等有关。

恐惧及焦虑障碍的表现多种多样,如外向性的攻击、反抗以及内化性的退缩、畏惧等,这些问题均会导致儿童在生活、学业、人际关系等方面明显遭遇困难。本节着重对恐惧及焦虑障碍进行系统说明,并对该障碍儿童的早期教育干预进行相关的阐述。

一、恐惧障碍儿童的教育

(一)恐惧障碍的概念

恐惧障碍又称恐怖性焦虑障碍,是指儿童在不同发育阶段,显著而持久地对日常生活中的事物或情境产生过分的、毫无理由的恐惧情绪,并出现回避或退缩行为,其严重影响了儿童的日常生活和社会功能。

(二)恐惧障碍的分类

恐惧障碍按照恐惧的对象可分为适应性恐惧和非适应性恐惧。

适应性恐惧是指儿童对刺激或情境潜在危险性做出准确评估后出现的恐惧,而这个刺激或情境是很明确的,如狗、蛇、坐飞机、上学等,都是一些十分明确的物体、事件或情境。

非适应性恐惧是指没有明确对象的担忧,即使没有任何理由说明环境中存在危险,儿童仍然会感到危机四伏,感受到持续的紧张不安等。

(三)恐惧障碍的表现

从婴儿期到童年期再到青少年期，诱发恐惧的刺激类型不断发生着变化，这种变化与个体的认知能力、社会能力以及关注点的发展基本上是同步的。儿童在不同的发展阶段其恐惧的表现是不一样的。

从出生后的 6 个月内，儿童常见的恐惧有：身体支持的丧失、较大的声音等强烈的感观刺激。

6 个月～2 岁，儿童常见的恐惧有：害怕陌生人，害怕与父母或其他看护者分离，即分离焦虑。分离焦虑在这个时候开始出现，童年晚期达到高峰。主要原因是客体恒常性及因果图式的发展。

2～4 岁(幼儿期)，儿童常见的恐惧有：想象中的怪物、超自然的生物、黑暗、夜贼等。主要原因是儿童这个时候处于前运算阶段，想象能力有所发展，但是尚未发展出区分现实和虚幻的能力。

4～7 岁(童年早晚期)，儿童常见的恐惧有：自然灾害，如大火、雷电、洪水等，还有怕受伤、一些动物。有的儿童会出现动物恐惧症、血液恐惧症等。这些恐惧可能会一直延续到童年晚期等。

(四)恐惧障碍的成因

生物学理论、精神分析理论、行为主义理论、认知理论、潜伏期理论及家庭系统理论等都对恐惧的病因进行了相关的探讨。这里重点介绍前三种理论的主要观点。

1. 生物学理论

按照依恋理论的观点，儿童恐惧是有生物学根源的，是建立在与生存有关的感情依恋基础之上的。婴儿只有亲近照顾自己的人，其生理需要和情感需求才能得到满足。像哭泣、恐惧陌生人和苦恼等依恋行为，代表着婴儿维持与照顾者亲密关系的努力。儿童对于分离的忍耐力会随着年龄的增长而增强。但是，过早与母亲分离的儿童、受到严厉管教的儿童或需要总不能被满足的儿童，对分离和团聚表现出非典型的反应。早期非安全的依恋一旦被儿童内化，将决定儿童如何看待世界和他人。对环境不信任、认为从环境中得不到帮助、敌视环境或认为环境中充满威胁的儿童，以后更容易出现恐惧行为。

2. 精神分析理论

精神分析理论认为，儿童恐惧症是对潜意识冲突的防御，这些冲突来自儿童早期的教养。某些内驱力、记忆和情感是如此令人痛苦，以致必须对它们进行压抑和将其移到某些外部物体上，或将它们与现实的焦虑源建立起象征性联系，这样能够保护儿童免受潜意识愿望和内驱力的影响。弗洛伊德最著名的恐惧障碍案例是有关 5 岁儿童小汉斯的，小汉斯对马非常恐惧。弗洛伊德认为，在潜意识里，小汉斯认为他和父亲正在为母亲的爱而竞争，并对父亲的报复产生恐惧。汉斯的恐惧被压抑，然后移到马上，这里的马是小汉斯对父亲具有报复情结的象征。与毫无原因的焦虑相比，指向特定物体的恐惧，对小汉斯来说，造成的压力相对较小。

3. 行为主义理论

行为主义理论认为，恐惧是通过经典条件反射学习而获得的。行为主义学者用操作性条件反射解释恐惧形成后持续存在的原因。其基本原理是，如果行为受到强化或奖励，那种行为就会保持下去。每当儿童对某个物体或情境感到恐惧时，对物体或情境的回避可以马上缓解焦虑，这样就形成一个自动的奖励。如此，通过负强化，对恐惧性刺激的回避就成了习得性反应，这种习得性反应(回避)，维持着儿童的恐惧，即使在没有恐惧性刺激时也如此。在恐惧的习得和维持过程中，经典条件反射和操作性条件反射的结合被称为双因素理论。

例如，父母有选择性地注意或奖赏能教会儿童恐惧；让孩子待在家中，提供可口的食品和游戏活动也会强化孩子不去上学的行为。儿童还可通过观察与模仿，学到恐惧反应。行为学派也认为"分离焦虑"是学校恐惧障碍的中心问题，母亲的恐吓会强化患儿不去学校的回避行为；还有注意条件恐惧方面的影响，学校教师的惩罚，父母的庇护，母亲的焦虑，患儿在校的不良体验，同伴的侵犯行为等均可作为强化因素，使孩子拒绝上学。

(五)恐惧障碍的诊断与鉴别

儿童恐惧障碍涉及两个概念，一是害怕，二是恐惧。害怕是指对客观存在的或想象中的具体事物或情境产生的一种主观不愉快的感觉，通常伴有特殊的表情和生理变化，如心跳加快、呼吸急促、血压升高及肌肉紧张，但面部表情和生理变化随着刺激源的消失而消除。恐惧是极端的害怕，不但程度严重，而且刺激源消失后仍持续存在，特别是其恐惧的对象对相同环境和文化背景的其他人并不引起同样的反应。所以，临床上首先分清害怕与恐惧是非常重要的。

1. 恐惧障碍的诊断

对儿童恐惧障碍的诊断可参考以下标准。

(1) 在某一特定物体或情境下(如飞行、高空、动物、注射、看见血等)，或对这些物体或情境的想象中，出现明显的、持续的、过度的或不可控制的恐惧。

(2) 见到恐惧对象时，通常会马上引起心跳加速或惊恐发作等形式的焦虑反应(儿童的焦虑可能以哭、发脾气、身体僵硬、缠着大人等形式表现出来)。

(3) 个人意识到恐惧是过度的或不合理的(对于儿童，不需要这一特点)。

(4) 回避恐惧对象，或出现持续的、强烈的焦虑或痛苦。

2. 恐惧障碍的鉴别

对儿童恐惧障碍的鉴别可参考以下标准。

(1) 症状标准：对日常生活中的一般客观事物和情境产生过分的恐惧情绪，出现回避、退缩行为。

(2) 严重标准：日常生活和社会功能受损。

(3) 病程标准：符合症状标准和严重标准已至少1个月。

(4) 排除标准：不是由于广泛性焦虑障碍、精神分裂症、心境障碍、癫痫引发精神障碍、广泛发育障碍等所致。

(六)恐惧障碍儿童的教育干预

在儿童恐惧障碍的教育干预上,要尽量早发现、早干预、早治疗。干预方法上,采用较多的是行为疗法,如暴露疗法、系统脱敏法、冲击疗法、心理教育法、故事治疗法、饮食治疗法等。

1. 暴露疗法

行为治疗对于恐惧障碍的主要治疗技术是暴露疗法,即让儿童面对令他们感到恐惧的情境或物体,并提供除逃离和回避以外的其他应对方法。这种治疗对大约75%的患儿有效。

治疗是个渐进的过程,称为分级暴露。接受治疗的儿童和治疗师一起,从恐惧程度最低的开始列出一系列恐惧情境。治疗师让儿童用1~10分对每一种情境可能引起焦虑的程度进行评分,这个量表被称为主观痛苦量表或恐惧量表。然后从恐惧程度最低的情境开始,逐步进入恐惧等级较高的情境,让儿童置身于每一个恐惧情境中。

在暴露疗法中,可以通过多种形式呈现令儿童恐惧的情境或物体,这些方法包括呈现现实的情境或物体、角色扮演、通过想象或观察他人在面对这些情境或物体时的表现(模仿)。还有一些实例表明通过计算机虚拟的情境或物体,也可以成功实施暴露疗法。

2. 系统脱敏法

系统脱敏法指儿童逐步接触不同等级刺激情境,训练儿童使用放松技能来应对每一个情境,在应对过程中,降低自己的焦虑。其主要原理是交互抑制的理论,指个体的紧张和放松不能同时存在,这两种感觉是对立的,当个体感到放松的时候,紧张或者恐惧感就会被抑制。

系统脱敏法包括三个步骤:教儿童学会放松;建立恐惧等级;在儿童保持放松的情况下,逐步呈现引起其恐惧的情境或物体。

(1) 放松练习。首先应选择一处安静适宜、光线柔和、气温适度的环境,然后让儿童坐在舒适的座椅上,让其随着音乐的起伏进行肌肉放松训练。训练依次从手臂、头面部、颈部、背部、胸部、腹部以及下肢部训练,每天1~2次,每次30分钟,反复训练,直到儿童在生活中运用自如、任意放松的程度。

(2) 制定脱敏等级表,对焦虑刺激所带给自己的恐惧情绪进行打分。比如单纯恐惧症(害怕狗)的儿童的脱敏等级表就可以设定为十级。

第一级,看到"狗"的字眼;

第二级,听到别人讨论"狗";

第三级,看到狗的照片;

第四级,看到狗的录像;

第五级,听到狗的叫声;

第六级,接触到玩具狗;

……

第十级,跟狗在一起。

(3) 逐步脱敏。儿童在放松的情况下,从脱敏等级焦虑最轻的一项开始想象,如果感到焦虑就示意干预人员,并停止想象,进行放松。在完全放松后,再重新想象。每次想象的时间逐渐增加，直到儿童两次想象这个情境不再感到焦虑持续 10 秒钟，则进入下一个等级。在每一个等级的情境中重复上述过程，直到儿童可以舒服地、没有焦虑地想象所有的等级情境。在完成想象脱敏之后，可以逐渐进入与想象情境相应的现实情境。

3. 冲击疗法

冲击疗法即反复、长时间地实施暴露，正如俗语所说的"战胜恐惧最好的方法就是面对恐惧"。在整个治疗过程中，儿童一直处于引发恐惧的情境中，并不停地对自己的恐惧水平进行评分，直至儿童的恐惧消失，治疗结束。冲击疗法通常与反应防止结合使用，反应防止能防止儿童出现逃离或回避行为。与其他疗法相比，冲击疗法可能会引起患者焦虑，特别是在治疗的早期。要谨慎地使用这种疗法，特别是那些年龄较小、无法理解治疗基本原理的儿童。

4. 心理教育法

给儿童解释恐惧有三个不同的成分：害怕时的想法，害怕时的身体感觉，以及害怕逃避情境的行为模式。对于低年龄儿童的心理教育法，干预人员要不断尝试让儿童了解或知晓每个人都会对一些特定的事情或事物感到害怕。但是，在面对这些害怕情境的时候，人们可以不断地进行自我暗示，以降低自己心理的紧张或害怕水平。当儿童做好充分的心理准备的时候，其相应的恐惧方面的问题也会得到很好的控制或改善。

此外，在心理教育方面，干预人员也可通过一些放松的游戏、绘画或谈话的方式，帮助儿童去体会自己的感觉或情绪，先在"预设"的情境中，引导儿童不断摸索系统脱敏法。

5. 故事治疗法

6 岁女孩的惊魂之夜：在一个漆黑的晚上，有一个小偷潜进夏夏的家里意欲行窃，但是被夏夏的爸爸发现并与之进行搏斗，当时年仅 6 岁的小女孩夏夏被惊醒并看到了这一幕，虽然最后小偷落荒而逃，但事后夏夏却表现出一些异常的恐惧情绪。晚上不敢一个人睡觉，对小偷进来的窗台也变得不敢靠近，一上楼梯就紧张，原来经常在爸爸妈妈身边蹦蹦跳跳的她，要缠着父母抱着才会安心。

在事情发生后，妈妈看到吓得把头蒙在被子里的夏夏，告诉她说这是一个人来考验爸爸是否勇敢，爸爸把他打出去了，爸爸特别勇敢。虽然夏夏当初没有相信，但是妈妈这种游戏化的暗示对缓解一个 6 岁的孩子的紧张还是起到了一定的作用。

对于儿童的心理治疗，特别要提到的一点就是，由于儿童记忆断片、零散的特点，在一些事情发生后，也许只是听大人的信息来建构这个故事，有些恐惧的概念是后来被感染和灌输的。有时候暴力场面带来的冲击，不在于被打的对象是谁，对孩子来说，亲人一改往常的陌生形象受到的震撼会更大。父母的反应和目睹暴力事件导致了这样一个恐惧。父母的担心对孩子是一种关注，她觉得自己很弱，需要保护。儿童由于情绪没有发展成熟，无法对情绪进行识别和管理，更不知道如何释放情绪，就把这种恐惧的情绪转移到一个特定的恐惧点上，如果不断被强化、激发且又处理不了，是对孩子的二次伤害。

除了故事治疗以外，读书治疗，以及沁润了叙事心疗风格的儿童与青少年焦点解决短期心理治疗，对儿童恐惧症的治愈也有一定的效果。如果是因为环境刺激或意外事件而引起的儿童恐惧障碍，故事治疗的效果会更好。

6. 饮食治疗法及其他

有一些食物含有类似于治疗恐惧症药物的成分，这些食物将有助于儿童恢复自信，如菠菜、香蕉、大蒜、深海鱼、葡萄籽等。

在一些儿童治疗案例中，还有必要建议儿童的父母也接受心理问题和婚姻问题的治疗，因为有些父母的行为一方面维持着儿童的焦虑，另一方面可能也借此逃避着解决自己个人或婚姻的问题。

二、焦虑障碍儿童的教育

(一)儿童焦虑障碍的概念

儿童焦虑障碍，也称非适应性恐惧，是指没有特定指向物的一种弥散性情绪，没有明确对象的担忧，即使没有任何理由说明环境中存在危险，儿童仍然会感到危机四伏，体验到持续的紧张不安等。

存在主义心理学家曾把焦虑看作人生存的一部分——存在性焦虑。每个儿童在成长的过程中，都会不同程度地体验焦虑、担忧等情绪。适度的焦虑是有益的，会使行动和思考更加迅速，从某种意义上讲，焦虑是一种适应性行为，使儿童从生理和心理上都能够更好地应对危及他们安全的人、物或事件。但是，过度的焦虑是有害的，它将削弱身体的机能，影响儿童的身心健康。

焦虑(anxiety)是一种伴随紧张的躯体症状的负面情绪。焦虑可能给人带来某种忧心忡忡或烦躁不安的感觉。由于焦虑是源于对未来事件的无法预测或不可控感而产生的担心，所以，在很长一段时期里，儿童焦虑症的问题并没有引起人们足够的注意。

(二)儿童焦虑障碍的类型

1. 分离性焦虑

分离性焦虑是指儿童与父母分离或离开家时出现与年龄不适当的、过度的焦虑，发生在18岁前并持续至少4周。美国的研究报道显示，分离性焦虑障碍是儿童期最常见的焦虑障碍，发生率约为10%，女孩的发生率高于男孩。

分离焦虑障碍在年幼儿童中常见，随着年龄的增长而减少。儿童早期分离经历、儿童气质、成长环境、应激因素等易导致分离焦虑，如亲人死亡、家长的过分保护、需求或抑郁等。分离性焦虑在不同年龄有不同的表现。年龄较小的患分离性焦虑障碍的儿童表现出对父母的关注过分需求，寸步不离地跟着他们。在年龄较大的分离性焦虑障碍儿童中，不愿上学或拒绝上学的现象很常见。

2. 广泛性焦虑

广泛性焦虑是指持久、过分和不现实的担心，无特定对象或情境。其焦虑对象是广泛、全面的，指向生活中的方方面面。儿童几乎每天都会对很多事件和活动产生过度的、不可控制的焦虑，即使在没有任何诱因的情况下，他们也会担忧。这种担忧可能是间断或连续的，经常不能缓解焦虑，严重时常常伴随神经系统的激发状态，导致流汗、气促、心跳加快并常引起肌肉紧张、头疼或恶心等躯体症状。这些身体的信号又会加重失控的感觉而增强焦虑，进而又强化身体的反应，导致恶性循环。

美国流行病学研究显示，广泛性焦虑障碍发生率为2.9%~4.6%，也是儿童期最常见的焦虑障碍。总体上，这种障碍在男孩和女孩中同样普遍，青春期男女性比例为1∶6，女孩的发生率稍高。父母情感问题、破坏性的依恋、应激生活事件、创伤经历等对本病发生会产生影响。广泛性焦虑障碍儿童患有其他焦虑障碍和抑郁的可能性较高。对于年龄较小的儿童，同时患广泛性焦虑障碍、分离性焦虑障碍和注意缺陷/多动性障碍是很常见的。

(三) 儿童焦虑障碍的表现

儿童焦虑障碍的表现是多种多样的，有的儿童在与母亲分开或离开家时就会感觉焦虑，有的会对所有的事感到担心，有的在特定的场合感到焦虑，如公开讲话、参加聚会等。

儿童焦虑障碍主要表现在认知障碍、社交和情绪缺陷、躯体症状三个方面，具体内容如下所述。

1. 认知障碍

1) 智力和学业成绩

焦虑症儿童通常智力水平正常，有少量资料显示出焦虑与IQ具有牢固的联系。但是过度的焦虑导致产生记忆、注意、言语等特殊的认知功能缺陷，较高的焦虑水平会干扰学习成绩。有研究发现，学生一年级时的焦虑水平可以预测其五年级时的焦虑水平，而且学生一年级时的焦虑水平对其五年级的学习成绩有明显的影响。

2) 注意偏好

焦虑障碍儿童有选择地注意对他们有潜在威胁的信息，这种倾向被称为"焦虑性警觉"或"过度警觉"。焦虑性警觉可以让儿童通过早期探测的方法，以最小的焦虑和努力为代价，回避有潜在威胁的事件。虽然这种方法在短期内使儿童获益，但由于它干预了儿童的认知处理过程和应对反应，儿童无法认识到许多有潜在威胁的事情根本不像其所预期的那么危险，从而使儿童维持甚至提高了焦虑水平，最终造成不良的长期后果。

3) 认知错误与偏好

当面对一个明显的威胁时，非焦虑儿童和焦虑儿童都会使用一些标准来确定危险信息，忽略安全信息。但在面对较不显著的威胁时，高焦虑水平儿童仍继续使用这种机制，这说明他们对危险的知觉激活了危险——确认推理策略。需要注意的是，虽然认知错误和歪曲与儿童的焦虑有关，但目前还没有确定认知错误和歪曲在引发焦虑中所起的作用。

2. 社交和情绪缺陷

由于焦虑的儿童在社交情境中总是预期有危险出现，所以在与其他儿童的交往中自然会遇到困难。事实上，他们的社交能力较低，社交焦虑较高，他们的父母和老师常常认为他们是焦虑的，而且社会适应不良。与其他儿童相比，这些儿童更倾向于认为他们自己是害羞的、社交退缩的，更觉得自卑、孤独，难以开始和维持友谊。他们与同伴交往中出现的一些困难，可能与理解情绪方面存在的特殊缺陷有关，特别是与隐藏和改变情绪方面存在的缺陷有关。当焦虑障碍并发抑郁时，焦虑障碍可能使儿童在同伴中不受欢迎。

3. 躯体症状

许多焦虑障碍儿童出现胃痛、头痛等躯体问题，青少年的躯体症状要比年龄小的儿童明显，还有的会出现睡眠障碍，其中一些会出现夜惊，因极度焦虑而突然惊醒，类似白天的惊恐发作。

(四)儿童焦虑障碍的成因

儿童焦虑障碍的因素有以下几点。

1. 遗传因素

目前，只有少量的研究支持某些遗传特征与特定类型的焦虑障碍有直接的联系，总体上讲，儿童和青少年焦虑的双生子研究和寄养子研究表明：遗传对童年期的焦虑障碍有影响，在大多数的儿童焦虑案例中，大约 1/3 的变异可用遗传因素解释。遗传对焦虑的影响随年龄的增长而增大。遗传对焦虑的影响，女孩比男孩明显。相同的环境影响或经验，如母亲患有精神障碍、教养不良或贫穷等，对儿童期和青春期的焦虑障碍有重要影响。

2. 神经生物因素

与焦虑联系最为密切的大脑部位是大脑边缘系统，它协调脑干和大脑皮层的工作。比较原始的脑干系统，检查并觉察潜在的危险信号，然后通过大脑边缘系统将信号传送到高级皮层中心。这一系统被称为行为抑制系统，研究者认为焦虑障碍儿童，其行为抑制系统过分活跃。

3. 家庭影响

对于教养方式或家庭因素与焦虑障碍关系的研究比较少。通常认为，焦虑障碍儿童的父母往往过分干涉、干扰或限制子女的独立。通过观察 9～12 岁焦虑障碍儿童与父母的相处发现，这些父母给予子女的自由比其他父母少，焦虑障碍儿童认为他们的父母不太容易让人接受。其他研究发现先前被认定为行为抑制型儿童的父母，在和子女相处时更喜欢批评孩子，而且父母情感上的过分关注与儿童分离性焦虑障碍患病率上升有关。虽然目前还不知道这种教养方式引起心理疾病的模式，但这些研究结果总体上支持过度的控制性教养方式与儿童焦虑障碍有关的观点。

与其他父母相比，焦虑障碍儿童的父母不但过分控制子女，而且对子女的预期也是不同的。例如，当想到自己的孩子要在摄像机镜头前演讲时，焦虑障碍儿童的父母会预期孩子一定会紧张不安，并对孩子的应对能力有低的预期。这可能是因为教养态度是通过父母与子女的交互作用调整而成。在这个交互过程中，父母与儿童根据对方的反馈调整自己的预期和行为。

在经济地位居中高层的家庭中，父母的焦虑障碍不一定导致子女焦虑障碍患病风险的上升，但在经济地位居低层的家庭中，则增加子女焦虑障碍患病的风险。这一研究发现与认为某些儿童具有遗传的焦虑易感素质的观点一致，如在经济地位居低层的家庭中充满生活压力的条件下，这种易感素质会在特定的生活环境的作用下成为现实。非安全型的早期依恋是日后出现焦虑障碍的一个高危因素。患有焦虑障碍的母亲本身具有非安全型依恋，而她们的孩子中，有 80%的也是非安全型依恋。

非安全型依恋虽然是一个焦虑障碍的高危因素，但不是一个特异性的因素，因为许多非安全型依恋的婴儿日后可能出现其他精神障碍，如破坏性行为障碍，也可能不出现任何精神障碍。矛盾依恋型婴儿，在儿童期和青春期被诊断为焦虑障碍的比例较高。

(五)焦虑障碍儿童的诊断与鉴别

焦虑障碍儿童的诊断以下几种。

1. 儿童分离性焦虑症

儿童分离性焦虑症是指儿童与其依恋对象分离时产生的过度焦虑情绪。

1) 症状标准

至少具有下列三项症状。

(1) 过分担心依恋对象可能遇到伤害，或害怕依恋对象一去不复返。
(2) 过分担心自己会走失、被绑架、被杀害或住院，以致与依恋对象离别。
(3) 因不愿离开依恋对象而不想上学或拒绝上学。
(4) 非常害怕一人独处，或没有依恋对象陪同绝不外出，宁愿待在家里。
(5) 没有依恋对象在身边时不愿意或拒绝上床就寝。
(6) 反复做噩梦，内容与离别有关，以致夜间多次惊醒。
(7) 与依恋对象分离前过分担心，分离时或分离后出现过度的情绪反应，如烦躁不安、哭喊、发脾气、痛苦、淡漠或退缩。
(8) 与依恋对象分离时反复出现头痛、恶心、呕吐等躯体症状，但无相应躯体疾病。

2) 严重标准

日常生活和社会功能受损。

3) 病程标准

起病于6岁前，符合症状标准和严重标准至少已1个月。

4) 排除标准

不是由于广泛发育障碍、精神分裂症、儿童恐惧症及具有焦虑症状的其他疾病所致。

2. 儿童广泛焦虑障碍

儿童与少年广泛性焦虑的主诉较成人少，诊断需参照以下标准。

1) 症状标准

(1) 以烦躁不安、整日紧张、无法放松为特征，并至少有下列两项。①易激惹，常发脾气，好哭闹。②注意力难以集中，自觉脑子里一片空白。③担心学业失败或交友受到拒绝。④感到易疲倦、精疲力竭。⑤肌肉紧张感。⑥食欲不振，恶心或其他躯体不适。⑦睡眠紊乱。
(2) 焦虑与担心出现在两种以上的场合、活动或环境中。
(3) 明知焦虑不好，但无法自控。

2) 严重标准

社会功能明显受损。

3) 病程标准

起病于18岁前，符合症状标准和严重标准至少已6个月。

4) 排除标准

不是由于药物、躯体疾病(如甲状腺功能亢进)，及其他精神疾病或发育障碍所致。

(六)焦虑障碍儿童的教育干预

对儿童焦虑障碍的治疗,采用矫正信念和行为改变的认知疗法居多。虽然各种治疗的具体过程各不相同,但是让儿童接触引起其焦虑的物体和情境是所有治疗的共同的基本线路。以下将分别介绍用于治疗焦虑障碍的方法,主要包括认知—行为治疗、家庭治疗和药物治疗。

1. 认知—行为治疗

治疗焦虑障碍最有效的方法是认知—行为治疗法。这种治疗是让儿童认识和理解焦虑是怎样产生的,以及如何调整自己的思维来减少躯体症状。暴露和正强化、放松练习等其他行为技术,可以让儿童认识到自己的思维模式和如何改变思维。认知—行为治疗通常与以暴露为基础的治疗技术相结合。

费力普·肯德尔与其同事共同建立了治疗儿童广泛性焦虑障碍、分离性焦虑障碍的认知—行为疗法,这种方法是疗效评估最详细的治疗方案之一。这种治疗强调学习过程、偶然事件和示范的影响以及信息处理过程的关键作用。治疗旨在减少负性思维,提高解决问题的主动性,并向儿童提供一个功能性的应对观点。在治疗中,使用技巧培训和暴露技术,对抗引起焦虑情绪的不正常思维和维持焦虑水平的回避行为。其中包括示范、角色扮演、暴露技术、放松训练和附带强化等治疗技术。治疗师通过社会强化鼓励和奖励儿童,并教育儿童在成功应对恐惧情境后奖励自己。这种干预使儿童在思维训练的同时,感受到一种包含感情的行为经验。

2. 家庭治疗

儿童焦虑障碍经常发生在家庭关系不正常的和父母患焦虑障碍的家庭,无论使用何种治疗方法,这两个因素都可能影响治疗的效果。在一些病例中,治疗虽然是以儿童为对象,但治疗效果可延伸到其他家庭成员。例如,儿童开始认为自己比以前更有能力,更愿意面对各种情境,父母对儿童能力的看法也随之改变。于是,父母开始以不同的方式对待子女,并有了更好的自我感觉和身体机能。

在家庭背景中治疗焦虑障碍儿童,比只针对儿童个人的治疗有更明显而持久的效果。一项研究发现,70%接受完整的个人或家庭治疗的焦虑障碍儿童,在治疗结束后不再患有任何焦虑障碍。治疗中附加了家庭成员有关交往、情绪管理、沟通和解决问题等方面的辅导,明显提高了儿童的短期治疗效果和长期康复水平。

3. 药物治疗

有多种药物用于治疗儿童期和青春期的焦虑障碍,药物治疗常常与认知—行为治疗结合使用。常用的药物包括三环类抗抑郁药、苯二氮卓类和选择性 5-羟色胺再摄取抑制剂。虽然有关药物对儿童焦虑障碍疗效的对比研究很少,但临床试验和研究已经获得有关药物使用的数据。一项对9~18岁患有多种焦虑障碍的儿童青少年的研究发现,百忧解(氟西汀)对分离性焦虑障碍的疗效极佳,但对广泛性焦虑障碍的疗效一般。

第二节 肢体与健康障碍儿童的教育

肢体障碍和病弱是日常生活中很容易发生的身体异常状况。这种异常状况带有明显的外在症状，所以易被发现和鉴别。肢体障碍和病弱都对儿童的生活学习造成了不同程度的障碍和困扰。本节着重对肢体障碍与病弱进行系统说明，并对肢体障碍与病弱儿童的教育干预进行相关的阐述。

一、肢体障碍儿童概述

(一)肢体障碍的概念

肢体障碍，又称肢体残疾，它是 1987 年全国残疾人抽样调查的六类残疾之一。《第二次全国残疾人抽样调查残疾标准》中对"肢体残疾"下的定义为：是指人的四肢残疾或四肢、躯干麻痹、畸形等而致人体运动功能不同程度的系统丧失以及活动受限或参与的局限。"

这个定义中所指的肢体残疾包括以下四种情况。
(1) 上肢或下肢因外伤、病或发育异常所致的缺失、畸形或功能障碍。
(2) 脊椎因伤、病或发育异常所致的畸形或功能障碍(脊柱侧弯 40 度以上者)。
(3) 中枢、周围神经系统因伤、病或发育异常造成的躯干或四肢的功能障碍。

人的运动系统包括肌肉、关节、骨骼等部分。人要进行任何一种体能运动，都要在神经系统的支配下，由肌肉、关节、骨骼协同动作方能完成。如果肌肉、关节、骨骼组织，以及支配运动的神经系统发生了严重损伤，人的自主运动就会出现障碍，甚至完全丧失。

(二)肢体障碍的出现率

据 1987 年残疾人抽样调查，我国 0~14 岁肢体障碍儿童的出现率约为 2%，全国肢体障碍儿童约有 62 万人。其中 6~14 岁的学龄肢体障碍儿童约有 48.8 万人。肢体障碍儿童数量占障碍儿童总数的 7.6%。

根据中国残联 2021 年公布的数据，目前我国残疾人总数高达 502 万人，其中肢体残疾 2472 万人，约占人口总数的 1.8%，并以每年 8 万人的数量在增长。

多年来，美国联邦教育部估计，约有 0.5%的美国学龄儿童患肢体残疾，需要特殊教育。其中，半数患脑瘫或跛行，半数患慢性健康或某种影响上学的疾病。如果按 0.5%推算，美国就有 20 万肢体障碍儿童需要特殊教育。

(三)肢体障碍儿童的分类

按照病源学的分类，肢体障碍儿童常指患有以下疾病的儿童：截肢、关节炎、脑瘫、脊柱裂、肌肉营养不良、脊柱侧凸和成骨不全。

1. 截肢

截肢是因伤害或意外事故将肢体截去，以挽救病人的生命，结果使儿童失去身体的一部分。手足先天残缺也可归入这个范畴。

几乎所有的截肢者都要装假肢。一般来说，先天手足缺损的儿童若能及早装假肢，到入学时就已完全适应。假肢多用木、金属或塑料制成。塑料假肢轻便，适合于活动。

2. 关节炎

儿童中最常见的肢体障碍是少年类风湿关节炎(或少年关节炎)。急性关节炎突发病，有的经过几周或几个月就能痊愈，不会留下严重后果；有的会转为慢性病，延续儿童的终生。类风湿关节炎侵袭肌体的关节，可能累及许多器官，如心脏、肝脏、脾脏。患者可能出现皮疹，眼红肿，成长慢，手指、腕、肘、膝、髋、足等处肿胀、疼痛。随着疾病的发展，关节会硬化，使运动发生严重困难并感到疼痛。

少年关节炎难以治愈，只能设法控制其并发症及派生性影响。治疗目的是让患者尽量正常地生活。治疗方法可采用药物治疗，如服用阿司匹林；可以安排专项训练，如做关节充分拉展练习，以防止关节变形和肌肉无力；也可进行热疗，以使关节活动较畅快、少痛苦。有时可施以外科手术，以矫正由关节炎造成的畸形。对有的儿童还可使用支架、夹板或药膏等，以减少并发症，使关节不致固结。

3. 脑性瘫痪(或脑瘫)

脑瘫是因儿童大脑发育成熟前受损伤所致的一种综合征。它具有麻痹、虚弱、共济失调或其他运动障碍。脑瘫多发生在儿童出生时，但也可能由其他年龄段的脑伤或传染病所致。最常见的脑瘫有痉挛型和手足徐动型两种。

4. 脊柱裂

脊柱裂是胚胎发育到第 12 周时，脊椎管未完全闭合而造成的严重缺陷。由于椎管没有缝合，脊椎管内容物可能从这个薄弱部分凸出于外。儿童出生时可能带有囊袋。

脊柱裂的形式不同，造成的障碍程度也很不同。有的儿童障碍很轻或无障碍；有的儿童可能有不同程度的腿部麻痹，或大小便失禁。另外，植物性神经系统功能也会受损，脊柱缺陷以下的部位无感觉。这种病症同其他造成腿部麻痹有跛行缺陷相似，只是因大小便失禁而显得更为复杂。神经纤维有缺陷，儿童在胀满尿时可能感觉不到，致使小便外溢，当他看到裤子尿湿时才知道便溺了。

脊柱裂可能伴有脑积水、脑膜炎和其他先天异常。脑积水与脊柱裂相结合时，可能造成智力缺陷。

在乳儿期就可实施手术，摘除囊袋，通过适当的手术，患者借助支架、拐杖或轮椅自由走动。许多儿童能在普通班就读。小便失禁是他们上学的最大障碍。一般需使用人工接尿设备，控制儿童摄入的液体，制订一份排泄时刻表。通过干预，患者能够控制好自己的大小便，但幼小的学生需要别人的帮助。

5. 肌肉营养不良

肌肉营养不良是一种因肌肉纤维变性而造成的肌肉逐步衰弱的慢性遗传疾病。它的主要形式是假性肌肥大型和面肩胛臂型。

假性肌肥大型(也叫杜兴氏病)是儿童中常见的肌肉疾病，只发生于男童中。它的特点是随意肌慢慢退化凋萎，最终失去作用。它多开始于 1～6 岁时。在婴儿开始走路时渐被发现，持续发展于整个儿童时代，青春期前后，患者就困于轮椅上。盆骨带、肩带、腿和臂肌肉的假性肥大，使儿童看起来很健壮，但实际上是渐渐为多脂组织所取代。早期症状是易跌倒、走路笨拙、上台阶和从地上站起来都很困难，有的患者甚至须借助拐杖行走。由于肌肉力量渐衰，患者不得不坐轮椅。最后，所有的大肌肉群都受累，儿童卧床不起。他们的手臂和头都不能抬，人坐不直。所幸的是，即使在严重时期，其手指小肌肉还保持一定的力量。

面肩胛臂型肌肉营养不良在男女中都有发现，一般是青春期发病。肩和臂比腿虚弱得更明显，脸肌也受影响。病情发展很慢，有的患者变为残疾，有的患者能走完人生道路，很难看得出是病人。

6. 脊柱侧凸

脊柱侧凸是指脊柱侧向弯曲。正常脊柱前后向有几个弯，但侧向无弯曲。最常见的是特发性脊柱侧凸，多见于青少年儿童。患者早期的畸形不明显，且无结构变化，易于矫正，但也容易被忽略。10岁后，随着生长加快，畸形也加快发展，1～2年内变得相当明显。另一种常见的是麻痹性脊柱侧凸，多合并脑瘫、脊柱裂、肌肉营养不良等。

严重的脊柱侧凸可导致继发性胸廓畸形，使胸腔、腹腔容积缩减，引起气促、心悸、消化不良、食欲不振等功能障碍。

7. 成骨不全

成骨不全俗称"脆骨病"，是纤维结缔组织生长中的一种异常表现。这种组织特别脆弱，骨头容易断裂。另外，还会累及内耳、巩膜、肌腱、筋膜、韧带和皮肤，从而造成侏儒症、畸形或听力损失。成骨不全的根本问题是成骨组织细胞的活性受损，不能从多效能细胞中分化出骨细胞，或不能提供形成骨样组织的正常成分。需要对幼小患者提供保护性环境，以尽可能预防或减少骨的断折。

(四)肢体障碍的成因

1. 先天的生物学因素

调查发现，在儿童肢体障碍中有88.89%是由先天性的"发育畸形"或遗传性因素引起，其中脑瘫是最主要原因。

2. 后天性的"小儿麻痹"

小儿麻痹症是一种儿童常见的神经系统急性传染病，它是由嗜神经性病毒所引起。这种病毒损害神经系统脊髓部位的运动细胞，造成肌肉瘫痪、肢体不能自主运动或畸形。鉴于小儿麻痹症对儿童发育的严重危害，我国长期推行儿童预防免疫，通过给幼儿服用减毒疫苗糖丸有效地控制和预防小儿麻痹症的发生，并且将彻底消灭小儿麻痹症的发生作为儿童保健的奋斗目标之一。同时，从1988年起，国家将施行小儿麻痹症矫治手术，作为全国性康复工作的任务之一。

3. 其他因素

在我国山区1～4岁儿童中，跌落伤害也是儿童肢体致残的重要原因之一。此外，"交通事故""其他外伤"的致残比例都比较高，但只要加强责任心还是可以减少和避免的。

(五)肢体障碍儿童的心理特点

1. 悲观、绝望和自卑的心理

肢体残疾儿童由于存在明显的生理残缺，行动力受到限制。严重的肢体残疾儿童，缺乏生活自理能力，甚至需要父母协助饮食和排泄，并因此而产生悲观、绝望和自卑的心理状态。

2. 交往障碍

由于生理的限制，一些儿童习惯于依赖成人的照顾，导致他们在与同伴的交往中存在任性现象，因此容易产生隔阂。

3. 抑郁或攻击行为

伴随着儿童感知觉和运动能力发展的受限，肢体残疾儿童逐渐意识到自身的缺陷和不足，低龄时表现为抑郁或攻击行为，年纪稍长则可能出现自卑和压抑，在青春期甚至有可能出现自伤和自杀行为。

(六)肢体障碍的鉴定

对于肢体障碍的鉴定，可以从不同的角度进行分级。我国制定的肢体障碍分级标准，将肢体障碍分为四级。

1. 一级肢体障碍

一级肢体障碍不能独立实现日常生活活动，并具备下列状况之一。

(1) 四肢瘫；下肢截瘫，双髋关节无自主活动能力；偏瘫，单侧肢体功能全部丧失。

(2) 四肢在不同部位截肢或先天性缺肢；单全臂(或全腿)和双小腿(或前臂)截肢或缺肢；双上臂和单大腿(或小腿)截肢或缺肢；双全臂(或双全腿)截肢或缺肢。

(3) 双上肢功能极重障碍；三肢功能重度障碍。

2. 二级肢体障碍

二级肢体障碍基本上不能独立实现日常生活活动，并具备下列状况之一。

(1) 偏瘫或双下肢截瘫，残肢仅保留少许功能。

(2) 双上肢(上臂或前臂)或双大腿截肢或缺肢；单全腿(或全臂)和单上肢(或大腿)截肢或缺肢；三肢在不同部位截肢或缺肢。

(3) 两肢功能重度障碍；三肢功能中度障碍。

3. 三级肢体障碍

三级肢体障碍能部分独立实现日常生活活动，并具备下列状况之一。

(1) 双小腿截肢或缺肢；单肢在前臂、大腿及其上部截肢或缺肢。

(2) 一肢功能重度障碍；两肢功能中度障碍。

(3) 双拇指伴有食指(或中指)缺损。

4．四级肢体障碍

四级肢体障碍基本上能独立实现日常生活活动，并具备下列状况之一。

(1) 单小腿截肢或缺肢。
(2) 一肢功能中度障碍；两肢功能轻度障碍。
(3) 脊椎(包括颈椎)强直；驼背畸形大于70度；脊椎侧凸大于45度。
(4) 双下肢不等长，差距大于5厘米。
(5) 单侧拇指伴有食指(或中指)缺损；单侧保留拇指，其余四指截除或缺损。

二、健康障碍儿童概述

(一)健康障碍儿童的概念

健康障碍，亦称为身体病弱、身体孱弱、身体虚弱，是指身体患病或体质差。

健康障碍儿童，又称病弱儿童，是指长期患有慢性疾病，体质虚弱，并因此而需要特别照顾与教育的儿童。这类儿童不存在感官性生理限制和障碍，貌似正常儿童。

目前，很多国家和地区，都把健康障碍儿童列为特殊教育的对象，并对健康障碍儿童作了具体的界定。例如，日本的文部科学省1978年公布了《关于教育方面需要特殊照顾的儿童和学生的教育措施》，指出：病弱儿童是指患有胸部疾病、心脏病、肾脏疾病，其状况需要6个月以上的医疗或生活限制者，以及身体虚弱状况需要6个月以上的生活限制者。美国在相关法案中对健康障碍儿童作了如下界定：因慢性或急性疾病，如心脏病、肺结核、哮喘、血友病、癫痫、糖尿病、白血病、肾炎、风湿病、铅中毒等，所产生的缺少活力并对个人的成就有不良影响状况的儿童。中国台湾规定，健康障碍儿童是指身患疾病，体能虚弱，以致接受普通教育存在一定程度困难者。

在我国，虽然还没有从立法上把健康障碍儿童列为特殊教育的对象，但很多特殊教育的书籍已把对健康障碍儿童的教育列为重要章节。在学前教育机构中，这类儿童也并不少见。

(二)健康障碍儿童的分类

按照病源学的分类，健康障碍儿童常指患有以下疾病的儿童：心血管疾病，如先天性心脏病、风湿性心脏病等；呼吸系统疾病，如哮喘；内分泌系统疾病，如糖尿病；肾脏疾病，如肾炎；血液疾病，如贫血和血友病；神经障碍疾病，如癫痫。

1．哮喘

哮喘通常由变态反应引起。变态反应造成支气管或肺或两者的堵塞。因为过敏发作时会产生大量黏液，并使支气管肌肉组织发生痉挛。结果使患者呼吸困难、呼气期延长、脸色发青、喘息、大量出汗。发作持续可几分钟、几小时或几天。

哮喘发作可能起因于对某一过敏源的特别敏感性、情绪波动，或过分的体育活动。发作会给患者本人及其他目睹者造成情感压力。这种情感因素又会加剧哮喘的严重程度及发作频率。因此，要设法解除病人的思想顾虑。

平时要注意给患儿增加营养，鼓励他锻炼身体(但不能过度)，增强体质。并可因人而异地采取各种抗复发措施，如于发作季节前 1~2 个月开始服用色昔酸二纳或酮替芬，直到发作期过后 1~2 个月，注射哮喘菌苗或中药敷贴等。只要连续几年不发作或青春期后不再发作，以后发作的可能性较小。

2. 糖尿病

糖尿病是一种新陈代谢障碍，胰腺不能制造足够数量的荷尔蒙胰岛素，使食物中的碳水化合物代谢不正常，个体内部不能正常利用和适当储存糖，使葡萄糖从尿中排出。

糖尿病多见于成年人，但也见于学龄儿童，若不采取适当措施，会导致严重问题。它的症状主要是：尿多，特别容易渴和饿，体重迅速减轻，昏昏欲睡，虚弱，可能合并视觉障碍、皮肤感染(如皮疹、疖子)等。教师如果发现某学生有这类情况中的任一种，就应同卫生教师及其家长联系，以便做诊断和治疗，这对于糖尿病学生十分重要。

对于确诊有糖尿病的学生，需要每天注射胰岛素，坚持严格的定量饮食制度，以保持体内适当的糖分。这种学生除忌食甜食之外，能享受正常的儿童少年生活，可从事同龄儿童能做的一切事情，但要注意适当休息。

注射胰岛素一般在家庭中进行，应成为像每天洗脸、刷牙那样的常规活动。医生通常会告诉家长如何安排子女每天的生活活动：注射、饮食、运动、护理等，以及如何改变生活方式，以使患儿适应病况。

3. 癫痫

癫痫是由于脑伤造成的，表现为痉挛和抽搐的发作。从医学上讲，癫痫的问题主要源于大脑对神经细胞所释放出的过多电流无法作出有效的控制。当大脑神经细胞过多放电时，就会发生惊厥，大脑无法正常工作，人会失去对肌肉、意识、感觉的控制。发作过后，大脑细胞的工作又恢复正常。癫痫症儿童未发作时，与正常儿童没有两样。但是，一般情况下，患癫痫症的儿童智力状况比正常儿童略差一些。癫痫症的频繁发作，会使健康和智力状况进一步恶化。

1) 癫痫发作的形式

癫痫发作的形式主要有以下三种。

(1) 大发作。当癫痫症大发作时，儿童会突然跌倒在地，失去知觉，不省人事；全身发生抽搐，身体和头部会变得僵直；接着会出现四肢不自主地剧烈收缩和颤动，并伴随有呼吸困难、面唇发青、口吐白沫、小便失禁，甚至全身出汗等症状。发作过后，儿童记不清所发生的一切，浑身感到疲倦，昏昏欲睡。发病时间从 1 分钟到 20 多分钟不等。

(2) 小发作。当癫痫症小发作时，儿童会脸色苍白、两眼发呆、眼皮震颤，有暂时无法进行手头的活动或从事活动时动作不稳定现象。发病后一切又恢复正常，根本意识不到发作的问题。小发作持续时间为 3~30 秒，但会很频繁。小发作可借助药物控制。

(3) 精神运动性发作。心理(或精神)运动性发作是种最复杂的发作，不仅影响到运动系统，也会影响到心理过程。发作可持续几分钟到几小时。儿童可能嚼或咂自己的嘴唇，或显得混乱惊慌。有的儿童可能做些无目的动作，如擦摩自己的手臂或腿，走来走去，跳窗户，袭击别人，也可能突然停止活动，目光凝滞。发作后，儿童从不记得发生了什么事情，并要睡觉。发作时，教师不能离开病人，以防止出现危险举动。

2) 癫痫发作时的急救措施

在幼儿园中，教师应该了解有关癫痫发作时的急救措施，以便遇到发作时沉着处置。

(1) 保持镇定和安静。
(2) 顺其自然，不要阻挠儿童的活动，以防其受伤。
(3) 帮助儿童躺下，在其头部垫上软物。
(4) 清除儿童身边硬的、尖锐的或烫的物体。
(5) 松开儿童的衣扣，让其放松。
(6) 不可以把坚硬物品放入儿童口内，更不可以撬开儿童的嘴巴。
(7) 发作后，让儿童在原地休息。
(8) 如果儿童发病时间超出10分钟，要请医务人员进行诊治。

4. 心脏病

儿童心脏病有先天性和后天获得性两大类。先天性心脏病起因于母亲的风疹、染色体畸变及构造异常等。后天获得性心脏病的最常见原因是风湿病。风湿病是由造成脓毒性咽喉炎或猩红热等的链球菌感染所致，可能影响许多机体组织，但最易受其影响的是心瓣。大多数先天性心脏病都可实行手术治疗，患者可以正常地生活。患风湿病的儿童经过住院治疗、在家休息之后，可以回到班级学习。当然，不是所有风湿病的发作都导致心脏病，但是，如果留下后遗症，多数累及心脏。对这类儿童需进行经常性的医学追踪评估。他们往往需服用预防性青霉素或其他预防性抗生素，以预防脓毒性咽喉炎复发，因为复发可能导致风湿病。

5. 血友病

血友病又名出血病，起因于血液中某些凝固因子方面的遗传性缺陷，通常以伴随性遗传方式由母亲传给儿子。凝固因子缺乏，使血液难以凝固。出血部位见于肌肉、关节和内脏，且以血肿为主。一旦局部割破或擦伤，就出血不止。也可能在无伤时，发生皮下出血。出血会破坏周围的组织。若关节处出血，就会破坏关节的灵活性，可引起关节永久变形。如果出血的情况很严重且长时间失血，就可能引起贫血，贫血程度和出血量相平行。

以前对血友病人是采用大量、经常性的全血输入法。现在已有控制和预防出血的有效疗法。其中之一就是家庭治疗方案——教会父母和儿童自我静脉注药，以取代不良血液因子。还要教他们认识出血的早期征兆，可实施预防措施——每周2~3次服用血液因子。

6. 膀胱纤维变性

膀胱纤维变性是少年儿童中常见的致命性遗传疾病，由新陈代谢遗传性差错所致。它延及全身，影响到外分泌腺。外分泌腺产生的黏液变得浓稠、胶黏、不易滑脱，将支气管、肺及部分消化系统堵塞；若不及时排除，可能造成周期性的呼吸道传染病、肺部损伤、消化困难、大小便量大且次数多(因为消化系统的食物只有部分被消化)，有时甚至还会发生肝硬化。

患病儿童可服用酶以稀释和排放肺内的稠黏液。有的患病儿童需要别人帮助清理呼吸通道，如轻拍脊背，帮助其排出黏液。现在由于医疗技术的进步，患这种病的儿童可以享受正常人的生活。

(三)健康障碍儿童的出现率

健康障碍儿童的出现率因各个国家的界定不同而有所不同，大致为0.1%～0.7%。据美国联邦教育部统计，约有0.5%的学龄儿童有健康障碍。中国台湾第二次特殊儿童普查中曾报告，健康障碍儿童的出现率为0.8%，占残疾儿童中的3.81%。由于我国对健康障碍没有明确的法规界定，因此目前尚没有文献报告健康障碍的出现率。

(四)健康障碍儿童的诊断

健康障碍儿童的诊断主要由医务工作者来进行。许多健康障碍儿童上幼儿园之前并没有被发现，有的也是入园以后才患了疾病。因此，首先发现这些儿童存在问题的人是教师。幼儿园教师可以通过观察发现儿童的异常，以便及时反馈给家长或医生，尽早诊治。

健康障碍儿童常见的特征有以下几种。

(1) 长期多病而经常缺席。
(2) 异常肥胖、瘦弱或发育不良。
(3) 身体虚弱无力，容易晕倒。
(4) 轻微运动就心跳加速、呼吸困难、面色发紫。

(五)健康障碍儿童的心理特点

健康障碍儿童与普通儿童相比在心理方面形成了如下特点。

1. 正常的智力水平和一定的活动能力

健康障碍儿童除了因身体疾病造成的体能不足以外，在智力上与正常儿童没有什么区别，其认知发展也与正常儿童无大的差异。但是，由于长期患有疾病、体质虚弱，这些儿童会因治疗所花的时间或体力不支而耽误学习。

2. 注意力不集中，注意持久性差

大部分幼儿由于体弱多病，容易产生注意力不集中，注意的持久性差、精力不支等问题，这些可能会对他们的认知能力发展产生一些负面影响，也会使得他们的生活经验比较贫乏。

3. 人际交往障碍

长期的慢性疾病不但会影响儿童的学习兴趣与情绪，而且对儿童的人格发展有着不容忽视的影响。由于身患疾病，家长过分保护和迁就，会使儿童过于依赖，缺乏自信，容易形成孤僻、退缩等不良人格特征，并且容易出现人际交往障碍。

(六)健康障碍的成因

导致健康障碍的原因是多种多样的，主要病因是那些尚不能治愈的或发生在人体主要脏器的疾病。美国1975年通过的《所有残疾儿童教育法》中列举的慢性和急性疾病有：心脏病、肺结核、哮喘、血友病、癫痫、糖尿病、白细胞过多症、肾炎、风湿热、铅中毒等。

三、肢体与健康障碍儿童的早期治疗与教育干预

从身体条件不能适应活动的角度看,肢体障碍对人造成的不利影响与健康障碍对人造成的不利影响有相似之处。这样,对这两类儿童所进行的治疗与教育干预,在内容、形式、方法等方面,也就有类似之处了。针对肢体与健康障碍儿童,主要的治疗及教育干预的方法包括:预防性干预、医疗干预、康复性干预和心理干预。

1. 预防性干预

针对儿童的肢体与健康障碍,其预防策略和措施主要有以下几种。

(1) 加强宣传教育,特别是优生优育教育,加强孕产期保健,预防出生缺陷的发生。同时,应将脑瘫列入新生儿筛查保健的常规项目,形成一个监测网络,早识别、早康复,减少或减轻儿童肢体残疾的发生。

(2) 制定、颁布及推广有关保护儿童安全的规范化条例,强调卫生部门应参与儿童意外伤害预防的组织和技术指导工作,进行调查、安全教育和采取预防性措施。

(3) 加强学校、家庭和社会的宣传教育,预防交通事故、溺水、跌落等意外伤害的发生,以减少儿童由于伤害导致的肢体残疾发生。

(4) 加强脊髓灰质炎病毒的监测以及强化脊髓灰质炎减毒活疫苗的预防接种。

2. 医疗干预

医疗干预对于肢体障碍儿童具有重要的作用。其中常见的一种干预方法即手术治疗。手术治疗指对肢体障碍儿童常见的、严重影响正常生活和活动的、术后效果明显的四肢畸形,如马蹄足畸形、脑瘫肢体畸形、膝关节屈曲、臀肌挛缩、小儿麻痹后遗症等实施矫治手术。

此外,医疗干预还涉及多个方面,如采用伊利萨洛夫器能够有效地改变下肢的畸形和脊柱的弯曲。而随着科技的发展,尤其是生物科学的发展,还将给肢体与健康障碍儿童带来更多的干预途径。

3. 康复性干预与功能代偿训练

康复性干预是另一种针对肢体障碍的主要干预模式。一方面,康复性干预是肢体障碍自身生理障碍的需要;另一方面,康复性干预与医疗干预有着密切的关联。儿童在接受了相应的手术医疗干预后,绝大多数都需要辅以肢体方面的康复训练。目前,我国常用的模式是依托残疾人康复机构、卫生医疗机构,为有训练需求的脑瘫、脊柱脊髓疾病及损伤、骨关节病、四肢畸形、儿麻后遗症等肢体残疾儿童进行功能评估,制订康复训练计划,进行运动功能、姿势矫正、日常生活活动、语言交往的训练等。在康复性干预中,有一类干预旨在帮助肢体残疾儿童练习和获得补偿性的身体功能,如许多肢体障碍儿童学会了用嘴或脚写字,这种干预策略也称为功能代偿训练与功能重建。肢体障碍的康复工作,应注重矫治手术、假肢和矫形器装配、功能训练三者之间的有机结合和系统服务。

4. 心理干预

儿童意识到自己的肢体残障时,都会经历一个艰难的适应阶段。肢体障碍儿童面对"差

异"更容易出现负面的情绪和认识，表现出自卑、缺乏信心和过分依赖等心理特征。对肢体障碍儿童的心理干预，需要注意儿童身体发育的现状、所处的教育安置环境，此外还需要更多地关注儿童的情绪体验，建立主要照料者与儿童之间的安全依恋关系。以往的研究发现，家长在发现儿童的肢体障碍问题后，往往自身也需要一段时间来接受和适应，因此会在一定程度上疏忽了儿童的情感需要。

第三节 脑瘫儿童的教育

脑瘫，又称脑性瘫痪，是一种常见的小儿疾患，主要表现为运动障碍和动作协调困难。近年来，随着儿童医疗康复事业的不断发展，人们对脑瘫儿童也抱有很大的期望，这给脑瘫儿童的早期干预工作带来新的挑战与要求。本节将从脑瘫儿童的概述、诊断评估、干预方法等方面，详细介绍脑瘫儿童的教育干预工作。

一、脑瘫儿童概述

(一)脑瘫的概念

脑瘫是脑性瘫痪(Cerebral Palsy，CP)的简称，最早由英国医生威廉姆(William)于1841年发现。1888年，波杰斯(Burgess)首次应用"脑性瘫痪"一词。"脑性瘫痪"一词的使用仅仅有百年历史，但对此病的描述却由来已久。它的定义也是随着对此病的不断认识而逐渐统一的。

国内常用的定义是2006年全国小儿脑瘫康复学术会议中修订的，即脑性瘫痪是指自受孕开始至婴儿期，脑在生长发育完成以前由于受到某种侵害、损伤而造成的永久性的异常姿势及运动异常。运动异常伴有感觉、认知、交流、行为障碍、癫痫、继发性肌肉骨骼异常。

所谓运动发育迟缓是指脑性瘫痪儿童的运动能力低于同年龄正常儿童，运动自我控制能力差。障碍轻的只是手、脚动作稍显得不灵活或笨拙；严重者甚至于双手不会抓握东西、竖头困难、不会翻身、不会坐起、不会爬、不会站立、不会行走、不会正常地咀嚼和吞咽等。

所谓异常姿势是指脑性瘫痪儿童身体的各种姿势异常，稳定性差，在运动或静止时姿势别扭，左右两侧不对称，双拳紧握，双上肢内旋、外展，双下肢内收、交叉，越紧张越严重。

脑性瘫痪概念的核心内容为：①引起脑瘫的脑损伤为非进行性的；②引起运动障碍的病变部位在脑部；③症状在婴儿期出现；④有时合并不同程度的智力低下、癫痫、心理行为异常、感知觉障碍及其他异常；⑤除进行性疾病所致的中枢性运动障碍及正常小儿暂时性的运动发育迟缓。

(二)脑瘫的分类

根据生物学、解剖学、病因学及功能受损程度的不同，可以将脑瘫分为不同的类型。

1. 按照运动特性进行分类

(1) 痉挛型——此类型的脑瘫患儿比例最大，占60%～70%，主要特点为肌肉紧张、挛缩、肌张力高，运动时有"折刀"样反射，起立步行两腿呈交叉肢位、脚尖着地、膝盖内旋、足部内翻，关节活动范围窄等。

(2) 手足徐动型——发生率约占 20%，主要表现为难以用意志控制的全身性不自主运动，当进行有意识运动时，不自主、不协调及无效的运动增多，如当患儿伸左手去拿物体时，往往右手也开始不自主地运动，面部扭曲，舌头外伸。

(3) 强直型——发病率较低，主要特点为全身肌张力显著增高，身体异常僵硬，运动减少，甚至长期固定于一个姿势。

(4) 共济失调型——主要特点为平衡功能障碍，患儿在没有支撑的情况下很容易摔倒。

(5) 震颤型——主要指身体的某部分，在一个平面内不随意地、节律性地摇动。

(6) 肌张力低下型——又称弛缓型，通常指重症患者肌张力低下、无力，随意运动、不随意运动都缺乏。

(7) 混合型——大多数脑瘫患儿都有弥漫性脑损伤，单纯一种脑瘫类型较为少见，一般都是几种类型混同出现的。

2. 按照瘫痪部位进行分类

(1) 单瘫——一肢受累。

(2) 偏瘫——同侧的上肢和下肢受累。

(3) 截瘫——两侧下肢受累。

(4) 双侧瘫——主要是两侧下肢受累，两侧上肢受累较轻。

(5) 三肢瘫——通常是一侧上肢和两侧下肢受累。

(6) 四肢瘫——四肢受累。

(三)脑瘫的出现率

各国脑瘫儿童的出现率都很高，但不同的国家出现率不尽相同；同一国家不同类型、不同病因导致的小儿脑瘫的出现率也有很大差异。据国际卫生组织报道，小儿脑瘫的患病率为 1‰~5‰；我国 6 省(区)流行病学调查脑瘫患病率为 1.2‰~2.7‰。

二、脑瘫儿童的心理特点

运动障碍及姿势异常是脑瘫儿童最主要的障碍。此外，小儿脑瘫还可伴有不同程度的感觉障碍、智力障碍、语言障碍以及心理障碍等问题。

(一)感觉

由于未成熟大脑的缺损或者损害部位不同，脑瘫儿童还可伴有不同程度的听觉、视觉等感觉障碍。

1. 听觉障碍

不同类型的脑瘫儿童可能伴随有不同程度的听觉障碍，其中新生儿重症黄疸所致手足徐动型和共济失调型脑瘫儿童有较高的听力损害发生率，其听觉障碍程度从高音到低音障碍不一。徐玲等人(2003)报道，74%的脑瘫儿童脑干听觉诱发电位结果异常；而湖南儿童医院对就诊儿童回顾调查显示,进行听觉诱发电位检查发现22.09%的儿童伴随听觉障碍。脑瘫儿童的听觉障碍多属感音性耳聋,可合并有外周和中枢性听觉障碍,并可有脑干功能的损害。其主要表现为:严重听力减退或丧失;对声音的节奏、话语的辨别有一定的困难,但对熟悉家庭成员的声音分辨一般都无困难。

2. 视觉障碍

脑瘫儿童视觉障碍的发生率为28.2%～47%,其视觉障碍特征主要集中在:斜视,发生率最高,包括内斜、外斜、麻痹性斜视、废用性斜视、共同性斜视;屈光不正,包括近视和远视,且近视居多;视神经萎缩;视网膜发育不全;视神经发育不全;黄斑发育不良;白内障;眼球震颤等。这些特征在行为上具体表现为:视力下降、偏盲或全盲;视野缩小;对于各种物体、图片、符号的外观特点及位置的辨别有不同程度的困难。

3. 其他感觉障碍

约有10%的脑瘫儿童可能伴有触觉障碍,表现为触觉消失与实体觉消失,如伴有触觉障碍的脑瘫儿童仅用手的触摸是无法区别各种物体或物体的形状的。此外,多数脑瘫儿童关节觉迟钝,少数脑瘫儿童甚至缺乏关节觉。痉挛型脑瘫儿童存在明显的深感觉障碍,而浅感觉基本正常。

(二)智力

许多学者研究发现,各种类型的脑瘫并发症以智力障碍最多见,为47%～81%。与其他并发症相比均比例最高,湖南儿童医院的研究结果显示智力障碍伴随出现率为72.09%。智力障碍在混合型脑瘫中多见,痉挛型少见,手足徐动型和共济失调型更少。有严重运动功能障碍的儿童,由于其全身运动功能极度受累,不能控制舌、吞咽以及手的运动,虽智力正常亦不能很好地完成这些动作。此外,伴有癫痫发作的脑瘫儿童多患有智力障碍。

(三)语言

我国学者侯梅等人(2003)研究报道,73.1%的脑瘫儿童存在语言障碍。一般来讲,痉挛型、手足徐动型和共济失调型三类脑瘫患儿语言障碍发生率较高。语言障碍主要包括语言发育迟缓和运动性构音障碍等,最开始的表现为吸吮困难及吞咽咀嚼困难。随着年龄的增长,有的几乎不能发出任何声音,而有的只是略有障碍,在交流与理解方面没有明显障碍,具体表现为发音不清或严重失语。

脑瘫儿童由于围产期广泛性脑损伤,一方面直接损害语言脑区,另一方面常合并视觉、听觉等感觉系统异常,智能异常,口运动异常及行为异常等。这些出生时已存在的神经心理学问题使语言的输入、输出和中枢处理过程受损,限制了正常模式的语言发育,而家庭和社会对儿童的失望及不适当的补偿更促成了语言障碍的发生。

(四)肢体的姿势与运动功能

脑瘫儿童都存在运动功能障碍和异常的姿势反射,且脑瘫程度越重,运动发育迟缓项目和运动方式异常项目越多。如果脑瘫儿童长期运用不正确的运动模式去活动,会出现许多问题。例如,骼腰肌紧张变短,双髋关节屈曲,双下肢后伸困难,臀大肌无力;膝关节屈曲，伸直困难等。

(五)情绪行为

脑瘫儿童由于躯体姿势异常和运动障碍，社会活动受限制，加上社会歧视与偏见，常易出现情绪消沉、情绪波动变化大、情感脆弱、善感易怒、悲观等情绪障碍；此外，还有注意力涣散、兴奋多动、自我强迫行为等行为障碍。且随着年龄的增长，脑瘫儿童情绪行为障碍的发生率增高，消极气质也明显增强。

为了使脑瘫儿童身心都能获得充分的康复和发展，医疗机构、康复机构及学校等部门都应重视对脑瘫儿童的心理康复，在进行运动康复的同时尽可能地关注其心理健康问题，促进脑瘫儿童积极心态的形成。

三、脑瘫儿童的成因

脑瘫发病过程复杂，很多原因都可以构成脑性瘫痪，80%以上的脑性瘫痪病例可以找出较为明确的病因。脑性瘫痪的病因，按脑损伤时期可分为产前因素(如妊娠期感染)、产时因素(如围产期窒息)、产后因素(如高胆红素血症、小儿脑炎)。按病因性质可将其分为遗传的因素、物理的(如头部外伤所致颅内出血)因素、生物的(如感染)因素、化学的(如缺血、毒素)因素。这里重点对儿童脑瘫的产前、产时及产后等因素作详细介绍。

1. 产前因素

1) 遗传因素

若同辈或上辈的母系及父系家族中有脑瘫、智力障碍、精神障碍、家族性先天畸形等遗传病史，则小儿脑瘫的发病率高于普通婴儿。此外，近亲结婚出生的幼儿中脑瘫的发生率相对较高。

2) 妊娠期感染

妊娠期感染是诱发胎儿神经发育异常的重要原因。宫内感染包括羊膜腔感染、绒膜羊膜炎、脐带炎、胎儿感染等。其中，绒膜羊膜炎是宫内感染致小儿脑瘫的主要病因。发生于孕早期的风疹病毒、巨细胞病毒、单纯疱疹病毒、弓形虫感染等均可能引发胎儿的脑发育畸形，进而引发小儿脑瘫。

3) 母体因素

包括母亲妊娠早期用药史、高龄妊娠、习惯性流产、糖尿病合并妊娠、巨大儿、妊娠前三个月时病毒感染、X射线照射、吸烟、酗酒、孕期营养不良以及母亲暴露在不利健康的环境中等因素，均可能成为胎儿脑瘫的高危因素。此外，多胎妊娠时造成的早产和低体重胎儿出生率的增加也使得脑瘫的发生率增高。

2. 产时因素

1) 早产、出生体重异常

大量的流行病学调查显示，早产和低出生体重是造成小儿脑瘫的高危因素。随着医学的发展，胎龄不足32周的早产儿存活率的提高，使得小儿脑瘫的发生率明显增加，早产儿脑瘫发生率的可能性是足月儿的25～30倍。此外，低出生体重(出生体重小于1500克)一直被认为是脑瘫的另一个重要危险因素,但出生体重过高也会增加脑瘫的危险性。最近研究表明,患脑瘫的危险性随着出生体重偏离同胎龄标准体重的程度而增加。

2) 围产期窒息

围产期窒息指由于产前、产时或产后各种病因,导致出生后 1 分钟内无自主呼吸或未建立规律呼吸。多项研究表明,由围产期窒息造成的脑瘫占 8%~10%。围产期内羊水堵塞、胎粪吸入、脐带绕颈等都可能导致窒息,窒息后常使脑组织缺血缺氧,脑细胞水肿、坏死,进而引发小儿脑瘫。

3. 产后因素

1) 高胆红素血症

高胆红素血症时,胆红素通过血脑屏障,损害中枢神经系统的某些神经核,导致脑瘫。脑瘫的基本病理变化为大脑皮层神经细胞坏死、软化、纤维化、萎缩、脑沟增宽、脑白质丧失、神经细胞数量减少、神经髓鞘化延迟等而导致的大脑传导功能失常。

2) 失血、颅内感染

失血、颅内感染等原因引起的新生儿休克、颅脑损伤及癫痫抽搐等,是引起脑瘫的主要病因。此外,也缺氧缺血性脑病是构成新生儿脑损伤的主要原因,可表现为有明显的窒息史或出生后 12 小时内有异常神经系统症状,如意识障碍、嗜睡或昏迷、肌张力减弱、原始反射异常等。病变有脑水肿、脑组织坏死、缺氧性颅内出血等。

四、脑瘫儿童的鉴定与评估

(一)诊断标准

1. 早期筛查

通过对小儿早期行为的观察可以初步筛查脑瘫,一般患儿在出生后 6~9 个月内表现出来的脑症状常有以下几种。

(1) 易激惹,持续哭闹或过分安静,哭声微弱,哺乳吞咽困难、易吐,体重增加缓慢。
(2) 肌张力低下,自发运动少。
(3) 身体发硬,姿势异常,动作不协调。
(4) 反应迟钝,不认人,不会哭。
(5) 痉挛发作。
(6) 大运动发育滞后,出现手握拳、斜视等。

2. 诊断标准

随着对脑瘫研究的深入,小儿脑瘫的诊断方法越来越多,各有特点,虽至今尚未形成统一的诊断标准,但对任何一例脑瘫儿童的诊断中均须符合小儿脑瘫定义中的诊断条件,具体内容如下所述。

(1) 发育性。脑瘫是脑组织在生长发育过程中受到的损伤。从受孕到出生后 4 周,由任何原因造成的脑损伤都是对发育中脑组织的损伤。
(2) 非进行性。脑瘫的病变是非进行性的,症状是非进行性的,病情以不再向前发展为特点,据此诊断时应排除进行性疾病所导致的运动障碍和暂时性的运动发育迟缓。

(3) 永久性。脑瘫是永久存在的中枢性运动功能障碍性疾病，大脑畸形一般不会得以改善。

(二)评估内容及工具

在发现脑瘫的早期症状后，应尽快进行相关的诊断评估，做到早发现、早诊断、早干预。对小儿脑瘫的评估应坚持医教结合、全面评估的原则，对其功能障碍的性质、部位、范围、严重程度、发展趋势、预后和转归等进行全面的评定，为制订科学的康复治疗计划打下牢固的基础，同时评估康复治疗的效果。

1. 一般的身体检查

了解儿童一般性的健康指标，同时了解儿童的病史，掌握儿童障碍的基本内容和生理发展的现状。

2. 脑瘫影像学检查

脑瘫儿童的诊断和评估中重要的一部分是医学影像学的检查，通过一系列医学手段，确保正确诊断、评估儿童的脑瘫病症。其中常用的手法包括：头颅 CT 检查，了解颅内的结构有无异常，以及脑部结构、形态及骨骼变化情况；脑超声检查，了解患儿脑部 B 超异常情况；脑电图检查，对于脑瘫是否合并癫痫及合并癫痫的风险具有特殊意义；神经诱发电位检查，能更深层次地诊断病情，更好地指导治疗；核磁共振成像(MRD)检查，能准确地反映出脑瘫儿童脑内病变的解剖部位、范围以及与周围脑组织的关系，具有较高的组织分辨能力。

3. 康复医学评估

对涉及脑瘫儿童未来接受康复教育各项因素进行评估，目前临床上常用的系列的评定可以用仪器或徒手进行。评定的内容主要包括：小儿体格发育状况、神经发育综合评定，神经肌肉基本情况评定(包括肌张力及痉挛程度、肌力及瘫痪程度、原始反射和自动反应评定、运动的协调性等)，关节活动评定，肢体功能评定(包括姿势及平衡能力评定、步行能力及步态评定)，智力水平评定，适应行为评定，言语功能评定，综合功能评定，感知觉评定，口腔运动功能评定，功能独立性评定(FIM)等。

1) 发育状态评定

格塞尔(Gesell)发育诊断量表是评价婴幼儿心理发展水平的量表，反映小儿神经系统不断完善和功能成熟的发育水平。量表内容分为 5 个行为领域功能区。测试过程需要 60～120 分钟，适用于 0～6 岁儿童。量表用于识别神经肌肉或感觉系统是否有缺陷，发现存在的可以治疗的发育异常，针对脑损伤高危儿童发现他们的行为随后的变化，具有诊断性。我国的婴幼儿发育检查量表是根据格塞尔发育诊断量表于 1984 年在北京制定，并于 1994 年进行了重新修订。发育诊断是以正常行为模式为标准来鉴定观察到的行为模式，以年龄表示。

2) 痉挛状态评定

对儿童痉挛状态的评定可分为主观评定和客观评定。主观评定常采用修订的 Ashworth 量表(Modified Ashworth Scale，MAS，Bohanon and Smith，1987)和修订的 Tardieu 量表

(Modified Tardieu Scale，MTS)。MAS 为徒手痉挛检验法，用于评定四肢各肌群，操作简单，作为中枢神经系统损伤导致痉挛的评估方法，对疾病程度和预后预测有肯定的临床应用价值；而 MTS 的可信度好于 MAS。目前，这两个量表均获得了广泛的临床认可。客观评定主要采用神经生理学方法和生物力学方法。神经生理学临床上通过肌电图检查 F 波、H 反射、T 反射(腱反射)等电生理指标了解脊髓节段内 A 运动神经元、C 运动神经元、Renshow 细胞及其他中间神经元的活性，这为评价痉挛的基本节段性病理生理机制提供了可能。生物力学方法在近 20 年使用广泛，尤为突出的是用等速装置进行痉挛量化评定，即借助等速装置描记重力摆动实验曲线进行痉挛量化评定。

3) 精细动作状态评定

上海复旦大学附属儿科医院制定的精细运动功能评估量表(Fine Motor Function Measure Scale，FMFM)，以 0~3 岁脑瘫儿童为样本制定，采用 Rasch 分析法建立，条目设置合理，等级评分点多，而且属于等矩量表，可以合理判断脑瘫儿童的精细运动功能水平，并具有良好的信度和效度。量表分为 5 个方面，共有 50 个项目，包括视觉追踪(7 项)、上肢关节活动能力(8 项)、抓握能力(8 项)、操作能力(10 项)、手眼协调能力(17 项)，每项为 0~3 分 4 个等级，原始分满分为 135 分。通过该量表可以换算出具有等矩特性的精细运动能力分值(FMFM 分值)，得分范围为 0~100 分。

4) 大动作状态评定

可采用粗大运动功能评估量表(Gross Motor Function Measure，GMFM)，它包含 88 项内容，可以对脑瘫儿童的运动功能进行个体化描述及量化记录，并据此可以制定具有针对性且比较细致的治疗方案，是有价值的疗效评估和指导制定治疗目标的方法。但其在轻度和极重度脑瘫儿童评估中的灵敏度仍较为欠缺。

5) 日常生活活动能力评定

Barthel 指数创建于 20 世纪 50 年代，评定方法简单，具有较高的可信度及灵敏度，是目前康复机构应用最广泛的日常生活活动(Activities of Daily Living，ADL)能力评定量表。它通过对进食、洗澡、修饰、穿衣、控制大便、控制小便、如厕、床椅转移、平地行走及上下楼梯 10 项日常活动的独立程度打分的方法来区分等级，依据是否需要帮助及帮助程度分为 0、5、10、15 分四个等级，记分为 0~100 分，各项分值不尽相同。100 分表示患者基本的日常生活活动功能良好，无须他人帮助，能够控制大小便，能自己进食、穿衣、床椅转移、洗澡、行走至少一个街区，可以上楼、下楼。0 分表示功能很差，没有独立能力，全部日常生活皆需帮助。

4. 心理与教育方面的评估

对涉及脑瘫儿童心理与教育等因素进行检查，包括动作发展、认知发展、智力、情绪、社会适应等项目。要结合具体情况，灵活选择适合脑瘫儿童心理与教育现状的方法进行评估，由受过专门训练的、具有一定心理教育学基础的人担任，评估时一定要客观、严格地按照每个测验的程序和要求进行。由于每个测验各不相同，测试和评分方法比较复杂，而且标准要求严谨，因此评估过程中，一定要严格按照评估指导手册进行，否则结果就难以准确。这样不仅失去了评估的意义，还容易造成混乱和不良后果。

(三)注意事项

1. 早发现、早诊断

脑瘫的早期诊断，一般是对 0~6 个月的诊断，其中 0~3 个月诊断又称为超早期诊断。因为脑组织在婴儿早期(0~6 个月)，尤其是新生儿期，尚未发育成熟，还处于迅速发育阶段，这一时期脑的可塑性大，代偿能力强，恢复能力强；此外脑损伤也处于初期，异常姿势和畸形尚未固定化，矫正的可能性较大。

同时，对脑瘫的早期诊断往往也比较困难，因为运动和精神神经发育是一个渐进的过程，年龄越小可观察的项目越少，未成熟儿童脑损伤神经症状一般表现不明显；而正常儿童也可能存在发育脱落的表现，一定程度上对早期发现脑瘫儿童造成困难。

2. 重视早期鉴别诊断

脑瘫的临床表现非常复杂，很容易与其他疾病相混淆，尤其在婴儿期，有些患儿只出现肌张力低下、运动和智力发育延迟三大症状，又无其他特征所见，鉴别较为困难。临床实践中运动发育落后、蛋白质营养不良、进行性肌肉营养不良、肝豆状核变性等疾病与脑瘫的表现颇类似，应予鉴别。

3. 持续评定，循序渐进

对于婴幼儿阶段的脑瘫，最好每月进行 1 次评定，至少应在治疗初期、治疗中期和治疗末期进行 3 次评定。初期评定以掌握患儿的情况，判定近期、远期目标和制订训练计划为目的；中期评定是为了判定治疗效果，变更治疗手段，修正目标；末期评定在出院前进行，判定治疗效果、继续康复的可能性，以及研究出院后家庭的康复措施，指导家长配合。最终的结论来自最后的评定。

五、脑瘫儿童的早期干预

脑瘫儿童的早期干预，旨在通过医疗、教育、社会等康复手段，实现儿童身体、心理、社会适应等方面最大限度地恢复和补偿。对小儿脑瘫的康复与干预应坚持医教结合、全方位的综合干预，由医生、教师、物理治疗师、作业治疗师、专业顾问及其他与患儿和其家人一起工作的人员共同合作完成。

(一)医学治疗与康复

脑瘫儿童一旦被确诊，就需要对其进行治疗与康复。目前，虽然脑瘫不能根治，但可以通过多种手段改善脑瘫儿童的功能障碍，充分发挥其潜能。常用的医疗康复方法主要有以下几种。

1. 外科手术

通过采用矫形手术来改善、消除脑瘫儿童的功能障碍，如肌腱延长术、神经肌支切断术、脊神经切断术等。

2. 药物

这主要以促进脑代谢的活脑素为代表，如脑活素、胞磷胆碱、神经生长肽等脑神经细胞营养药，以利于脑瘫儿童神经机能的恢复。对痉挛型可用巴路芬、肉毒杆菌毒素等降低肌张力，对手足徐动型可配合使用苯海索、左旋多巴等多巴胺类药物，对髓鞘发育不良的瘫痪可给予糖皮质激素配合治疗。

3. 应用矫形器等辅助器具

采用特殊装置或人工方法帮助脑瘫儿童改善肢体功能或替代已受损的功能，常用的辅助器具有：重锤式髋关节训练器、长短下肢矫形器、拐杖、轮椅等。

4. 中医

中医疗法对脑瘫康复有一定的疗效，如推拿、穴位按摩、穴位针灸、经络导平疗法、头针治疗等。中医按摩可减低痉挛肌肉的张力，扩大四肢关节活动范围；针灸可采取头针在运动区、语言区，以改善该区功能。

(二)运动疗法

运动疗法是通过主动运动、被动运动来改善运动障碍的治疗方法的总称，主要内容包括关节活动度训练、增强肌张力训练、姿势矫正训练和神经生理学疗法等。

1. 布巴斯(Bobath)疗法

布巴斯疗法是当前世界各国治疗脑瘫及一切肢体不自由者的主要方法，它是由英国学者布巴斯确立的治疗方法。主要采用抑制异常姿势、促进正常姿势的方法治疗脑瘫，此法又称通过反射抑制和促通而实现的神经发育治疗法。治疗手法包括以下几种。

(1) 反射性抑制手法(抑制伸展姿势、抑制屈曲姿势手法)。前者适用于头背屈、全身呈ATNR、角弓反张脑瘫儿童，后者适用于头前屈、脊柱弯曲、屈髋屈膝呈屈曲状态的脑瘫儿童。

(2) 关键点调节。关键点调节是指训练师在患儿身上的特定部位进行调节，使痉挛减轻，同时可促通正常姿势和运动的手法。

(3) 促进姿势反射的手法。不需脑瘫儿童过度用力，引导出脑瘫儿童最大潜力，形成机能活动的运动姿势，并学习体会这种机能活动运动姿势的经验，达到治疗目的。

(4) 促通性手法。促使患儿正常姿势和运动模式的发展，阻断异常信号的传入和强化正常信号的传入，使患儿动作趋于正常化。

(5) 叩击法。叩击法是提高脑瘫儿童一定部位肌肉的肌紧张，在四肢躯干上有规律地或任意地叩击后出现肌紧张，抑制不自主动作，保持脑瘫儿童正常姿势的促进手法。该方法的具体手技因人而异。

2. 优易得(Vojta)疗法

优易得疗法是由德国学者优易得经过多年的临床实践创建的，是一种集诊断、治疗、预防于一体的运动疗法。这种方法是通过对身体一定部位的压迫刺激来诱导产生全身的、协调化的反射性移动运动，促进与改善脑瘫儿童的运动机能，最终达到反射运动变为主动运动，因此也称其为诱导疗法。本法有自成一体的 Vojta 姿势反射，治疗师用手指按压脑瘫患儿身体某特定部位，使患儿产生反射性翻身和匍匐爬行两种基本动作模式。通过反射性匍匐爬行和反射性翻身两种手技诱发脑瘫儿童的运动能力、用身体各部位支持身体的能力、抬起身体的能力及移动能力,同时促进脑瘫儿童肌肉收缩方向的转换等,进而改善脑瘫儿童的异常姿势、运动模式,促进正常姿势运动模式的发育。每天操作4次,每次10~15分钟。

3. 路德(Rood)疗法

路德疗法是以运动发育和神经生理基础相结合为依据,通过对皮肤施加不同的刺激,对运动系统产生促进或抑制性影响,以诱发有目的的动作。路德疗法常用的刺激技巧主要是软毛刷擦刷法、叩击法和抑制法。

(1) 软毛刷擦刷法:快速擦法(3~5次/秒,持续30秒),可提高肌张力,用于治疗肌张力低下的脑性瘫痪;慢速擦法(1次/秒,持续30秒),降低肌张力,用于治疗痉挛性脑性瘫痪。

(2) 叩击法:轻叩,使肌肉松弛,用于治疗痉挛性脑性瘫痪;重叩,使肌肉收缩,用于治疗肌力低下型脑性瘫痪。

(3) 抑制法:对关节、肌腱、肌群实施压、叩、拉、抚摸、按摩、震动等方法,用于治疗痉挛性脑性瘫痪。

(三)物理疗法(Physical therapy)

物理疗法是研究应用物理因子作用于脑瘫儿童,以提高健康水平、保健、预防和治疗疾病,促进病后肌体康复等的干预方法。所应用的物理因子包括人工、自然两类:人工物理因子如光、电、磁、声、温热、寒冷等;自然物理因子如矿泉水、气候、日光、空气、海水等。

上田法:为日本小儿整形外科医生所创建的一种小儿脑瘫的疗法,根据相反神经兴奋与抑制的网络理论而创设,属物理治疗范畴。主要应用于痉挛型脑瘫儿童,通过手技操作,可以降低患者的肌张力,缓解肌痉挛,达到防止肌肉挛缩、预防关节变形,抑制异常姿势的发生与发展,促进正常姿势发育。目前,在临床上常与其他疗法结合应用,可起到相互加强疗效的作用。上田法手法比较简单,容易掌握,脑瘫儿童家长应该学会,以便开展家庭疗育,会收到较好的效果。

(四)职业疗法(Occupational therapy)

职业疗法是通过选择特定的作业活动,有针对性地对脑瘫儿童进行治疗和干预,从而达到恢复或者提高其生活和学习技能的目的。在实践过程中,职业疗法主要包括器官功能的评估、认知能力训练、生活技能训练、支持环境的创设等。它和运动疗法理论原则基本相同,不同之处主要在于它将器官功能的训练与具体的职业活动或作业活动结合起来,如利用剪纸活动来训练精细运动和手眼协调。

1. 日常生活活动(ALD)训练

例如,穿着衣物、使用餐具进食、个人卫生、洗浴、整容、如厕等。训练脑瘫儿童用新的活动方式、方法或应用辅助器具帮助和使用合适的家用设施,以完成日常活动。

2. 游戏疗法(Play therapy)

通过有选择地做游戏,对脑瘫儿童进行教育和训练,促进其运动智能和社会与心理能力的发展。

3. 感知训练(Sensory and perceptual training)

对周围及中枢神经系统损害患者进行触觉、实体觉、运动觉、感觉运动觉的训练。

(五)引导式教育

引导式教育是一种集体的、游戏式的综合康复方法,旨在使运动机能失调的儿童学习融入社会的教育体系。它在较轻松而愉快的环境下通过教育学习的主动形式,利用认识、感觉交流的方式,对脑瘫儿童日常生活给予各种刺激,逐渐形成功能性动作与运动,并促进脑瘫儿童建立正确的社交、沟通能力等,比较注重人格和性格的培养。引导式教育过程中需特殊的辅助器械,如木条床、坐凳、梯背架、垫子、小梯背椅、手掌板、彩色木棒、地梯、平行杠等。

有研究者认为,引导式教育是脑瘫儿童最佳的教育训练方法,在康复训练中有以下主要作用。

(1) 引导式教育让脑瘫儿童,在训练学习之初就明确地知道自己的训练目的和训练目标。

(2) 引导式教育可以让脑瘫儿童在学习某种知识、技能以及在与同伴进行游戏的同时,达到训练运动功能的目的,使他们感受到学习的快乐和兴趣。

(3) 引导式教育发展了儿童的性格,纠正了儿童不良的行为和情感问题,使得其感到虽然自己有残疾,但也能和普通的孩子一样成为一个各方面"健全"的人。

(4) 引导式教育让脑瘫儿童在家庭化的环境和氛围中进行学习和训练,使他们心情愉悦,没有更多的压力感。

(5) 引导式教育培养了儿童良好的生活习惯,让他们通过普通的一日活动,时刻接受训练和学习,最终学会如何照料自己。

(六)音乐治疗

脑瘫儿童的治疗,一方面在于改善神经运动障碍,另一方面在于改善生理功能和情绪障碍,因而音乐治疗的作用也是多方面的。音乐和音乐活动可以缓解脑瘫儿童紧张、敏感的不良心境,增强积极的人与人之间的关系感以及语言学习的愿望,同时音乐的节律感有利于纠正脑瘫儿童的言语障碍。

拓展阅读

拓展阅读内容见右侧二维码。

分离性焦虑障碍.docx

本 章 小 结

儿童的焦虑症和恐惧症的形成往往不是单一因素引起的,而是由多方面因素共同作用的结果,既受个体的遗传倾向等生物因素的影响,又受心理和环境因素的影响。儿童广泛性焦虑障碍的教育干预尽管比较常见,但目前仍缺乏非常有效的治疗方法。虽然药物可以暂时性缓解压力事件导致的焦虑，但从长期治疗效果来看，心理治疗特别是认知行为治疗更为妥当。

健康障碍儿童在长期的体质虚弱和疾病困扰后，往往表现为情绪不稳定、注意力不集中，以及人际交往中的障碍。因此，需要对健康障碍儿童实施及时的心理干预。对健康障碍儿童的心理干预，需要注意儿童身体发育的现状、所处的教育安置环境。此外，鼓励家庭成员对健康障碍儿童的关注和参与，也是针对此类儿童心理干预的重要议题。

运动和姿势异常是脑瘫儿童最大的障碍，同时伴随的智力障碍和心理问题等都可能阻碍学前儿童的健康成长和良好发展。因此，对脑瘫儿童进行的早期干预要与医教结合，并达成家校合作。

思考与练习

一、名词解释

恐惧障碍儿童　　焦虑障碍儿童　　脑瘫儿童

二、简答题

1. 恐惧障碍的成因有哪些？
2. 系统脱敏法包括哪三个步骤？
3. 健康障碍儿童的心理特点有哪些？

三、论述题

1. 谈一谈肢体与健康障碍儿童的早期治疗与教育干预。
2. 焦虑障碍的表现有哪些？

【实践课堂】

小明，男，29周岁，特教学校学生。脑瘫患者，性格内向，不喜欢交流，智力低下，相当于3岁小孩的智商。人长得白白胖胖的，个子高大。现在各方面能力相对较差，在与老师配合上能积极听从老师的指令，就是完成得质量不好，生活自理方面也不是很好。但是，他的父母关系融洽，家庭和睦，父母均有很高的学历。妈妈在怀孕6个月的时候发生过痉挛，那时的她忙于工作并没有在意，以为没什么事就没去医院及时治疗。当小明1岁之前时，没有发现和其他小朋友有什么不一样，但是1岁之后发现粗大动作不协调，精细动作不灵活，生活自理能力差，沟通交流存在障碍，不能够很好地融入社会，其社会适应能力较差。经常会流口水，说话不清楚，同时出现用头撞墙等一系列行为问题。由于家长都受过高等教育，所以父母从来没有放弃过给小明做康复治疗。前几年特教行业不像现在这么普及，小明一直没有受到专业的教育，导致现在很多行为没有得到改善，现在在机构学习之后各个方面均有所好转。

分析案例中幼儿脑瘫症状的现状及产生该症状的原因。

儿童对活动的需要几乎比食物的需要更为强烈。

——玛利亚·蒙台梭利

第九章 特殊儿童早期训练与指导多元干预方法介绍

本章学习目标

➢ 了解蒙台梭利研究特殊儿童的历程；熟悉蒙台梭利特殊教育儿童观及思想；重点掌握蒙台梭利儿童教育的方法。
➢ 了解奥尔夫音乐的产生与发展；掌握奥尔夫音乐教育的理念、目标、特点与原则；重点掌握奥尔夫音乐教育在特殊儿童治疗中的应用。
➢ 了解感觉统合训练的相关理论；重点掌握感觉统合训练在特殊儿童教育中应用的原则与策略。
➢ 了解沙盘游戏的相关理论；重点掌握沙盘游戏在特殊儿童早期训练与指导中的应用。
➢ 了解游戏治疗的相关理论；重点掌握游戏疗法在特殊儿童早期训练与指导中的应用。

核心概念

蒙台梭利教育(Montessori Education)　奥尔夫音乐教育(Orff Music Education)
感觉统合训练(sensory integration training)　沙盘游戏(sandplay)

引导案例

一个11岁选择性缄默症女孩的个案[①]

由某大学心理咨询中心转介来了一名11岁女孩来访者(以下称小M)，她在除家庭之外的场合都保持缄默，父亲希望通过谈话之外的方式为女儿提供心理治疗。考虑到箱庭疗法

---
① 徐洁，张日昇. 11岁选择性缄默症女孩的箱庭治疗个案研究[J]. 北京：心理科学，2008(1).

的非言语和对深层心理工作的特点，治疗者与来访者父亲共同决定用箱庭疗法进行心理治疗。

成长经历：小 M 出生后与父亲、母亲、祖父母共同生活，与母亲关系亲密，与父亲关系疏离。4 岁时，其母亲因家庭矛盾突然离家出走。母亲离开后，小 M 哭闹 2 个月，拒绝与父亲接近，之后出现缄默症状。7 年中母亲始终杳无音讯，小 M 只与家人有少量言语交流。

学校适应：小 M 上小学报名时，有十几所小学都因其不与老师说话而拒绝接收，最终一所学校勉强接收其入学。小学期间，小 M 在学习与同伴及教师交往方面有严重困难。

心理评估：根据 DSM—IV 诊断标准：在某些特定的社交场合中需要说话的时候不说话，但在其他场合却能说话，已成为儿童学习和社会交往的严重阻碍，此种症状至少持续 1 个月，因此确定小 M 为选择性缄默症。小 M 选择性缄默的深层原因是母亲的突然离开造成小 M 的重要客体丧失，在后续的生活中由丧失带来的哀伤未能得到处理，无法排解内心冲突，与母亲分离以及建立对自己和外界的信任关系受阻。缄默既是对创伤的反应，也是应对愤怒和焦虑的方法。

案例分析

这个案例为我们描述了一个 11 岁选择性缄默症女孩的成长经历、学校适应与心理评估情况。小 M 从 2006 年 4 月 8 日至 10 月 22 日经历了为期 6 个月，共 24 个治疗单元的沙盘治疗。随着治疗过程的深入，小 M 能用语言来表达自己的想法、发起谈话的次数逐渐增加，并能表达情绪(积极和消极)，反映出小 M 逐步建立与治疗者的信任关系。在亲子关系与学校适应性上，小 M 也有很大的进步。这说明采用沙盘治疗干预选择性缄默症有一定效果。

学习指导

本章的重点是掌握各种针对特殊儿童早期训练与指导的干预方法。首先仔细阅读教材，了解每种干预方法的相关理论，再结合阅读相关案例资料来了解每种方法在特殊儿童教育中的应用。

第一节　蒙台梭利教育法

从 1896 年到 1901 年，蒙台梭利只有短短 5 年治疗和训练弱智儿童的实践经验，但却取得了卓越的成效，经过她教育的智障儿童竟然都通过了意大利当年为正常儿童设立的考试。之后，她就将全副精力和全部工作转移到正常儿童的教育上。虽然她还没有来得及形成系统的、全面的关于弱智儿童教育的思想，但是我们可以从她关于幼儿教育的著作中，找到一些有关弱智儿童的论述，从中了解她对弱智儿童的认识以及对弱智儿童进行教育和训练的方法。

拓展阅读

蒙台梭利研究特殊儿童的历程及蒙台梭利特殊教育儿童观扫描右侧二维码。

第九章二维码.docx

一、蒙台梭利特殊教育思想概述

蒙台梭利从罗马大学医学院博士毕业后的第一份工作便是在精神病诊所面对智障儿童，她在经过多年对智障儿童的观察、实践、总结的基础上逐渐形成了自己的特殊儿童教育思想与方法，可从如下几个方面来了解。

(一)对于特殊儿童尤其是智障儿童，应首选教育手段帮助其康复与成长

在蒙台梭利刚接触智障儿童时，这些儿童被人们看作与精神病人具有同等性质的疾病，在干预措施上主要采取药物等治疗手段。在蒙台梭利后来对这些智障孩子的研究中，她越来越坚信药物治疗不能拯救他们，教育才是更有效的手段。她在一次演讲中曾指出："儿童在心理方面的缺陷实际上属于教育问题，而非医学上的问题，因此训练和教育比治疗更加必要。"仅以药物治疗智障儿童的做法完全忽视了其本身能力的发展。她认为通过良好的教育途径与方式能提高智障儿童的智力，实践中她在这方面也确实取得了辉煌的成就。

(二)蒙台梭利特殊教育注重动手操作即"工作"

蒙台梭利认为，智障儿童发展智力需要通过双手来操作，要通过有意义的"工作"来促进智力的发展。在实践中，她设计了很多教具让智障儿童操作，对促进他们智力的发展具有非常大的作用。

蒙台梭利发现，儿童具有工作的本能，儿童可以通过工作来构建完整的自我。蒙台梭利所谓的"工作"就是儿童在"有准备的环境"中和环境相互作用的活动。蒙台梭利认为儿童必须通过自己的"工作"才能使自己达到心理的健康发展，儿童"工作"的敏感期是3岁至7岁。在这一段时间里，儿童像一个"工作狂"以令人惊讶的热情投入"工作"。在自由开放的空间中，当儿童全身心投入到自己选择的工作之后，他们会表现出极度的欢愉、平和与宁静，这时他们的某些需要就能得到满足，心智上也就达到了平衡和谐。可见，"工作"首先使儿童个性成长进入秩序状态，并为其继续成长创造广泛的可能性。

(三)蒙台梭利特殊教育要为智障儿童提供"有准备的环境"

"有准备的环境"是蒙台梭利教育的基本术语之一，也是蒙台梭利教育的核心。对于智障儿童来说，教育者必须构建比正常儿童更加灵活的环境。在设立环境时，要考虑到个体的能力、发展与障碍，以及治疗的需求等问题。对于每个个体所需要的环境，教育者必须事先进行必要的评估，有计划、有目的地预备好教育环境。

其主要内容如下。

```
                    ↗ 蒙台梭利教具
          ↗ 物质环境 → 各种符合儿童尺寸的室内设施
有准备的环境           ↘ 教师自制的各种教学材料
          ↘ 人文环境 → 各种有价值的人类文化遗产
```

蒙台梭利特殊教育对环境设置的要求如下。

(1) 环境的设置必须提供符合特殊儿童发展自由操作的各种活动材料，这些材料是真实、可操作的，并且是符合特殊儿童发展的节奏和步调，随着特殊儿童的发展不断更换的。

(2) 环境必须是有秩序的、美的、对儿童有吸引力的，同时也必须能保护特殊儿童，儿童能安静而有秩序地生活，减少生命力的浪费，有利于其正常的发展。

(3) 环境应该是一个特殊的、区别于成人世界的环境，这个环境是可以保护特殊儿童的。蒙台梭利说："这种环境充满着爱的温暖，有着丰富的营养，在这种环境中所有的东西都倾向于欢迎他，而不会对他有伤害。"

(四)保障智障儿童的自由与独立

蒙台梭利认为"我们必须采用以自由为基础的教育方法去帮助儿童获得自由"。前一个"自由"是指活动的自由。在蒙台梭利看来，只有自由的环境经验才能使人具有发展的可能，因此在蒙台梭利的教室里，儿童可以自由选择教具、选择活动，自由决定"工作"时间，自由进行人际交往，没有人为的比赛和惩罚。后一个"自由"是指独立自主的人格。蒙台梭利认为，儿童天生就能够以直接且积极的方式追求独立，而成长就是向更高层次的独立不断推进，因此"教育介入的首要形式，必须以引导孩子向独立自主的方向发展为目标"。蒙台梭利认为，对于智障儿童，我们更应该保障他们的自由，帮助他们获得独立。

蒙台梭利反对借助各种细微的管理技术去完成对特殊儿童的管理与控制，利用铃鼓、韵律、注视、口令甚至儿歌来完成对儿童身体及其动作的规范；使用惩罚、贴标签、命令、表扬等手段使儿童"听话"，来完成对儿童的控制，并借此形成儿童生活的普遍秩序。在这种生活秩序下，儿童仅被作为常规生活的客体，被动地接受和驯服，其主动性被压抑、主体性被抹杀、创造性被扼杀、积极性被磨灭。常规生活遮蔽了儿童本应拥有的丰富的日常生活，成为儿童自由和主动性的镣铐。

蒙台梭利对这种压抑儿童自由发展、自动发展的教育进行了猛烈的抨击。她认为这种教育缺乏自由，普遍不适合于成长中的儿童。在一种不友爱而受压抑的环境里，儿童将变得奴性十足，他们必须一动不动，必须被动地服从教师。他们被禁止相互帮助，承受奖励和惩罚，被迫遵循一个与其发展过程关系甚微的教学计划，在这种环境中禁止自由操练、禁止选择工作、禁止沉思，压抑所有的情感、排除一切丰富知识的外部刺激，还制定出一整套"威胁、监视、惩罚、命令和禁止"的方法，以压制儿童天生的"顽皮性"。她主张通过自由、工作培养儿童的秩序。

对于智障儿童来说，生活能力的独立(如坐、立、行)和运动的基本技能等是迈向自由的第一步。教育者必须关注智障儿童身体和心理等方面的能力，培养其独立性。

(五)蒙台梭利特殊教育中的教师要承担多方位角色

蒙台梭利在对特殊儿童进行教育时，称自己及其他教师为"导师"，她认为特殊儿童教师要具备多种角色：环境的提供者、示范者、观察者、支持者和资源者。教师的工作就是观察特殊儿童的内心需要，为他们准备和创设环境，示范教具操作，根据儿童的身心特点，在必要时给予其启发、引导和帮助。具体发挥的作用如下所述。

1. 环境的提供者

特殊儿童教师要根据特殊儿童的需要创设具有兴趣性和探索性的可供幼儿活动的材料和环境，在观察、研究幼儿的基础上精心设计可以服务于幼儿发展的、作为幼儿活动对象的环境。通过准备适当的环境和材料，引发特殊儿童的学习兴趣，并引导幼儿在和环境的相互作用中、在对环境材料的操作活动中主动地学习。正如蒙台梭利所说："注意儿童的环境是教师的第一个职责，也是最重要的职责。虽然其影响是间接的，但如果教师做不好这项工作，儿童的身体、智力或精神各方面都无法产生有效而永恒的结果。"

2. 自由的保障者

在为智障幼儿提供了适宜的环境以后，教师还应引导其积极、主动地探究环境、操作环境，让特殊儿童切实成为活动中的"主体"，保障特殊儿童活动的自由。蒙台梭利所认为的自由是"有限制的自由""有规则的自由"，不是任何人都能够无条件或无限制地享有的"自由"，在"团体利益优先"的原则下，对违反大家须共同遵守的规则的儿童，对妨碍或干扰别人活动的儿童，教师应适时介入，限制其自由。

3. 特殊儿童发展的协助者

蒙台梭利认为，教师应成为特殊儿童发展的协助者，多给智障儿童提供舞台、指出方向，关键时刻给予指导的"导师"，才是特殊儿童发展的协助者，是"特殊儿童的仆人"，必要的时候给予适当的帮助。

(六)蒙台梭利特殊教育对智障儿童进行个别化教育

智障儿童不具备健全儿童完全的独立性，个人发展的差异性比较明显。在蒙台梭利教育中发现，智障儿童个体差异显著，这必须引起教育者的关注。应该根据儿童智障程度的不同进行一对一的个别指导，通过这种方式进行教育应该成为对智障儿童主要的教育方式。教育内容的选择必须要针对特定智障儿童的发展能力，使其符合儿童发展需求。

二、蒙台梭利特殊儿童教育的方法

蒙台梭利教育理论、方法、模式是以广泛的医学、生物学、哲学、心理学、教育学、人类学和精神病理学等知识为基础的，在教育实践中形成的教育思想和系列化的操作系统。该方法最初就是蒙台梭利在观察智障儿童的基础上，为智障儿童设计的一套教育方法，这些儿童经过蒙台梭利精心的教育之后，取得了惊人的成绩，通过了意大利为正常儿童设置的考试。可以说蒙台梭利是最早研究特殊儿童的早期教育家。我们首先来了解一下蒙台梭利的儿童观，这是蒙台梭利一切教育的基础。

(一)感官训练法

感官训练是蒙台梭利方法中最引人注目的一个方面。在她完备而系统的幼儿教育理论体系中，十分重视感官训练的作用。她认为，第一，学前阶段的幼儿处在各种感觉的敏感期，这段时间进行感觉教育可以使他们的感觉获得良好的发展。第二，感觉教育与智力培养密切相关。第三，通过感觉教育可以在早期发现感官缺陷，并且及时采取措施使其得到矫正和改善。蒙台梭利从伊塔和塞贡的著作中学习借鉴来不少他们用于感官训练的教具和方法。她把感觉教育分成触觉、视觉、听觉、嗅觉和味觉等感官的训练,各种感官又细分成若干种(如触觉又细分为对光滑粗糙的感知、对冷热的感知、对轻重的感知和对厚薄大小的感知等),专门设计了各种教具。每一套教具都由若干部件组成,所有部件除了某一方面有量的差异之外,其余的性质都相同。

蒙台梭利注意到弱智儿童和正常儿童对同一套感觉训练教具的反应是不一样的。蒙台梭利用带插座的圆柱体组来训练孩子的眼睛对面积大小的不同感觉。训练的要求是让孩子从打乱摆放的圆柱中挑选出适合的插入相应的圆孔。对于弱智儿童,这个练习显然太难了,因此需要从具有更鲜明对比的练习开始,只有事先进行许多预备练习之后,才能进行上述练习。而且在做这项练习时,老师还需要不断地提醒他注意,要他瞧着木板,把不同大小的圆柱给他看。如果他把圆柱都插回了原位,他就停止不动了,游戏就结束了。不论什么时候出了错,都需要替他纠正,或促使他纠正。即使当他能够自己纠正错误的时候,通常表情也很冷淡。然而,正常儿童则可以不经预备练习即开始,且自始至终自发地表现出浓厚的兴趣,把妨碍和帮助他的人推开,愿意独立解决问题。可以这样说,蒙台梭利在观察中已经发现了弱智儿童与正常儿童在心理特征上的某些差异,并且比较正确地认识到弱智儿童思维发展缓慢、缺乏学习兴趣和主动性、情感发展迟滞等心理特点。

蒙台梭利还指出,对弱智儿童和正常儿童进行感觉训练时,不能用完全相同的技术。比如,感觉隔离是蒙台梭利在对正常儿童进行感官训练时所采用的一个重要技术。她认为在训练一个感官时,要尽可能地排除其他感觉渠道的干扰,以使被训练的感官印象来得纯正清晰。为了训练触觉,她要求儿童在暗室里,甚至蒙上眼睛,操作触觉教具,这种做法必然能提高注意力集中的程度,但是她认为这种感觉隔离的技术不能用在低能儿童身上。因为低能儿童一进暗室,往往就会睡觉,或者做不守规则的动作,当蒙上眼睛时,他们的注意力就集中在蒙眼布上,把练习变成了游戏,达不到做练习的目的。蒙台梭利这种尊重弱智儿童与正常儿童的差异,并且根据他们的差异采取不同的教育训练方法的科学的态度,是非常值得我们称道和学习的。

(二)三阶段教学法

蒙台梭利认为,在对弱智儿童进行感官训练时,应该把感觉和语言联系起来。比如,她采用"三阶段教学法"来教弱智儿童识别一些概念。在蒙氏教育的教学过程中,当教师教授给孩子新的单词或概念时,通常都使用"三阶段"教学法,它包括对形状、色彩、声音、物体的名称以及字母、数字等的练习。三阶段教学法是让特殊儿童了解名称与概念的教学方法,应该是在孩子能掌握教具的特性,并且有辨别特性差异的能力之后,才开始的一项练习。也就是教师在做完基本操作提示,孩子对教具有充分的练习后才能够实施。

1. 命名

老师给物体赋予准确的概念,帮助孩子在物体和所对应的名称之间建立联系。基本语句:这是……

具体操作时的注意事项包括:①应把物体交给孩子充分感知,然后加以命名。②命名之前,要做一个短暂的停顿。③命名时语言一定要简洁、准确。例如,这是大的。④重复几次,直到你认为孩子已经在物体和名称之间建立了联系。

2. 辨别

请孩子辨别与名称或概念相对应的物体。这一阶段可以明确知道孩子是否真正理解所教授的内容。基本语句："哪一个是……？"例如，在教授大小的概念时，辨别阶段应问孩子："哪一个是大的？""哪一个是小的？"也可以说"请把大的举过头顶""请把小的藏在身后"等。语句可以多样，目的是完成概念与物体的对应。

具体操作时的注意事项包括：①在组织练习时尽量具有趣味性，调动起孩子的积极性。②孩子在该阶段出现错误，不要马上纠正，应该再回到第一个阶段，然后再进行第二个阶段，多做些反复的练习。

3. 发音

请孩子说出所指物体的名称或概念。基本语句："这是什么？"或"这是怎样的东西？"这一阶段可以明确知道孩子是否掌握了物体的正确名称，也可以知道孩子的发音是否准确。

具体操作时的注意事项包括：①如果孩子能够说出名称，但是发音不准确，教师可以马上进行示范纠正。②如果孩子不能说出正确的名称，教师要返回到第二阶段，重新进行辨别命名。

(三)书写教学法

蒙台梭利认为教弱智儿童学会书写是很重要的事情。她根据在教学实践中的观察，发明了一种独特的书写教学法，称之为"自发书写法"。她在教一个低能儿童时，偶然观察到一个11岁的呆傻女孩，身体和手的运动能力正常，但学不会缝纫。于是她先让这个女孩用纸条学席子编织，把一根纸条横着一上一下地穿过两头都固定在一排。当女孩能熟练编织后，蒙台梭利再让她学缝纫，结果女孩很快就学会了缝纫。蒙台梭利从这件事上萌生了一个想法，用她自己的话说就是："我们的确应该在让孩子完成一个任务之前，真正找到如何教他去完成这个任务的方法。"她认为这个方法就是先让弱智孩子练习准备性的动作，然后再进入实质性的工作。因为准备性的动作容易学会并能变成一种机制，可以帮助孩子顺利完成他以前没有直接着手进行过的工作。在这种思想的指导下，她制造了一套又漂亮又精致的木制字母来教弱智孩子学习书写。字母用木料制成，厚度为5毫米，低矮字母的高为8厘米，较高字母的高按比例而定。字母的正面涂有磁漆(辅音字母为蓝色，元音字母为红色)，底面用青铜覆盖。与木制字母配套，还有一套纸卡字母。蒙台梭利要孩子们将可以移动的木制字母放到相应的纸卡字母上，告诉他们字母的名称，让他们反复触摸木制字母，先用食指，然后加上中指，最后拿一根小木棍触摸字母。蒙台梭利认为这种触摸练习不仅可以训练孩子心理运动的轨迹，建立起每个字母相应的肌肉运动的记忆，还能训练孩子把握和运用书写工具所需的肌肉运动的机制。掌握了以上这些准备性的动作后，孩子很容易就能学会书写。蒙台梭利从1899年起就开始用这种方法来教孩子学习书写，并且取得了令她吃惊的效果，弱智孩子第一次书写，就在黑板上"毫不犹豫地敏捷地写出字母表中的全部字母"。蒙台梭利书写教学法与感官训练有密切的关系，该法是充分利用弱智孩子的触觉的结果，值得我们在弱智儿童的教育实践中作进一步的探讨和研究。

蒙台梭利是真正专心致志观察过、研究过并帮助过智障儿童的教育家，她的教育方法也被证明确实对智障儿童的康复有非常好的效果。因此，在特殊儿童智障儿童群体中应用蒙台梭利教育方法具有极大的可行性与必要性。

第二节　奥尔夫音乐教育法

卡尔·奥尔夫(1895—1982)，德国著名的作曲家和音乐教育家。1895年7月生于德国慕尼黑远郊的一个充满浓郁的知识与艺术文化氛围的巴伐利亚军人家庭。奥尔夫5岁时在母亲的指导下开始正式的钢琴学习，8岁进入音乐厅广泛聆听莫扎特、贝多芬等维也纳古典音乐大师们的经典名作，这些经历成了奥尔夫接受音乐教育的一个较高的起点。儿时的奥尔夫最喜欢玩木偶游戏，他经常和伙伴们一起探索、发明和创造各种各样奇怪的声响来表现游戏中的情节及其发展。17岁时奥尔夫考入慕尼黑音乐学院，学习期间他在音乐、诗歌艺术等领域乐此不疲，还创作了不少音乐作品。这些作品既受到了德彪西、斯特拉文斯基等众多艺术前辈们的影响，同时也蕴含着奥尔夫重视音乐的节奏性、强调音乐与文学的关系等富有个性的创作思想。1914年音乐学院毕业后，奥尔夫继续坚持他的音乐学习和音乐创作，也曾担任过剧院指挥等工作。一战后的1924年，奥尔夫的音乐事业有了新的转机，1924年9月他与达尔克罗兹的学生多罗西·京特一起在慕尼黑建立了"京特学校"，开始了在音乐教育方面的实践探索。希特勒上台以后由于政治压力，奥尔夫脱离了教育领域并重新回到音乐创作之中。从1935年到1942年，奥尔夫共创作了三部成熟并有影响力的舞台作品：《卡尔米纳·布拉纳》《月亮》《聪明的女人》。直到1948年，奥尔夫才"得以继续当年突然被打断的尝试"，新的音乐教育工作把重点放在了儿童身上。之后，奥尔夫音乐教育迅速发展，并很快被推介到世界各国。1982年3月9日，卡尔·奥尔夫与世长辞，他为奥尔夫音乐教育体系的发展做了自己"分内的事情"。

下面就让我们详细了解一下这位音乐教育家的教育体系及其在特殊儿童教育中的应用。

一、奥尔夫音乐教育概述

拓展阅读

奥尔夫音乐教育的产生与发展及奥尔夫音乐教育的理念扫描右侧二维码。

第九章二维码.docx

(一)奥尔夫音乐教育的目标

奥尔夫虽然没有像课程专家那样明确地提出自己音乐教育体系的课程目标，但其课程实践中真实地蕴含着一些基本的、大的"中心思想"，即课程目标。具体目的可以概括为以下几点。

1. 促进学生的个体成长，培养学生肯定的自我形象

奥尔夫音乐教育以人的发展为本。其课程的重要目标之一就是促进学生的身心发展以及个体的健康成长。与传统音乐教育以知识技能为中心，把音乐教学作为课程主要目标不同的是，奥尔夫音乐教育注重在教育教学的过程中对学生想象力、创造力、空间感、结构感、美感等能力进行培养，对学生平衡能力、记忆能力、协调合作能力、注意力的集中与合理分散能力等方面进行训练。它充分利用和发挥音乐艺术自身的特点，丰富学生的情感体验，培养学生的审美情趣，为个体的成长和发展创造了广阔的空间，从而使学生形成正确的情感、态度和价值观，培养他们肯定的自我形象。

2. 培养学生主动学习音乐的兴趣

兴趣是最好的老师，是学生学习的巨大动力。奥尔夫音乐教育把学生主动参与音乐活动及学生音乐兴趣的培养作为首要目标。在这种课堂中，教师的任务不只是"传道、授业、解惑"，更重要的是创设良好的教育情境来引导学生发现问题，鼓励他们自己去探索问题，寻找答案，通过提出问题、集体讨论，帮助他们理解和掌握学习内容。这样，就能激发学生对音乐本身的兴趣，使音乐学习成为一种游戏和生活，调动他们学习音乐的积极性。

3. 培养学生的集体意识

奥尔夫音乐教育采用集体教学的组织形式，通过儿童群体游戏来创造一种良好的社会环境。在这个环境中，每个参与游戏的孩子都有一种集体感、一种从属于集体并力争为集体作贡献的荣耀感。

4. 培养学生的音乐感知力和鉴赏力，发展他们良好的音乐表现力和创造力

奥尔夫音乐教育以极其简单的方式将节奏、旋律、曲式、和声及其他表现要素有机地结合为一个整体，通过一系列音乐活动和游戏培养学生对音乐基本结构的敏感性，以此来发展学生的音乐素质。

5. 培养学生将音乐理解为文化

将音乐理解为文化也是奥尔夫音乐教育的重要目标之一，这在其课程内容的选择及教育教学的过程中都有具体的体现。奥尔夫音乐教育打破了音乐与生活的界限，缩短了音乐与学生之间的距离，使学生能在生活中体验音乐，认同文化。

(二)奥尔夫音乐教育的内容

奥尔夫音乐教育强调一切从儿童出发，选择最符合儿童天性的民歌、童谣、谚语等教学素材用于儿童音乐教学中。其教学内容主要包括嗓声造型、动作造型、声音造型三个方面。其中，嗓音造型指歌唱活动和节奏朗诵活动；动作造型指律动、舞蹈、戏剧表演、指挥及声势活动(拍手、拍腿、跺脚、捻指)；声音造型指乐器演奏活动。其中节奏学习是最基本和最重要的部分。奥尔夫认为：这种集诗、舞、乐、戏剧于一体的综合性课程内容不仅符合人类生活的原始性、原本性，同时也符合儿童的特点和他们学习音乐的自然天性。

(三)奥尔夫音乐教育的特点

奥尔夫音乐教育具有以下几个特点。

1. 以人为本，突出音乐教育人性化

奥尔夫音乐教育的理念就是回归人本的原本性(element)教育，它强调感性(感知、感觉、感情、感悟)的挖掘与培养，是以学生为中心、以学生的发展为本。可以说，学生在奥尔夫教学体系中的音乐课堂上，才在真正意义上"走进了音乐"。这种音乐与学生的生活息息

相关，并能充分地表达自我的情绪、情感，体现了人文关怀。

2. 在"做"中学，突出音乐教育的游戏性

美国心理学家、教育学家罗杰斯提出了学习的理论，即有意义的学习都是在"做"中进行的，在做的过程中逐渐形成了自然的、本质的联系。高尔基认为，"儿童通过游戏，非常简单、非常容易地去认知周围的世界"，他们由于受心理发展过程中的变化有时会有不正常性的情绪、情感，以及对事物了解的肤浅性、滞后性等不稳定因素，但他们唯一不变的兴趣就是游戏。

3. 乐器参与，突出音乐教育形象化

奥尔夫音乐教育中开创性地运用了各种打击乐器，并把这些乐器作为节奏训练的工具和学习各种音乐要素的媒介，还巧妙地运用了"人体乐器"，通过身体动作发出的声响进行音乐训练。它运用范围广，无须借助抽象的概念、复杂的逻辑思维、高难度的技能技巧，也无须任何教具、乐器，使儿童能够驾驭，突出形象化特点。对智力落后的儿童来说，身体的接触与交往是开发他们智力的第一步。

4. 博采众长，突出音乐教育开放化

奥尔夫的音乐教育思想是开放的，没有像其他音乐教育体系规定的条条框框。在对于智力落后的儿童音乐教育上，它不仅是运用表层的音乐教学理念去说服，更是运用音乐教学手段近距离地接触、了解智力落后的儿童，这充分体现了音乐教育的开放性。

5. 课堂教学注重创造与表达

奥尔夫音乐教育独特而先进的教学理念是融诗歌、音乐、歌唱、舞蹈、美术等多种艺术形式于一体，在这种综合性的教学内容下课堂里充满了奇思妙想的创造性活动，并且弥漫着轻松愉快的氛围。奥尔夫认为，传统音乐教学的重心一直放在对音乐技能技巧的传授训练上，却忽视了音乐本身的生命力的体现以及学生在学习中的创造性和情感表达的培养。奥尔夫音乐教学课堂真正吸引人的地方正是唤醒了人们与生俱来的想象力、创造力和人们用音乐表达情感的能力。奥尔夫音乐教学课堂没有固定的模式，但都遵循着一个基本的原则和组织过程，这是一种发现的过程、好奇思维的过程、形成问题的过程、寻求答案的过程。

(四)奥尔夫音乐教育的方法

奥尔夫音乐教育没有一成不变的模式，它强调针对教学对象的不同特点和发展需求，根据音乐艺术的表现规律，教授者可以即兴组合成各种由简单到复杂的、灵活多变的方法。这种生动多样的灵活性正是源自对音乐活动中儿童各种生动、自由的即时表现的细致观察和积极反馈，并能够随时给予儿童最及时、最有效的指导。其主要着眼点不在于理性地传授知识和技能，而在于自然地、直接地诉之于感性，在感性的直接带动下，在实际奏乐的过程中，学会知识，掌握技能。

奥尔夫音乐的最大特点是关注对孩子内心世界的开发，在这样的学习中，孩子不会把学音乐当成一种负担或功利，而会全身心地投入到音乐世界中来，用他们的肢体、语言、乐器自由地演绎，以独特的方式抒发内心世界。当音乐成为孩子自身的需求，孩子对乐理、

乐感、表演、演奏以及语言文化的掌握自然轻松快速，而且根深蒂固。同时强调创造精神的塑造，在课堂上，孩子用蛙鸣筒模仿秋夜的蛙声，用腕铃描绘春江细雨，用语言与拍打肢体来演绎节奏，尤其一群孩子一起表演不同声部时，一部悦耳动人的交响乐就在孩子们中诞生了。奥尔夫音乐给孩子发展个性提供了无限的空间，也在集体表演中赋予孩子集体意识与合作精神，在课堂中还让家长参与课程，父母与孩子一道学习、表演，让课程更有乐趣和意义。

(五) 奥尔夫音乐教育的原则

奥尔夫音乐教育具有以下几个原则。

1. 综合性的教学原则

奥尔夫音乐教育遵循综合性的原则是由其以人为本的教育价值观和原本性的音乐观所决定的。奥尔夫音乐教育的综合是一种立体的综合、网状的综合、多维度的综合。

2. 以节奏为基础的教学原则

节奏是音乐诸要素中与人的生理、心理等活动关系最为密切的部分。节奏是音乐进行的时间组织者，即音乐的骨架。突出的节奏性是奥尔夫音乐创作的重要特点，也是其音乐教育的基础。

3. 亲自参与、注重体感的教学原则

奥尔夫音乐教育用节奏性较强并比较容易学会的和肌体相近的乐器来组织教学。以节奏教学为基础、以乐器教学为特色的奥尔夫音乐教育，大大降低了孩子们主动参与音乐学习的门槛，这种教育让他们在学习体验音乐的整个过程中充满快乐感、成就感和自信心。

4. 创造性、即兴性的教学原则

正如一切原始形态的艺术活动都带有自发性、创造性一样，奥尔夫倡导的原本性音乐教育的一个基本点就是创造。奥尔夫明确指出"让孩子自己去寻找、自己去创造音乐是最重要的"。因此，引导创作成了奥尔夫音乐教育的重要内容，而即兴又是其创作的主要形式。

5. 本土化的教学原则

奥尔夫音乐教育的本土化原则主要体现在音乐教育的内容和形式两方面。内容上，奥尔夫主张文化平等，承认全世界各民族的音乐都有其自身的文化价值，教学中应使用符合本地区本民族传统和习惯的音乐素材，应有利于本民族文化的传承和发展，有利于学生的学习和成长。形式上，教授者应充分考虑本地区本学校学生的实际水平，在此基础上灵活地、创造性地运用教学形式、采用教学方法来开展一系列教学活动。

6. 面向全体学生的教学原则

奥尔夫音乐教育关注的不是有特殊才能儿童的音乐教育，而是在广泛基础上的儿童教育。在教学内容、教学形式和教学方法等方面都充分考虑了广大儿童生理心理的特点和发展规律。

二、奥尔夫音乐教育在特殊儿童治疗中的应用

1. 通过声乐给特殊儿童快乐和美的体验

奥尔夫音乐治疗坚持语言音乐化的思想，无论是问候、交谈都可以以音乐的形式展现出来，让特殊儿童随时随地都能感受到音乐的美。治疗师也可以为自己的指令配上相应的曲调，曲调要随着语气的变化而变化，治疗师还要能够充分挖掘声音的潜力，搜集和利用任何有趣的声音去吸引特殊儿童的注意力，而且治疗师还可以模仿特殊儿童的声音，这样更容易与特殊儿童产生共鸣，而且有趣又有节奏的声音还有利于培养特殊儿童的韵律感，使特殊儿童能够建立固定运动节奏。另外，治疗师可以制作一些有故事情节的歌曲，并配上音乐声调、节奏、音色等变化来提高儿童的理解能力，再以游戏的方式将卡片内容演示出来，加深儿童的印象，以提高儿童的记忆力。

2. 通过律动提高特殊儿童的自我表达能力

奥尔夫音乐治疗律动包括结构性律动和非结构性律动两部分，其中结构性律动可分为手指游戏小律动和肢体大律动。通过手指游戏小律动，可以帮助特殊儿童逐渐学会辨别自己的双手和十个手指头，并让他们通过各种手指游戏提高手指的灵活性和手的配合度，这需要治疗师根据儿童的实际情况采用合适的手指游戏，同时要注重游戏的启发性，帮助特殊儿童发现自我、认识自我，在娱乐中提高特殊儿童的自我表达能力。它可以帮助特殊儿童认识掌握更多的词汇，从而提高其说话的能力。肢体大律动是指以奥尔夫音乐为背景，让特殊儿童认识自己的身体和四肢，同时提高儿童的运动能力和协调性。治疗师从最初的让儿童去模仿自己所创作不同的动作，还可以通过利用身边的乐器和工具跟随音律进行各种运动。

3. 通过聆听提高特殊儿童的感知能力

奥尔夫音乐治疗中又将聆听分为主动聆听和被动聆听两部分。主动聆听是指特殊儿童跟随治疗师做出与音乐相关的动作，这些动作要能够起到表现歌曲内容和展现音乐的作用；被动聆听是指将特殊儿童置身于音乐环境之中，并辅助儿童跟随音乐节奏摇动，让音乐去滋润儿童的心灵，从而逐渐提升其感知能力。

4. 通过乐器演奏提高特殊儿童的认知及理解能力

特殊儿童在已经辨识自己身体后可以对其进行乐器演奏训练。乐器演奏可以给予特殊儿童全新的视听感受，不断强化他们的视听刺激。另外，特殊儿童对乐器的控制也是自我意识的最好体现。儿童根据音乐结构演奏乐器可以提高其对音乐的理解能力，治疗师可以先让儿童跟随自己进行演奏，再逐渐让儿童尝试自我演奏。

5. 通过音乐假想游戏达到更好的治疗效果

音乐假想游戏是一种循序渐进的音乐治疗活动，它又包括单角色假想游戏、多角色假想游戏和双角色假想游戏。这种方法具有较强的娱乐性，更容易被特殊儿童所接受。而且双角色假想游戏和多角色假想游戏体验还有利于培养儿童的合作意识，提高儿童的交际能

力，使特殊儿童在音乐游戏的交流和体验中达到更好的治疗效果。

> 拓展阅读

幼儿园小班奥尔夫音乐教案扫描右侧二维码。

第九章二维码.docx

第三节　感觉统合训练

随着美国临床心理学家艾尔丝(Ayres)首先提出感觉统合的概念，对感觉统合的研究逐渐开始受到研究者们的重视。在我国21世纪初不断有人对感觉统合的各领域进行研究，随着理论研究的深入，对感觉统合领域的实践也不断丰富起来。越来越多的人认识到儿童感觉统合训练的重要性，并不断有人开展感觉统合的相关训练或治疗。感觉统合训练应用于自闭症、智障儿童等特殊儿童的研究也比较多见，下面我们就来详细了解感觉统合训练的相关理论及其在特殊儿童教育方面的应用。

一、感觉统合训练的领域

> 拓展阅读

相关概念的界定及感觉统合训练的理论基础扫描右侧二维码。

第九章二维码.docx

感觉统合训练的实施是在大脑高级功能区的调控下进行，各种训练活动是在个体多种感觉器官、运动器官参与下实现的，每一种训练活动不可避免存在一定程度的感觉"统整"，但是为了更有效、更有针对性地解决儿童的具体问题，训练活动往往分领域实施。根据儿童感觉统合发展中呈现的主要问题，感觉统合训练分为四个领域以及综合训练。

1. 触觉功能训练

触觉功能训练是针对触觉过度敏感或触觉不敏感对象的干预。触觉感受器遍布全身，它是个体处理与环境之间关系最基本、影响力最大的感觉系统。个体早期(婴幼儿起)的触觉及其他体肤感觉对个体认识世界、适应环境、促进中枢神经系统的发展意义重大，是儿童早期重要的"认知器官"，并在确保其身心安全、实现社会化方面起着直接的、不可替代的作用。

训练相关器械：按摩球、波波池、平衡触觉板。

2. 前庭觉功能训练

前庭觉功能训练主要用于改善个体脑干网状系统对上下信息的组织和统整能力，是感觉统合训练的核心，是解决儿童感觉统合失调的关键。个体前庭系统与其他感觉系统之间广泛联系，影响个体视觉—运动的协调、运动器官的肌肉活动，在个体维持合适的体姿、形成空间判断、保持合适的注意力等方面有着重要作用。

训练相关器械：大龙球、滑梯、平衡踩踏车、袋鼠袋、晃动独木桥、圆筒、圆形滑车、平衡台。

3. 固有平衡功能训练

强化中耳平衡系统对重力的协调，调整脊髓中枢神经，并协调整体神经系统机能，为个体大脑的发展奠定基础。

训练相关器械：大陀螺、独脚椅、脚步器。

4. 本体感觉功能训练

本体感觉功能训练用于改善个体对自身动作属性、姿势状态的感受力及调节能力。本体感觉反馈性地参与肌肉运动调节，直接影响动作的各种基本属性(动作的方式、方向、速度以及不同肢体间的动作协调等)，与视觉、前庭觉等协调合作形成空间概念，进行运动计划等。本体感受器位于肌肉、关节及肌腱处，故本体感觉功能的训练是通过各种运动来实施的。

训练相关器械：滑板、晃动独木桥、跳床、S形垂直平衡木、平衡台、S形水平平衡木、圆形平衡板等。

5. 综合训练

对于儿童而言，他们的各种感觉系统仍处于发展阶段，仍需要足够的刺激以进一步促进其功能的发展与完善，还需要提高与其他感觉系统的信息整合、协调水平。对于感觉统合失调儿童而言，他们有的因个别感觉系统功能发展不利影响了各感觉系统间的信息沟通、统整及协调，有的因多个感觉系统功能发展不力或不平衡导致个体感觉统合能力失调。所以，有意识地对各种感觉系统进行综合训练就成为感觉统合训练的最终途径和归宿，训练的项目设计及训练活动的安排多围绕综合训练进行。

二、感觉统合训练在特殊儿童群体中的应用

(一)特殊儿童感觉统合训练的原则

在对儿童进行感觉统合训练时，既要考虑他们作为儿童的特点，他们发育不成熟，处于发展阶段。也要考虑他们的特殊性，他们作为特殊儿童还伴随有其他障碍，是训练工作无法回避的重要影响因素。因此，在训练的过程中要遵循相关的原则。

1. 儿童中心原则

在感觉统合训练中，尊重幼儿的身心发展规律，充分考虑儿童身心发展的多方面特点，结合儿童的发展需要及发展能力，设计训练方案、组织训练工作。

(1) 尊重儿童生长发育规律。儿童的生长发育是一个阶段性的连续发展的过程，不同儿童的发展存在着巨大的差异性。因此，在儿童感觉统合训练中，要尊重儿童群体生长发育的基本规律，同时还要考虑个体差异性，循序渐进地开展有针对性的训练。

(2) 理解、尊重并支持儿童的差异发展。儿童感觉统合失调的问题各有不同，他们的问题的性质、程度、训练进程、影响因素以及取得的效果均会表现出不同程度的差异性。因此，训练工作没有一套适合所有对象的标准化方案，也没有一个具体时间表来达到目的。

(3) 突出儿童的主体地位。儿童是主体，是训练活动的主宰，应以幼儿为中心。尊重儿童在训练中的主体地位是调动儿童积极性的根本。当然，强调儿童的主体地位并不是忽

视训练人员的作用。训练人员的主导作用依然非常重要，不可或缺：设计规划训练总体方案、创设训练情境、操作示范、评价反馈、提示、启发等。

(4) 从儿童的角度看待训练中出现的问题。在训练期间，儿童难免会出现注意力不集中、主动性不高等问题，因此不要轻易责怪儿童，而要及时发现问题，从儿童的角度去理解儿童，并加以调整。

2. 针对性原则

每个儿童都是不同的，因此不能用同一套方法对待儿童。在训练的过程中，要充分考虑儿童个体因素，针对儿童的发展现状、学习能力和兴趣爱好及个性特点，设计适合每个儿童的活动方案，提高训练的针对性和有效性。

(1) 问题评估的针对性。在开展感觉统合训练前及训练的全程，通过对儿童行为、日常活动、游戏交往、学习状态、身体接触的观察，或借助于观察量表或评估量表，清楚、准确地了解儿童存在的感觉统合失调问题。

(2) 训练方案实施的针对性。根据儿童发展水平、学习能力及障碍特点的不同，需要确定切实可行的目标、训练计划，设计个别化的评估目标，不要采取统一的训练标准以及相同的内容、要求和形式。

(3) 评估反馈的针对性。评估反馈的针对性最重要的是依据训练目标选择评价的内容和方式，借助评价更好地促进目标的实现。比如，最初几次训练的实时评估应该主要针对儿童的积极性，对训练人员要求的理解和执行情况，而不应该针对其操作的规范性和坚持性，因为训练初期的目的主要是让儿童对训练产生兴趣。

3. 兴趣性原则

训练是具有一定的训练周期的综合干预过程，需要训练对象克服一系列困难，如劳累、重复、单调引起的心理疲劳等。

(1) 坚持"兴趣"为主导。针对儿童的一切教育、干预或训练活动，都特别强调"兴趣"问题，兴趣是最好的老师。因为只有儿童积极地参与，训练才能取得成效。

(2) 有意识处理"训练"与"兴趣"的关系。兴趣与训练之间有着密切的联系，如果仅考虑兴趣而缺乏必要的训练，将导致儿童积累大量无关经验，问题得不到有效解决；反之，如果仅注重训练而忽视对兴趣的关注，僵硬死板按要求做，儿童被迫完成训练，最终无益于训练。兴趣与训练如同糖衣与苦药，只要很好地调动儿童的兴趣，即使枯燥的训练，儿童也会积极尝试并努力完成好。

4. 快乐性原则

在快乐中活动或活动带给人们快乐是人参与各种活动的本能趋向，儿童表现得尤为突出。让儿童在训练中感受快乐是感觉统合训练的重要原则。

(1) 创造快乐的训练环境。训练场所要布置得活泼、有趣，符合幼儿的审美，训练器械、用具在形状、质地或色彩上丰富多变。

(2) 设计快乐的训练项目。儿童在训练中能否收获快乐很大程度上取决于训练项目的趣味性和儿童的自主操作程度。如果儿童参与的训练项目不符合儿童的身心特点，就会给儿童带来挫折、痛苦，儿童就会拒绝该项目的后续训练，甚至对其他项目的训练产生排斥或恐惧。为此，训练项目的名称、操作规则、操作方式及难度要符合儿童心理及感知、动作特点。

(3) 体验训练过程的快乐。儿童在每一次训练的大部分环节以及整个训练周期内总体处于积极的态度和快乐的心情，这样才能更好地促进感觉功能发展。但是，快乐训练并不意味着训练人员对儿童不良行为或错误操练漠视不管，相反地，针对儿童的具体问题的批评教育仍然是非常必要的。

5. 积极支持原则

儿童进行感觉统合训练期间及每次训练过程中，训练人员及其他参与人员扮演的角色是训练全程的助推者。

(1) 被接纳。被人接纳是儿童的基本需要，接纳的程度决定训练的成效，是任何活动的基础。作为训练人员，需要在每一次的训练中注意有意识地调控自己的言行和情绪，并通过多种途径向儿童传递积极接纳的态度，如积极的沟通、温馨的言语、愉悦的表情和亲切抚慰等。

(2) 受重视。训练过程中，儿童除了接受指令并完成任务之外，还在密切关注或关心训练人员对自己的态度，非常期望训练人员能关注自己的所作所为，使自己受到重视。训练中，儿童有时会表现出"不尽如人意"之处，甚至是抵触情绪，这可能与他们没有受到足够重视有关。因此，特别是当训练人员开展小组训练时，更需投入更多的精力来关注每个训练对象，并力求保持"重视"的平等。

(3) 获得肯定。与受重视密切相伴的另一种非常重要的积极支持是肯定儿童的表现。获得肯定是儿童完成任何活动的心理需要，也是训练取得成效的重要动力。为此，作为训练人员，需要在训练中调整自己观察问题的视角和评价方式，以满足儿童"获得肯定"的心理需要。

6. 主动性原则

训练活动能否持续并取得一定的成效，关键在于儿童参与训练的主动性。训练的主动性是儿童对训练的内在要求。在感觉统合训练中，主动性原则表现为：积极参与活动并努力改变现状的内在愿望，主动、自觉、独立和创造性地开展训练。

7. 渐进发展原则

儿童感觉统合训练体现渐进发展原则，主要表现在：训练难度总体呈递增趋势，由简单到复杂，训练内容由单一领域的专项训练发展到多个领域的整合训练，逐步提高受训儿童各感觉通道之间信息交流和统整，以及感觉与动作间的协调与反馈。

8. 成功原则

训练获得成功将会对训练人员及儿童家长产生直接影响。如果儿童每次训练都收获成功，那么训练人员和家长就会收获信心和希望，会更好地坚持正确的做法改进不足的方面，筹划后续的工作等。相反地，儿童训练不成功的频繁发生会直接挫伤训练人员的自信心，训练方案的科学性、训练人员的专业能力受到质疑。总之，训练的成功原则事关参训的各个方面，训练人员切记在实践中充分落实这一原则。

(二)特殊儿童感觉统合训练策略

1. 巧抓趣点，快乐训练

(1) 语言有趣化。充分利用时机与儿童进行对话，语言要亲切、有趣。训练中用有趣的语言描述，用一颗投入的童心与儿童同乐，让儿童在轻松和谐有趣的语境里、氛围中掌握训练重点，主动积极地完成训练。例如，在走平衡木时，孩子摇摇晃晃，教师可以有趣地说："小朋友，要小心了，别掉进河里洗澡啰。"

(2) 情节童话化。教师在进行感统课训练时，可以用童话故事把整个训练过程串联起来，让活动过程的每个情节更加生动有趣。例如，利用王子拯救睡美人的童话故事把整个训练过程串联起来。王子来到城堡前，需要经过以下路程才能找到睡美人：绕过荆棘(彩色接龙)—跨过池塘(踩踏石)—经过小巷(阳光隧道)—走过独木桥(平衡触觉板)—越过小山(1/4圆)—踩过地毯(平衡步道)—找到睡美人。同时，为了预防突然出现的魔鬼，王子需要手拿武器。所以，在此训练过程中学生可以手拎沙袋完成。

(3) 动作儿歌化。利用儿歌是在许多教学中常用的手段，感觉统合训练也不例外。可以把枯燥的动作要领变成形象有趣的儿歌，让儿童乐于接受，也利于接受。例如，在跑蹦床的过程中，引导学生边跳边说儿歌："小白兔，白又白，两只耳朵竖起来。爱吃萝卜和青菜，蹦蹦跳跳真可爱。"在滑板爬的过程中，引导学生边爬边说："我来学小乌龟呀，把头高高抬起，两手用力划，爬呀爬，爬到前方吃果果。"

2. 科学安排，系统训练

(1) 要全面了解儿童感统失调的具体表现，确定是何功能失调，从而选择合适的训练器材。例如，前庭失调，选择的训练器材有吊床、转椅、趴地推球、滑板爬、滚筒、滚垫、滑梯等；触觉失调，选择训练的器材有袋鼠跳、羊角球、触觉球、挤压、大龙球、风筒、滚垫、滚筒、趴地推球、捏泥等；平衡感失调，可选择的训练器材有独脚椅、平衡台、平衡木、乐乐球、大龙球、爬袋、躲避球、跳绳等；本体失调，可选择的训练器材有跳绳、跳床、乐乐球、拍球、躲避球、翻筋斗、青蛙跳、跳数字等；精细动作的改善，可选择的训练器材有捏泥、夹珠、串珠、选豆、系纽扣等。

(2) 利用集体分组训练和个别辅导训练相结合进行训练。在特殊教育学校存在不同类型的儿童需要进行感觉统合训练，可以集体按类型归类分组训练。例如，脑瘫组、自闭症组，不同组别选择不同的训练器材和训练内容。同时，同组中可再进行分组，如自闭症组中也有能力表现不一的，所以再分组训练显得尤为重要。比如，可再分为偏静组和偏动组，偏静组训练时，可以先进行静态训练。集体分组训练，可以营造一个有序、互动、合作的氛围，特别是自闭症儿童可以在训练过程中逐步适应这种集体性的、有秩序的训练活动，逐渐让他们养成交流、有序、相互合作的习惯。

(3) 联系生活，常态训练。因为感统无非就是所有感觉的统合，无论在哪儿做，其目的都是促进失调的感觉器官的逐渐恢复。感觉信息无处不在，生活常态化的训练才是最重要的，将感觉统合训练器材生活化、训练常态化是预防感觉统合失调的有效途径。

拓展阅读

智障儿童本体感觉功能训练的活动设计扫描右侧二维码。

第九章二维码.docx

第四节 沙 盘 游 戏

沙盘游戏是一种心理分析的专业技术，可以在心理教育实践中发挥积极的作用。它能够为来访者提供一种自由、安全而受保护的空间，使其在沙盘游戏的过程中获得治愈与发展。同时，沙盘游戏符合儿童喜欢游戏的特点，能够帮助儿童克服语言表达不完善的困难，使儿童在愉悦的环境中获得教育的意义，是一种非常适合儿童心理教育的技术。自沙盘游戏疗法盛行以来，社会不同领域将其引入其中，为了给特殊儿童身心健康发展找寻一条有效的路径，特殊儿童教育工作者经过理论分析与实践验证，将其应用到语言障碍儿童、自闭症儿童以及注意力缺陷儿童等研究领域。下面我们就来了解沙盘游戏的相关理论与其在特殊儿童早期训练与指导中的应用。

拓展阅读

沙盘游戏的相关理论扫描右侧二维码。

第九章二维码.docx

一、沙盘游戏在特殊儿童早期训练中的操作过程

面对一个新来诊所的儿童，治疗师首先要做的就是让彼此很快地熟悉起来，取得儿童的信任，同时初步了解一些儿童的基本情况。然后治疗师逐步将儿童的兴趣引向沙盘游戏的材料中，并明确告诉儿童只要他愿意，他可以随意使用它们，自由建造出头脑中想象的任何图景。

在儿童玩沙盘游戏的过程中，治疗师要坐在离儿童较近的地方，以便随时发现儿童在游戏中泄露出来的"种种秘密"。但是不能太过于接近，否则会干扰儿童的建造过程。在儿童完成建造之前，治疗者最好不要插话，不要问问题，也不要发表自己的意见，只是静静地观看。当建造完成之后，治疗师要调查一些惹人注意的举动的特殊含意，询问每一个形象具体代表什么，或提出一些其他问题。[①]

二、沙盘游戏疗法应用于特殊儿童教育的特点

沙盘游戏疗法具有自由与受保护的空间、接纳与包容的态度及情境性互动等特点，使得在特殊儿童的干预中有着明显的适用性。

1. 使儿童具有自由与受保护的空间

特殊儿童往往都是身心存在障碍的儿童，他们的认知、情感和社会性发展一般都低于普通儿童，他们对于生活学习中规则的理解、情绪的控制具有一定的自我解读性，从而对自己的教师、亲属以及同伴关系有许多分歧和排斥现象发生，而在沙盘游戏的空间中，不分析、不评价和静默见证，允许犯错误，使特殊儿童摆脱了负性评价的标签影响，特殊儿童会觉得创作很自由，没有约束，"世界"是在没有其他成人的示范和干扰之下完成的，

---

① 李江雪，申荷永. 沙盘游戏疗法的形成与应用[J]. 社会心理科学，2005(78)：20.

可以真实地反映特殊儿童的内心世界。

2. 对儿童具有接纳与包容的态度，尊重儿童

治疗师在治疗过程中注重营造一种自由、被保护的环境，承认并接纳特殊儿童身心发展的现状，并相信特殊儿童具有与普通儿童一样的自愈力与发展潜能。沙盘游戏赋予每个特殊儿童力量，来让他们决定自己的治疗流程，治疗师尊重每个特殊儿童对他们"世界"的创作和个人解释。特殊儿童在整个治疗过程中是主动的、有意识的，一定程度上能够克服其自身的无助感和自卑感。咨询师在此基础上与特殊儿童保持互动，真诚关爱，但却不苛求他们一定要呈现精彩的沙盘作品，不仅为特殊儿童提供了自由发展的空间，也尊重了儿童的自我差异性和自我发展潜力。

3. 具有情境性互动

在沙盘游戏中，特殊儿童通过与沙子和各种微缩模型玩具以及治疗师等的互动，借助游戏对儿童的天性吸引力，迁移儿童的注意力和兴趣，缓解儿童内心的抵抗力，让儿童在自由自在的想象中进行游戏，缓解由不健全身心发展造成的不稳定感，自由地表达自我，宣泄不良情绪，唤醒个体潜意识与躯体感觉，碰撞出最本源的心理内容。

三、沙盘游戏在语言障碍儿童干预中的应用

徐洁曾在对一个 11 岁缄默症女孩的治疗中发现，经过个体沙盘和家庭沙盘的综合干预，小女孩的沙盘作品由贫瘠单调、孤立静止逐渐变得多样、开放和富有动态性，自我力量逐步增强，沙盘游戏疗法帮助小女孩的内心世界由创伤走向自愈，并且也使其对学校生活适应和亲子关系的改善产生了积极作用。以下是对该女孩制作的沙盘特征与过程进行分析，非常值得我们学习。

拓展阅读

卡尔夫(Kalff)认为初始沙盘既呈现出来访者的问题，也显示出治愈的希望和方向。小女孩在初始箱庭中投入地大幅摸沙，未放置玩具。沙是母性的象征，她对沙的依恋反映了其与母亲关系的问题，而沙盘游戏疗法的母子一体性也为小女孩提供了重新体验和处理创伤的机会。

在制作时间方面，小女孩的平均制作时间为 50 分钟，最长为 90 分钟，最短为 32 分钟，相对其他来访者时间更长，说明探索内心世界需要一个缓慢的过程。但趋势是逐步缩短，说明沙盘游戏治疗促使小女孩自我表达越来越流畅。

玩具是来访者意识和无意识的心像表现和象征语言。在玩具的使用上，小女孩使用的玩具类别、数量缓慢增加。数量增加表明她能够用更多的语言来表达自我。她使用的玩具类别包括植物(花、草、树)、动物(鸭子和鱼)、建筑(房子)、连接物(桥)、人物、交通工具(船)、果实、伞、书。从第二次沙盘开始，大量使用植物类(花、草)的玩具，象征着她的生命成长的动力。第四次沙盘出现了象征着内心世界的房子，之后的大部分箱庭中都用相同的房子，象征对自我的持续关注。在第五次沙盘中出现了桥。桥的作用是连通，作品中桥始终连通河两岸，象征其意识和无意识的交流与整合。在第十次沙盘中出现了人物，并在之后的沙

盘中持续出现，预示小女孩在人际关系上将发生积极的改变。在第十五次沙盘中出现了交通工具——船。在此之后，小女孩与治疗者和父亲的主动交流增加。当沙盘出现交通工具时，预示着来访者心理将发生变化。在第十七次沙盘中，小女孩用伞作为遮雨工具，伞是寻求保护的象征，代表对爱的需求。

沙的使用象征来访者心理能量的转移和变化，使自我逐渐趋近整合的自性。在对沙的使用上，从初始沙盘开始，小女孩在每一次沙盘中都大量使用沙子，使用方式包括挖、推、聚拢、捧、移至沙箱外、抓、撒、灌注等。在第十二次、十三次沙盘中也出现了20分钟和15分钟大幅摸沙的情况。

作品中的自我像是来访者自我的象征，小女孩经历了寻找自我和确立自我的心理过程。第三次沙盘中首次出现鱼作为自我像，第四次至第九次沙盘分别用黄花和鱼作为自我像，到第十次出现了人物的自我像——小女孩，之后一直作为她的自我像。

沙盘作品场景反映了来访者的内心世界。纵观整个过程，小女孩的沙盘作品场景由贫瘠逐渐向丰富转化，由孤立、静止走向开放、动态。她得到了沙盘的滋养由创伤走向治愈。小女孩系列沙盘作品场景的特点是变化缓慢，情节单调、重复。从第五次到第十八次沙盘作品都出现了相同的场景和玩具，反映出创伤后的游戏是单调并不断重复的。

在空间配置上，从第五次沙盘开始，作品中一直有一条河。河流是生命历程的象征，流向为从右向左，是一种退行和回归，箱庭中的退行和回归是为了更好地前进。沙箱上方、下方分别象征来访者的意识和无意识，河的阻隔象征二者沟通的障碍，但桥提供了二者联结的可能。

(资料来源：徐洁，张日昇. 11岁选择性缄默症女孩的箱庭治疗个案研究[J]. 北京：心理科学，2008(1).)

从该案例中我们可以看出，沙盘游戏对于有语言障碍的儿童的心理发展有较好的整合效果。

四、沙盘游戏在自闭症儿童干预中的应用

1986年，国外科学家首次尝试用沙盘游戏治疗自闭症患儿，他强调治疗师通过儿童的游戏来探讨其无意识世界的意象，从而进入他们的内心世界。通过对4个特殊教育班、25所小学患有自闭症的儿童进行持续10次的沙盘游戏治疗，证实沙盘游戏在提高自闭症儿童的言语表达、社会交往能力方面疗效显著。国内学者钟向阳在研究中提到，儿童和治疗师的关系是沙盘治疗的关键，并形成了治疗发展的四个阶段：问题呈现、相互移情、能量转换以及个性化阶段。肖福芳在2010年研究沙盘游戏对自闭症障碍儿童的心理辅导应用中也指出，经过为期12次的沙盘游戏治疗，自闭症障碍儿童在沙盘表达的丰富性、言语反应、笑的次数、与实施者的身体接触以及目光接触等方面都有明显的发展。在沙盘游戏治疗的过程中，自闭症患儿通过与治疗师建立良好关系，能够逐步增强与他人的情感联结，缓解其焦虑抵抗情绪，使他们能够慢慢地开始运用语言和眼神交流来表达他们的要求。

用沙盘游戏对自闭症孩子进行干预时应注意以下几点：首先，重在过程。应关注自闭症儿童在游戏过程中的游戏方式，与陪伴者互动，关注沙盘作品的产生过程。其次，顺其自然。不强迫自闭症儿童选择某一类玩具或完成某项任务，治疗者或家长的作用在于帮助自闭症儿童按照其意愿完成沙盘游戏，而非为其设计作品。再次，适当辅助。部分重度自闭症儿童刚开始可能不拿玩具，也不玩沙子，治疗者可给予适当的辅助，帮助其从玩具架

上选择。最后，从容等待。自闭症的康复不是一朝一夕的事，其沙盘游戏的发展可能慢于普通人群，治疗者以及家长要学会等待，不因短期内看不到明显效果而匆匆放弃。

沙盘疗法治疗自闭症儿童的实践已在进行，但相关研究并不系统，还需要更多的实证研究来探讨更适合自闭症儿童的沙盘疗法干预方式。

五、沙盘游戏在注意缺陷多动障碍儿童中的干预应用

注意缺陷多动障碍(Attention Deficit Hyperactivity Disorder，ADHD)儿童的核心症状是注意缺陷和活动过度，这使得儿童在沙盘游戏过程中经常表现出多动多话，沙盘游戏能帮助ADHD儿童释放情绪压力，控制其多动行为，并且在游戏中使其注意力得到培养，改善其伴随的学校问题，有利于儿童的健康成长。个体沙盘咨询师与ADHD儿童一对一的咨访关系中，来访者更易感受到被保护、被尊重的治疗氛围，有利于他们全身心地集中注意力投入到沙盘制作中，从而使外显行为问题得到缓解。沙盘游戏治疗所强调的静默关注、共感理解，利于ADHD儿童在治疗过程中获得积极的自我评价与内在成就感及价值感。沙盘游戏中沙箱的固定性、限制性使得ADHD儿童认识到有必要控制与约束自我行为，而沙子的流动性、易塑性特质有利于其积极进行自我探索，从而有助于实现自我治愈的可能。

拓展阅读

一个7岁的注意缺陷多动障碍女童个体沙盘游戏治疗的过程

一、初始沙盘特征

沙盘咨询师在初始沙盘(首次沙盘制作)中常能挖掘出导致来访者问题的一些重要信息，这对于确定日后的治疗方向及咨询工作具有重要意义。在被试者的初始沙盘中，被试者只摆放了人物、建筑物、交通工具、生活用品4种沙具，没有摆出动物、植物等沙具，沙具种类单调且杂乱。同时，整个作品场面混乱，空间区域配置过于拥挤，协调性不够，并在制作过程中多次调整沙具位置，且未能确定出主题，这都代表着访者难以控制自己注意力及无法顺畅地完成沙盘制作。另外，作品中沙具色彩鲜艳并充满童趣，且在访谈中对老师表示出敬畏和尊重，同时表达了自己要成为好学生的想法，这些都将成为未来沙盘治疗的线索与依据。

二、主题分析

沙盘游戏的主题，主要指来访者对其所摆放的沙具的象征意义进行概括。关注沙盘主题，对于咨询师了解来访者内在心路历程的变化具有重要意义。本文中被试者的主题呈现出从无到有，从混乱冲突到清晰统一的特点。在第一次沙盘访谈中，被试者没有给出主题。在第二次主题命名中，被试者将单一的沙具当成主题，命名为"穿绿衣服的小女孩"，到了中后期，被试者能够做到统合更多的沙具和区域来命名主题，如第十二次和第十五次分别将主题命名为"快乐的六一节"和"美丽的森林之家"，这都体现出被试者联结、整合能力的进步。

三、沙具使用

沙具是来访者内心世界在现实意识化的表现工具。沙具数量的多少、丰富程度、各沙

具之间的配合程度都能表明来访者内心无意识世界的状况。本案例中，被试者所选择的玩具数量整体呈现出由混杂到精简、中后期相对稳定的状况，闲置、无用的沙具数量在逐渐减少，沙具之间的配合逐渐增多，沙具的利用率得到提高，后期能够做到在访谈中说出每个沙具的功用及意义。整体沙具的数量在减少，但种类却逐渐丰富，后期能够做到沙具种类可以反映现实生活的各种状况，这些变化都表明被试者内心状态由杂乱无序向平衡统一的转变。

四、动沙情况

动沙过程是制作者探索无意识世界和调整心理能量的过程。动沙情况能够说明制作者内心世界的投入程度，在动沙过程中，个体会积极自我探索并从中获取自我成长的能量。本案例中，被试者由单纯地扬沙、玩沙到有目的、有规划地画沙、挖沙，都能说明被试者心理能力得到释放和调整。在制作过程中，被试者在前期动沙中表现出心理能量混乱而难以自我控制的状态，后期动沙中能够做到配合沙具和其他区域，沙盘作品的整体统合程度得到提升。

五、自我像

自我像是借助沙具对内在自我人格的表达，自我像沙具含意与位置的变化，都表明来访者对自我概念认知的转变。本案例中，被试者自我像变化呈现出由软弱娇小的沙具向富含强大能力的沙具转变的形态。前期主要为"小布偶""边缘的小猫"，类型变化较大，无稳定形象。后期自我像渐趋稳定，多为沙盘作品的中心人物，如"节日中的我""草坪上玩耍的女孩"，这种转变都表明被试者自我角色认知能力的发展，这对于规范自我行为与认识自我有积极意义。

六、空间配置

本案例中，被试者的空间配置上呈现出由分散独立向整合协作转变的状态。这说明在沙盘制作过程中，被试者的内心能量得到了自由释放，并最后趋于整合的变化过程。在制作初期，被试者的沙盘作业区是混乱或独立的，区域之间配合交流少，很多区域与最后的主题和自我像都不符合，这说明被试者前期内心是混乱且冲突的。后期沙盘的重点工作区域逐渐稳定于沙盘世界的中间位置，闲置区、多余区减少，各区域之间的配合也逐渐增多，空间的利用上也能做到很好的自我陈述。

七、治疗效果

在客观评估方面，被试者在Conners儿童行为评定量表父母问卷、教师问卷量表上各因子得分出现不同程度的降低，均接近正常值。其中品行问题、学习问题、冲动—多动因子分数变化明显。在主观测评方面，被试者父母报告其自我约束力加强，能够做到主动完成生活及学习任务，任性行为得到明显的改善，也爱和家人交流。被试者教师报告其在课堂上也能做到集中注意力和及时约束自己的不良行为，老师反映其语文、英语成绩提高明显，同伴关系得到改善，亲社会行为逐渐增多。研究者也发觉被试者能够逐渐意识到自己的行为后果，常能及时控制自我。在之后3个月的追踪评估中，沙盘游戏治疗效果依旧保持。

(资料来源：来顺杰，李灵. 注意缺陷多动障碍儿童的个体沙盘研究[J]. 社会心理科学，2015(12).)

第五节 游戏疗法

首例被公开发表的有关游戏对儿童的治疗作用以及其治疗方法的案例是西格蒙德·弗洛伊德(Sigmund Freud)在1909年发表的经典案例——一个患有恐惧症的5岁男孩汉斯。弗洛伊德只对汉斯做过一次面对面的咨询，然后就在阅读汉斯父亲对汉斯游戏过程的笔记的基础上，通过对汉斯父亲提供的建议，让他改变对汉斯某些行为的反应来远程实施了治疗。肯纳(Kanner，1957)从他的研究中总结得出，在20世纪初，没有能被用来治疗儿童精神问题的方法。游戏疗法并不是某个学派独创的方法，它是从精神分析对儿童治疗的尝试中发展出来的，可以和各个学派的理论相结合。而最先采用此法的是精神分析学派的克莱因姆(Klein)，她运用"游戏分析"方法治疗有心理障碍的儿童。在本节中将详细讲解游戏疗法及其在特殊儿童早期训练与指导中的应用。

一、游戏治疗相关理论概述

拓展阅读

儿童游戏的形成与作用、游戏疗法的产生与发展、游戏疗法对儿童的作用与效果、游戏活动的分类扫描右侧二维码。

第九章二维码.docx

(一)游戏疗法的构造与技术

1. 游戏治疗室及游戏治疗设计

(1) 治疗室面积25～30平方米较为适宜，一般不超过40平方米。若治疗室小，孩子的活动会受到束缚；若治疗室太大，则可能使孩子产生恐惧与不安心理。治疗室内四壁与装饰色彩应力求柔和，不宜太刺激。

(2) 治疗室的设施与器具的布置。沙坑(包括沙子、铁锹、小翻斗车)，用于进行创造性活动。打击乐器，如鼓、铃等，让儿童在游戏活动中发泄攻击性和其他情绪。一些锻炼身心运动平衡的游戏器具，如滑梯、蹦蹦床等。适合各年龄阶段儿童的各种玩具。绘画工具，用于表现儿童的自我情感。镜子，用于自我镇静和调整。水龙头，用于儿童的清洁，如洗手、洗脸等。

(3) 治疗时间。每次50分钟，但一般按1小时计算，剩余10分钟用于整理治疗室。

(4) 游戏程序的设计。例如，玩电动火车可观察儿童手指协调能力和创造能力；弹钢琴可观察儿童的手指、大脑和身体配合的协调性；玩弹子游戏机可观察儿童的注意力和操作能力。每一次治疗中进行什么游戏，每种游戏进行多长时间，治疗者都要预先安排和设计妥当。

2. 观察与记录

进入治疗室之前，观察母子分离状态，记录孩子的不安程度。若第一次母子分离时，孩子表现得极度不安，则采取系统脱敏法。第一次，允许母亲和孩子一同进入治疗室，参加游戏，但在游戏过程中母亲应逐渐退出游戏。第二次，母亲在治疗室中陪同30分钟，后

20分钟母亲退出治疗室。第三次，母亲不进入治疗室，站在治疗室门口。第四次，母亲远离治疗室。

在游戏过程中，要观察孩子是否主动接触玩具。若孩子不主动拿玩具，则表明其较内向，治疗者应主动引导孩子进入游戏；若孩子较外向，表现出冲动性和攻击性，治疗者应并行做同样的活动，与他建立相互信赖的关系。此外，要观察游戏过程中孩子的游戏种类和次数。若游戏种类丰富多彩，则说明孩子智力发展较正常；若孩子只反复玩一种玩具，则说明孩子具有强迫倾向或智力发展问题。

在游戏中，还要观察孩子的语言表述是否清楚，以及孩子在不同情绪状态下不同的语言表现，观察其与治疗师有无对话，对话有多少，有无自言自语等情况。

记录的主要内容有10个方面：①孩子参加游戏的兴趣、动机的强弱变化，以便治疗师及时调整计划和游戏内容。②母子分离状况：逐渐完成、一次完成或不能完成。③游戏疗法的构造：自由分散或有主题的活动或两者兼有。④儿童在活动中表现出的能力高低的变化。⑤孩子与治疗师的关系：拒绝、接受、过度服从、良好或冷淡等。⑥攻击性：破坏玩具的倾向高或低。⑦心理治疗师对儿童活动有没有限制以及孩子对这些限制是否理解。⑧儿童情感和情绪的表现：压抑、过激、悲哀或喜悦。⑨儿童的自我控制力和注意力：适当或过度(多动者：控制力弱，具有注意力不集中等倾向)。⑩适当的语言表现：多、少、有无意义。

(二)治疗者的技术运用与基本态度

游戏疗法的目的是对儿童的内心世界进行再整理，通过游戏活动对儿童智力进行开发和培养，并整合儿童在日常生活中的适应构成。在游戏疗法中，治疗者的基本态度和原则是让儿童自由表现其内心深处的世界。

在游戏治疗中，要注意以下几点：①在游戏治疗的早期阶段，要尽快与儿童建立良好关系(亲和感、信任感)，建立温暖的伙伴关系；②尊重儿童的个性和特点；③让儿童有自我变现情感的机会，使儿童受压抑的情绪在游戏活动中得到宣泄或净化；④善于观察儿童的行为变化和心理状态，不倦怠地、敏锐地把握儿童行为表现；⑤以儿童为主体，相信发展的潜力在儿童方面，相信儿童有自我认知的潜力，能通过游戏发现问题，解决问题；⑥不训斥、不说教，采用循循善诱的辅导方式，遵循儿童先行、治疗随后的原则；⑦不单方面终止治疗，培养治疗者的耐心，应看到儿童的治疗过程是较长的；⑧有现实的眼光和头脑，只有当儿童走向非现实时(如有破坏、病理表现时)，才能实施治疗限制。

二、游戏疗法在特殊儿童早期训练与指导中的应用

近年来，我国特殊教育事业迅速发展，特殊教育机构迅速建立，在全纳教育理念下，正常教育机构也开始接纳和安置特殊儿童，游戏治疗在特殊儿童康复训练中正逐步发挥着重要的作用。综合近几年来游戏疗法在特殊教育领域的应用情况可知，游戏疗法主要被应用在智力落后儿童、自闭症儿童的康复训练中，笔者对游戏疗法在这两类特殊儿童康复与训练中的应用情况进行了系统的梳理，期望游戏疗法能被更为广泛地应用在特殊儿童的康复训练中。

(一)游戏治疗在智力落后儿童教育中的应用

游戏在儿童发展过程中有着不可替代的、举足轻重的作用。智力落后儿童由于其自身在记忆、想象、思维、语言、社会交往等各方面存在发展障碍，使得他们的游戏与一般儿童有着明显差别，因而很多人都认为他们不懂游戏或不需要游戏。所以在正常儿童游戏被普遍关注的今天，智力落后儿童的游戏受关注的程度还是相对不够。

戴碎英、叶爱娟、胡乐总结了其所在学校在智力落后儿童教育教学中实施游戏治疗的实践活动，并对游戏教学法对智力落后儿童发展的意义进行了概括：游戏教学法促进了智力落后儿童感知觉的发展，提高了他们的思维能力和语言表达能力以及理解能力，丰富了学生的课余生活。张福娟、陈莹利用游戏活动创设良好的游戏环境、学习环境和训练环境时发现：这些良好环境的创设可改善智力落后幼儿教育训练的效果，促进智力落后儿童各方面的发展。

王顺妹在实践中将游戏教学法应用到智力落后儿童学习生活的每一天时发现：游戏治疗在智力落后儿童康复训练和行为矫正中起着积极的作用。游戏治疗能让治疗者正确诊断智力落后儿童的心理问题，能够满足智力落后儿童的安全需要，能使智力落后儿童对他人产生亲近感和责任感，能调解智力落后儿童认识与情感之间的矛盾，使得智力落后儿童郁积的不良情绪得到宣泄，使得他们获得快乐并取得成功。

毛颖梅从游戏治疗的概念出发，研究游戏疗法对智力落后儿童心理发展的意义时发现：游戏治疗开辟了一条儿童心理治疗的新途径，是帮助儿童解决心理问题和行为问题的有效手段。

(二)游戏治疗在自闭症儿童教育中的应用

自闭症儿童突出的症状之一是缺乏想象性和象征性的游戏，通常人们把他们看作不会游戏的儿童。国外学者的相关研究表明：有一些儿童在场的环境对自闭症儿童的行为没有多大影响；与他们经常联系的是物体而不是同伴；控制性游戏阶段的客体游戏很频繁，而且多重复和否定的行为；在没有客体的限定空间内，他们经常出现独自的重复行为；在游戏治疗环境下，他们调整和模仿，参与大规模的运动游戏，即自闭症儿童多进行单独和平行的游戏，很少进行社会游戏。有人曾在1997年对自闭症儿童和唐氏综合征儿童以及正常儿童在游戏中的表现作了对比发现，自闭症儿童比唐氏综合征儿童和同智龄的正常儿童更能模仿象征性游戏行为。也就是说，当给自闭症儿童呈现的是单独游戏行为时，他们很可能模仿这些行为。自闭症儿童无法与其他游戏者进行合作，不知道如何用物品或玩具去反映自己的生活、表达自己的情感与想象。从这个意义上来说，自闭症儿童的困难，就是游戏困难，因此应该重视自闭症儿童的游戏。

有学者在1989年对于高功能自闭症儿童的治疗进行了研究，认为游戏治疗的重点是进入儿童的内心世界，强调尊重患儿的主动权，对儿童游戏的内容及其情感的反馈，偶尔也会作解释。他成功地进行了自闭症儿童Tim的游戏治疗，发现游戏治疗使得Tim能控制自己的幻想。同时发现经过游戏治疗，自闭症儿童在语言发展、社会交往和刻板行为的减少上都有不同程度的进步，而且这些进步在游戏室之外也存在。也有学者在1997年对自闭症儿童进行的为期5个月的游戏治疗中发现，儿童与治疗者之间的人际关系距离在减小，紧密的接触在增多。还有学者在1993年对自闭症儿童的团体治疗表明他们在象征游戏技能和社会交往方面有所提高，并且这些治疗成果还可以应用到其他情境中。邱学青在2001年对一例自闭症儿童进行了游戏治疗发现：游戏和治疗在儿童看来是一种自由、愉快的活动，通过游戏能够使儿童充分地发现自我、认识自我价值，树立自信心，促进健全人格的发展。徐勤美、丁晓攀、傅根跃在2005年对自闭症儿童及其矫治方法进行调查发现：家庭最常用的和被认为最有效的矫治方法是游戏疗法。

国内外的研究证明，游戏治疗在特殊儿童康复训练中能够发挥重要的作用。目前，国外将游戏治疗应用于特殊儿童康复训练的实践较多，而国内相对较少。将游戏治疗更好地应用于特殊儿童康复训练，是国内特殊教育工作者需要重视和实践的问题。国内外学者大都将游戏疗法应用于智力落后儿童和自闭症儿童这两类特殊儿童的康复训练中，进一步探索游戏疗法在其他特殊儿童康复与训练中的作用，让游戏疗法在特殊教育领域发挥更宽、更广泛的作用，需要每一个特殊教育工作者重视和行动起来。

拓展阅读

选择性缄默儿童的游戏治疗案例扫描右侧二维码。

第九章二维码.docx

本 章 小 结

特殊儿童的"早期干预"，是一项涉及面广的、具有综合性和社会服务性质的特殊行为，其对象以学前有发展缺陷或者有发展缺陷可能的儿童为主，内容涉及儿童的家庭教育、社会再教育以及儿童的心理教育等多个方面，其能否得以顺利有效地实行，对促进特殊儿童自身的发展、促进社会文明的进步起着重要作用。

事实证明，蒙台梭利教育体系对智障儿童有很好的干预效果，她认为应该让智障儿童在"有准备的环境"中进行专心的"工作"，以帮助他们健康成长。

奥尔夫音乐教育强调一切从儿童出发，选择最符合儿童天性的民歌、童谣、谚语等教学素材于儿童音乐教学中。奥尔夫音乐通过声乐给特殊儿童快乐和美的体验，通过律动提高特殊儿童的自我表达能力，通过聆听提高特殊儿童的感知能力，通过音乐假想游戏达到更好的治疗效果。

在对儿童进行感觉统合训练时，既要考虑他们作为儿童的特点，他们发育不成熟，处于发展阶段；也要考虑他们的特殊性，他们作为特殊儿童还伴随有其他障碍，这是训练工作无法回避的重要影响因素。因此，在训练的过程中要遵循相关的原则，也应该注重趣味性、科学性与系统性。

为了给特殊儿童身心健康发展找寻一条有效的路径，特殊儿童教育工作者经过理论分析与实践验证，将沙盘游戏应用到语言障碍儿童、自闭症儿童以及注意缺陷多动障碍儿童等研究领域，并通过相关的个案研究，证实了其对特殊儿童教育的有效性。

游戏是儿童的生活方式与学习方式，对儿童的发展意义重大。游戏疗法对智力落后儿童和自闭症儿童均有成功干预的案例，因此被认为是有效的干预手段。

思考与练习

一、名词解释

感觉统合失调　沙盘游戏　游戏疗法

二、简答题

1. 蒙台梭利特殊教育方法有哪些？
2. 奥尔夫音乐教育有哪些特点？
3. 感觉统合训练的领域有哪些？

三、论述题

1. 怎样在特殊儿童教育中正确地应用奥尔夫音乐教育法？
2. 请结合实例谈谈怎样将感觉统合训练法正确地应用到特殊儿童教育中。

> 儿童是中心，教育的措施便围绕他们而组织起来。
>
> ——杜威
>
> 人如同陶瓷器一样，小时候就形成一生的雏形。幼儿时期就好比制造陶瓷器的黏土，给予什么样的教育就会成为什么样的雏形。
>
> ——塞德兹

第十章　学前特殊教育相关法律法规

本章学习目标

- 了解学前特殊教育相关法律法规。
- 能够遵循学前特殊教育的相关规定。

核心概念

学前特殊教育(Preschool special education)　教育立法(Education legislation)　国外立法(Foreign legislation)

引导案例

佩里计划

佩里计划是美国 High/Scope 教育研究基金会组织的实验研究项目，由戴维·维卡尔特(David Weikart)领导，实验地点在密歇根州伊皮西兰特(Ypsilant)，计划始于 1962 年。1962—1965 年先后共招收 123 名 3～4 岁儿童(大部分是 3 岁)作为被试者，把同等智力水平的孩子随机地分为两组，一组为实验组，一组为对比组，没有对他们进行学前教育与家庭访问。此后，对两组孩子持续跟踪直至成年，掌握他们在各个年龄段上的发展与表现，比较其异同，从而了解学前教育的效果。

实验组与对比组孩子情况基本相同，都是家境贫困的黑人孩子，智商低，经测试智商为 60～90；父母文化程度都较低，只受过八九年教育；居住在同一地区，被试者 5 岁后都进入同一幼儿园与学校。

实验组采用开放式教学模式与 High/Scope 教育，研究基金会制定的课程，注重孩子在教师指导下自己开展学习活动，以促进其智能、社会性、身体等方面发展。每年由 4 个教师教 20~25 个三四岁的孩子，平均每个教师带五六个孩子。教师都具有从事早期教育与特殊教育的资格证书。

实验组每个工作日上午进行两个半小时教育活动，每学年 30 个学习周，从 10 月中旬至第二年 5 月。实验组大多数儿童接受两年教育，即 60 个学习周。

教师对每个实验组儿童每周作一次家访，每次一个半小时，与其母亲讨论孩子的发展、亲子关系与家庭教育。

在实验过程中通过各种方式收集两组孩子各方面情况，包括进行智力、语言等方面测试，查看在校学习成绩和教师评语，与家长谈话，后来还查阅警察局与社会服务部门的档案材料。在掌握与分析材料的基础上陆续写出一些阶段性实验报告。1984 年发表了克莱门特等人题为"变化着的生命"的综合性研究报告，详尽地介绍了被试者从 3 岁起直至 19 岁时各方面的情况，比较系统地总结了佩里计划的实验结果。

(资料来源：本书作者整理编写)

案例分析

实验结果里的其中两项为：其一，犯罪被捕的少。根据警察局档案记录，19 岁前，实验组有 31%被拘留或逮捕过，对比组有 51%被捕或拘留过，被捕多次屡犯者，实验组为 7%，对比组为 17%。其二，女孩子怀孕相对减少。13 岁至 19 岁女孩子怀孕次数，实验组为人均 0.7 次，而对比组为人均 1.2 次。

上述结果表明，良好的学前教育对幼儿行为的影响是多方面的、长远的。

学习指导

本章介绍了中华人民共和国成立前的学前特殊教育立法和中华人民共和国成立后的学前特殊教育立法。同时，也介绍了关于学前特殊教育的常用法律条例。

第一节 中华人民共和国成立前的特殊教育立法

一、涉及特殊教育问题的教育法规

从 1874 年我国第一所特殊教育学校成立，到 1949 年中华人民共和国成立，有外国教会或传教士办的特殊教育学校、我国民间人士私立的特殊教育学校、统治当局办的特殊教育学校 3 种性质的办学形式。同时，又以外国人办的和民间人士私立的学校为大多数，统治当局对特殊教育的管理极其有限。

在这 70 多年里，历届统治当局都未颁布过有关特殊教育的专门法规，只是在一些一般性教育法规中，对涉及特殊儿童入学、特殊教育学校的建立等问题作了个别规定。这些一般性教育法规包括以下内容。

清朝政府在光绪二十八年(1902年)颁布的《钦定蒙学堂章程》《钦定小学堂章程》《钦定中学堂章程》，在光绪二十九年(1903年)颁布的《奏定初等小学堂章程》。

辛亥革命胜利后，孙中山领导的临时政府教育部在1912年9月颁布的《小学校令》，以及袁世凯当政时在1915年7月颁布的《国民学校令》和1916年1月颁布的《国民学校令施行细则》。

国民党政府在1922年11月公布的《学校系统改革令》和1944年7月公布的《强迫入学条例》等。

二、对特殊教育的若干规定

上述教育法规中涉及特殊教育方面的规定，主要有三方面的内容。

第一，对普通蒙养院(即幼儿教育机构)和普通小学暂缓或辞退特殊儿童就学的条件作了规定。例如，《钦定蒙学堂章程》规定："凡生徒之不可教诲者，大都过时失教，习与性成，有以致之；在童蒙之年，似无虑此。然间有气禀顽劣及身体孱弱过甚者，均可由教习辞退。"对学龄前顽皮或有性格、脾气方面怪异的幼儿，都可被赶出蒙养院，可见当时入院条件之苛刻。《钦定小学堂章程》规定："学生入学后，应随时剔退出学者：①资性太低，难期进益；②困于疾病……③不遵定规，屡加戒饬，仍不悛改。"这一办学章程对被剔退出学校的对象所做的划分，对以后出台的法规都有影响。《奏定初等小学堂章程》规定："学龄儿童，如有疯癫痼疾，或五官不具不能就学者，本乡村绅耆可禀明地方官，经其查实，准免其就学。学龄儿童，如有届应使就学之期，或病弱，或发育较迟，不能就学者，本乡村绅耆可禀明地方官，经其查实，准暂缓其就学。"《小学校令》规定："小学校校长察知儿童中有患传染病及有虞之情状者，或性行不良、妨碍他儿童之教育者，得停止其出席。"《国民学校令》规定："学龄儿童如以病弱或者发育不完及其他不得已之情事，达就学期而未能就学者，区董报经县知事认可后，得暂缓其就学。"在《强迫入学条例》中，也有类似的规定。

这些教育法规，针对全国性的学前教育和学校教育。那么，凡是不能适应普通教育环境的各类特殊儿童，自然都被排除在普通幼儿教育和学校教育机构之外。

第二，对设立特殊教育学校的条件作了规定。根据历史文献可以认定，最早对特殊教育学校的建立条件做出法律性规定的，是孙中山先生领导的临时政府的教育部颁布的第一个教育法规《小学校令》。这个法令，将盲哑学校作为小学教育机构中的一种。规定"盲哑学校及其他类于小学校之各种学校"，在学校的隶属、初等小学与高等小学的分级、布局、审批程序等方面，都按照对普通小学相应问题的条文规定办理。这就为各地举办盲哑学校进行了统一规定。该法令这些规定的基本精神，在以后颁布的《国民学校令》中仍然保留了下来。

1922年，经当时的全国教育会联合会讨论通过，同年11月北洋政府教育部公布的《学校系统改革令》在最后一条规定："对于精神上或身体上有缺陷者，应施以相当之特种教育。"

第三，对特殊教育学校的管理和教师的任教资格和待遇作了规定。1916年10月修正的教育部《国民学校令施行细则》中规定："盲哑学校及其他类于国民学校之各种学校，得置校长。"盲哑学校的教员"须有国民学校教员之资格，或经验定合格者充之""其校长教员之俸额及其他给与诸费，县知事依照国民学校教员之规定，参酌地方情形定之"。

考察中国近代、现代教育史可以看出，从清末民初"废科举、兴学堂"为标志的新教育制度创建时起，特殊教育从规定上已被纳入国民初等、中等教育体系。但盲哑学校属于社会教育，身心发展有缺陷的，或有情绪和行为问题的特殊儿童一般都被排斥在普通学校之外。尤其是国民党政府统治期间，一再宣称"国民受义务教育，概免纳费"，"义务教育之学年，至少以6年为限"。并对特殊教育偶尔也作出指示，如1931年8月，教育部指令江苏省教育厅："肢体残废之儿童，在近地未有相当之特殊学校以前，应准依照程度入一般学校肄业。至体育功课，除应令于可能范围内尽量参加外，特准变通办理，由校长酌予免除，或另以他种作业代之。"但是在旧中国的社会历史条件下，实施全体国民的义务教育的目标是不可能达到的。所以，直到中华人民共和国成立前夕，全国盲、聋学校仅有40余所，在校学生2000余人的落后状况是必然的。

第二节　中华人民共和国成立后的特殊教育立法

一、中华人民共和国成立至20世纪70年代后期的特殊教育立法

中华人民共和国成立后，人民政府立即着手对包括特殊教育在内的旧教育进行社会主义改造，并开始创立新的教育体系。

1951年10月，中央人民政府政务院颁发《关于改革学制的决定》，这是中华人民共和国成立后人民政府对发展特殊教育事业的第一个重要法规。我国特殊教育由此成为社会主义教育事业的一个组成部分。

此后，一直到20世纪70年代后期，我国特殊教育的主要类型是盲童和聋童教育。针对这两类特殊教育，教育部颁布过许多决定、指示以及教学计划。其中最重要的是1957年4月发布的《中华人民共和国教育部办好盲童学校、聋哑学校的几点指示》。发布这一文件的历史背景是：中华人民共和国成立后短短几年，盲、聋教育一方面有了发展，入学的学生数量明显增加；另一方面国家基础还很薄弱，新的教育制度还未建立起来，特殊儿童的入学要求还不能得到充分满足。因此，为了使盲、聋教育有计划地发展，教育部对盲校、聋校的基本任务、当时的工作方针和主要工作做出了详细的指示。例如，规定"我国盲童学校、聋哑学校的基本任务是：培养盲童和听障儿童具有一定的文化科学知识，掌握一定的职业劳动，并具有共产主义的道德品质，使他们成为积极的自觉的社会主义的建设者和保卫者"。这一阐述，是党的教育方针在特殊教育领域贯彻执行的具体体现，明确了特殊教育的性质。

对于盲校和聋校教学工作，教育部先后颁布过3个教学计划，即1955年9月发出的《1955年小学教学计划在盲童学校中如何变通执行的指示》，1956年6月发出的《关于聋哑学校使用手势教学的班级的学制和教学计划问题的指示》，1957年4月发出的《关于聋哑学校口语教学班级教学计划(草案)的通知》。此外，1955年9月教育部通过上海市教育局

转告上海盲童学校试行《盲童学校教学计划(草案)》，1960年和1961年，还拟订过盲童学校和聋哑学校教学计划的修订初稿，但未正式颁布。这些文件的制定和颁布，使特殊教育从开始起步就走上了科学化、规范化的道路，保证了特殊学校教学工作的健康发展。

二、改革开放时期的特殊教育立法

1978年，中国共产党十一届三中全会确定以经济建设为中心，坚持四项基本原则，坚持改革开放的基本路线以后，教育被作为重点发展的战略任务之一，特殊教育事业也随之进入了新的发展阶段。

1982—1992年，党中央对特殊教育工作提出了一系列要求，全国人大、国务院及其所属国家机关制定颁布了一系列法律法规(见表10-1)。自此，我国特殊教育走上了法制化轨道。

表10-1 相关法律法规

颁布时间	文件、法规名称
1982年12月	《中华人民共和国宪法》第四十五条
1985年5月	《中共中央关于教育体制改革的决定》
1986年4月	《中华人民共和国义务教育法》第九条
1986年9月	《中共中央关于社会主义精神文明建设指导方针》
1986年11月	国家教委等部门《关于实施〈义务教育法〉若干问题的建议》
1988年9月	国家计委等部门《中国残疾人事业五年工作纲要(1988—1992年)》
1989年5月	国家教委等部门《关于发展特殊教育的若干意见》
1990年12月	《中华人民共和国残疾人保障法》
1991年5月	国务院《关于贯彻实施〈中华人民共和国残疾人保障法〉的通知》
1991年7月	国家教委等部门《关于切实做好"八五"期间残疾人教育工作的通知》
1991年12月	国家计委等部门《中国残疾人事业"八五"计划纲要(1991—1995年)》
1992年3月	国家教委《中华人民共和国义务教育法实施细则》
1992年5月	国家教委等部门《全国残疾儿童少年义务教育"八五"实施方案》

《中华人民共和国宪法》第四十五条规定："国家和社会帮助安排盲、聋、哑和其他有残疾的公民的劳动、生活和教育。"在国家的根本大法中写入残疾人教育问题，在我国是空前的，在世界上也是少有的。

《中华人民共和国义务教育法》第九条规定："地方各级人民政府为盲、聋、哑和弱智的儿童、少年举办特殊教育学校(班)。"，"国家鼓励企业、事业单位和其他社会力量，在当地人民政府的统一管理下，按照国家规定的基本要求，举办本法规定的各类学校"。为贯彻实施《中华人民共和国义务教育法》，国家教委等部门在1986年提出的《关于实施〈义务教育法〉若干问题的建议》中，专门提到残疾儿童义务教育的问题。其中指出："各级人民政府在实施义务教育的过程中，应当重视盲、听障人士、弱智等残疾儿童的义务教育，有计划、有步骤地解决残疾儿童的入学问题。"1992年，国家教委颁发的《中华人民共和国义务教育法实施细则》，对残疾儿童义务教育实施中的具体事项作出正式的专门的规定。其中，规定"盲、听障人士、弱智儿童和少年接受义务教育的入学年龄和在校年龄可适当放宽"。承担实施义务教育任务的学校中包括"盲童学校，聋哑学校，弱智儿童辅读学校(班)，工读学校等"，"盲童学校(班)的设置，由省级或者设区的市级人民政府统筹安排。聋哑学校(班)和弱智儿童辅读学校(班)的设置，由设区的市级或者县级人民政府统筹安排"，"盲、听障人士、弱智儿童学校的师资，由省级人民政府根据实际情况组织培养"。《中华人民共和国义务教育法》的颁布实施，不但明确了特殊儿童少年的教育是义务教育的一部分，而且使特殊教育的发展与整个教育事业的发展相协调。

1990年12月，《中华人民共和国残疾人保障法》的颁布实施，更是我国残疾人事业和特殊教育史上的一件大事。《残疾人保障法》规定"国家保障残疾人受教育的权利"。"各级人民政府应当将残疾人教育作为国家教育事业的组成部分，统一规划，加强领导"。"国家、社会、学校和家庭对残疾儿童、少年实施义务教育"。这个法律针对残疾人特点施教、特殊教育的发展方针、办学渠道、教育方式、成人教育、师资培养、辅助手段等都有明确的规定。在《残疾人保障法》正式实施之际，国务院发出专门通知，要求各级教育部门"把残疾儿童少年教育切实纳入义务教育的工作轨道，统一规划、统一领导、统一部署、统一检查……"。

1987年，全国残疾人抽样调查结果显示，我国有5164万残疾人。面对这一严峻现实，国家有关部委和中国残疾人联合会很快制定出《中国残疾人事业五年工作纲要(1988—1992年)》，对包括残疾人教育在内的残疾人事业作出全面部署，成为指导残疾人工作的行动纲领。这一纲要要求："各级政府要健全残疾人教育的职能管理机构，充实工作人员，制定中长期规划和年度计划，采取切实有力的措施，在宣布普及初等教育的地区，应使适龄的残疾少年儿童全部入学；尚未普及义务教育的地区，要努力提高残疾少年儿童的入学率。"

1989年5月，国务院办公厅向各地转发经国务院批准的《关于发展特殊教育的若干意见》。这一重要文件就我国特殊教育的方针和政策、目标与任务、领导与管理，提出了22条意见，可以说它是专门指导残疾人教育事业的纲领性文件。这一文件全面阐述特殊教育的重要地位，指出："发展特殊教育，是提高残疾人素质的根本途径，是社会主义人道主义的具体体现，它对促进残疾人自强自立，平等参与社会生活，从而成为社会主义建设的参加者具有重要作用。"

1991年7月，国务院批准召开残疾人工作会议，总结和检查1988—1991年执行《中国残疾人事业五年工作纲要》的情况，研究部署"八五"期间残疾人工作的总体安排。会议听取并一致同意国家教委关于残疾人教育事业进展和"八五"期间主要任务的报告。会后，国家教委等部门联合发出《关于切实做好"八五"期间残疾人教育工作的通知》。这一文件的主要内容在《全国残疾儿童少年义务教育"八五"实施方案》中都反映出来了。

1991年年底，国务院又批准了国家计委等16个部门依据《国民经济和社会发展十年规划和第八个五年计划纲要》所制定的《中国残疾人事业"八五"计划纲要(1991—1995年)》。这个新的五年"计划纲要"，是前一个"五年工作纲要"的继续，并将前一个"五年工作纲要"后两年的任务纳入其中。新的"计划纲要"确定"八五"计划期间残疾人工作总目标之一，是使"残疾人接受康复、教育、医疗保险的人数增加"，并对特殊教育提出了各方面的具体要求。为此，国家教委和中国残联制定了与之相配套的《全国残疾儿童少年义务教育"八五"实施方案》并于1992年5月颁发各地执行。

1994年8月23日，国务院第161号令发布《残疾人教育条例》，共9章52条。这是与《中华人民共和国残疾人保障法》相配套的我国第一部有关残疾人教育的专项行政法规，也是我国教育法规体系的组成部分。

此外，还有涉及保障残疾儿童受教育权利的国家法律、法规，以及《中华人民共和国未成年人保护法》《90年代中国儿童发展规划纲要》等。

这十年，我国特殊教育立法速度之快，内容之广泛是前所未有的。这充分体现出党和政府对特殊教育事业的高度重视。中共中央在1985年5月做出的《关于教育体制改革的决定》就要求"在实行九年义务教育的同时，还要努力发展幼儿教育，发展盲、聋、哑、残人和弱智儿童的特殊教育"。次年9月，中共中央《关于社会主义精神文明建设指导方针的决议》中指出："在社会公共生活中，要大力发扬社会主义人道主义精神，尊重人，关心人，特别要注意保护儿童……关心帮助鳏寡孤独和残疾人。""教育科学文化既是物质文明建设的重要条件，也是提高人民群众思想道德觉悟水平的重要条件……国家要从政策上、资金上保证这些事业的发展，并且鼓励社会各方面力量支持这些事业"。应该说，特殊教育的所有法律法规都是党的方针政策的贯彻和体现。

根据国家的法律，我国一些地方的人民代表大会和政府也相继颁布了有关特殊教育的地方性法规，如《北京市特殊教育事业发展规划》《上海市未成年人保护法》等。

第三节　有关特殊义务教育的若干法规内容

在有关特殊教育的一系列法律、法规中，有专门针对特殊义务教育的规定。这些规定的内容主要涉及以下几个方面。

一、关于发展特殊教育的基本方针

我国残疾儿童的数量多，而特殊教育的底子薄。在新的历史时期如何发展特殊教育，需要有一个宏观上的指导方针。经过全国特殊教育工作会议讨论而形成的《关于发展特殊教育的若干意见》提出："发展特殊教育要贯彻普及与提高相结合，以普及为重点的原则。在当前和今后一个时期，发展特殊教育事业的基本方针是：着重抓好初等教育和职业技术教育，积极开展学前教育，逐步发展中等教育和高等教育。"1990年年底颁布的《中华人民共和国残疾人保障法》对特殊教育的发展方针又作了规定："残疾人教育，实行普及与提高相结合，以普及为重点的方针，着重发展义务教育和职业技术教育，积极开展学前教育，逐步发展中高级以上教育。"

两个文件的阐述，精神实质是一致的，但文字表述却有不同："保障法"将"若干意见"中的"发展原则"改为"发展方针"；"初等教育"改为"义务教育"；"逐步发展中等教育和高等教育"改为"逐步发展高级中等以上教育"。这三处主要变化，最关键是前两处，将"普及与提高相结合，以普及为重点"，从"原则"改为"方针"，是把处理普及与提高这二者关系提到了指导全局工作方向性的高度。由于还有相当数量的残疾儿童没有上学，因此，必须以普及为重点，以"义务教育"代替"初等教育"的提法，是一个很重要的改动，它改得好。正是因为这样改动以后，在法律上确立了特殊儿童的义务教育是国家义务教育的一个组成部分，不论何种类型的特殊儿童均应受到义务教育。从而杜绝片面强调特殊教育的特殊性，把特殊教育排除在普及义务教育的工作之外，或者任意缩短特殊儿童受教育年限的错误做法。同时，这一改动也使法律条文保持长期的稳定性。我们知道，初等教育(即小学教育)的年限最长也只能是 6 年，而义务教育的年限则可以随着国力的增强和教育事业的发展而延长。当国民义务教育年限延长时，特殊儿童义务教育的年限自然相应延长，那么出现这种情况也不必再修改条文的用语。由于有了第二处改动，第三处的改动就是必然的了。

发展特殊教育的这一基本方针，体现出对各种层次特殊教育的发展统筹兼顾，全面安排，突出重点，符合国情。特殊儿童少年的小学、初中义务教育普及面广、教育质量高的话，既能弥补特殊儿童学前教育的不足，也能为高中乃至大学教育的实施打下基础。

二、关于特殊义务教育的发展指标

随着对我国特殊教育现状和办学规律性认识的不断深化，陆续颁布的法规文件对特殊义务教育发展指标的提法，也在发生变化。

基于 20 世纪 80 年代初，我国盲、聋特殊学校在校生数量仅占学龄盲童和聋童总数的 6%，《中国残疾人事业五年工作纲要(1988—1992 年)》首次提出"今后五年，要采取多种措施，使盲童、聋童入学率从现在的不足 6%，分别提高到 10%和 15%，弱智儿童入学率要有大幅度提高；发达地区的残疾儿童的入学率应有更大的提高"这个发展指标，未将在普通学校就学的特殊儿童计算在内。

而 1987 年我国残疾人抽样调查结果显示，6~14 岁残疾儿童在特殊学校学习的占 1%，在普通学校学习的占 54%，两项合计，残疾儿童的入学率应为 55%。1989 年发布的《关于发展特殊教育的若干意见》对特殊义务教育的发展指标作了调整："大、中城市和经济、文化比较发达的沿海地区，以及经济、文化中等发达地区中经济条件较好的县(市)，到'八五'的最后一年，盲、聋和轻度的弱智学龄儿童入学率达到 70%以上。'九五'期间，在继续发展、巩固、提高初等教育的基础上，使初级中等以上的残疾人教育有适当的发展"。"经济、文化中等发达地区中的一般县(市)，到 2000 年，盲、聋、轻度弱智学龄儿童入学率达到 50%左右，并创造条件发展初级中等以上教育"。"经济、文化不发达的地区，在普及初等教育的进程中，要积极创造条件，发展残疾少年儿童的教育"。这一文件提出的发展指标，仍然没有将在普通学校学习的残疾儿童少年包括在内。

在 1991 年发布的《关于切实做好"八五"期间残疾人教育工作的通知》和《中国残疾人事业"八五"计划纲要(1991—1995 年)》中，作了重要修改，按"可以接受普通教育"或"需要接受特殊教育"的两种不同受教育方式，分别提出发展指标："'八五'计划期间，使可以接受普通教育的残疾儿童、少年与当地其他儿童、少年的义务教育水平同步；使需要接受特殊教育的视力、听力、言语和智力残疾儿童、少年的初等义务教育入学率，在城市和发达和比较发达的地区达到 60%左右，中等发达地区达到 30%左右，困难地区有较大提高。"

1992 年发布的《全国残疾儿童少年义务教育"八五"实施方案》，又将上述要求进一步具体化。提出：(一)普通教育，各普通学校必须依照《中华人民共和国残疾人保障法》的规定，招收可以接受普通教育的残疾儿童、少年入学。(二)特殊教育"八五"期间，依照各地经济发展水平，普及初等教育和残疾儿童、少年教育的状况，应使视力、听力、语言和智力残疾儿童、少年初等教育的入学率分别达到：①北京、天津、上海和计划单列市为80%。②江苏、山东、辽宁、浙江、黑龙江、吉林、广东等省和其他省、自治区的经济比较发达的地区以及所有城市(地级市)为60%左右。③河北、湖北、湖南、河南、安徽、福建、江西、海南、四川、山西、陕西等省为30%。④广西、贵州、云南、内蒙古、宁夏、甘肃、青海、新疆、西藏等省、自治区应制定各自的指标，在现有的基础上，有较大的提高。

从发展指标的变化过程可以看出，指标越来越具体化，与每个省、自治区、直辖市的实际情况结合在一起；指标越来越符合特殊教育的办学规律，它不仅针对特殊学校、特殊班的办学形式，还对随班就读的办学形式提出了要求。这里还应该强调一点，即特殊教育的发展方针和发展指标是相互关联，但又有区别的。发展方针将义务教育作为重点抓的工作之一，而发展指标主要针对初等教育阶段。这就是说，普及义务教育是我们达到的目标，但最终达到这个目标需要我们一步步地努力。从现在特殊教育的国情来讲，在全国范围首先要实现普及初等教育的第一步目标，然后再向普及中等义务教育的第二目标迈进。当然，在特殊教育基础较好，并已实现第一步目标的地方，完全可以提前实现普及九年特殊义务教育的目标。

三、关于特殊学校(班)的教学工作

特殊学校(班)担负着普及义务教育的任务。20世纪50年代初，教育部原就设立了盲聋哑教育处，现在是特殊教育处，负责领导和实施全国的特殊义务教育工作。国家教委对各类特殊学校(班)的教学工作颁发过一系列文件，具体内容如下所述。

(一)听力残疾教育方面

1984年7月，教育部颁布了《全日制八年制聋哑学校教学计划(征求意见稿)》和《全日制六年制聋哑学校教学计划(征求意见稿)》。1993年10月，颁发《全日制聋校课程计划》。课程计划对聋校的性质、培养目标、学制、课程设置等作出了详细的规定。根据课程计划，国家组织编写各科课程的教学大纲和教材。

(二)视力残疾教育方面

长期以来，我国盲校主要参照普通学校的教学计划和教学大纲、教材来进行教学。教委在1993年年底，按九年义务教育的要求颁发《全日制盲校课程计划》，对盲校的性质、培养目标、学制、课程设置等作出了明确的规定。

针对盲童与低视力儿童实行分类教学，1990年3月，国家教委发出《印发〈对低视力生实行分类教学的工作汇报〉等材料的通知》，以推动全国盲校分类教学实验的开展。

(三)智力落后教育方面

我国智力落后儿童教育的历史短，发展却非常迅速，而且从一开始就走上了正规化建设的道路。1987年12月，国家教委下发了《全日制弱智学校(班)教学计划(征求意见稿)》，规定了培养目标和任务、学制、招生对象及办法、教学组织形式、课程设置等。1989年，又制定出七科课程的教学大纲，并编写出专用教材。

(四)特殊语言交际手段方面

听觉和视觉缺陷,使聋童和盲童需要有自己特殊的语言交际手段——手语和盲文。为此,国家一直在抓全国统一的通用手语和盲文点字及数理化、音乐盲文符号的制定和改革工作。

1959—1991年,国家有关部委就聋人使用的"汉语手指字母方案"和"通用手语"的制定、实验工作发出过7个文件。并在1963年12月底正式公布施行《汉语手指字母方案》,在1991年10月发出《关于在全国推广应用〈中国手语〉的通知》,要求"聋校教职工在教学过程中使用手语时应使用《中国手语》"。

当我国汉语拼音方案公布不久,1959年7月教育部原即发出《关于各类盲人教育使用盲字的通知》,指出"盲人使用的盲字应当和健全人使用的汉语拼音方案取得一致,这是盲字改革的方向,是符合盲人长远利益的",并要求"所有盲童学校……用新盲字进行教学"。1960年8月,教育部、内务部关于部分地区和学校实验汉语拼音(双拼)盲字方案的联合通知。之后,国家又组织进行带调双拼盲字的实验,审定了全国统一的音乐、数学、物理、化学的符号。

(五)特殊学校教学仪器配置方面

教学仪器的配置,是特殊学校教学工作必不可少的硬件建设。根据九年制义务教育的要求和各类特殊学校教学计划的课程设置,国家教委于1992年1月下发了《全日制盲校教学仪器配备目录(试行草案)》《全日制聋校教学仪器配备目录(试行草案)》文件。这些目录列举了各类特殊学校各科教学所需要的基本教学仪器和选配仪器的种类和数量,作为特殊学校配备教学仪器的指导书。这是我国特殊教育在正规化建设上又迈出的一步。

四、关于特殊学校的办学经费

与普通教育相比,特殊学校办学经费的相对数量要少得多。但是由于要采用许多专用设备才能实施特殊教育,一所特殊学校与一所同等规模的普通学校相比,其所需办学经费的绝对数量要多得多。这是由特殊教育的特殊性所决定的。

早在1956年11月,教育部原就发出过《关于盲童学校、聋哑学校经费问题的通知》,提出"教学行政费:盲童学校、聋哑学校小学班的定额标准,以班为单位计算,应比当地普通小学的定额标准增加1到3倍,初中班的定额标准应相当于当地初级中学的定额标准"。"一般设备费:盲童学校、聋哑学校(包括初中班)中住宿生的定额标准应相当于当地中等师范学校的定额标准,非住宿生可相当于当地初级中学的定额标准,初中班应相当于当地中级师范学校的标准"等。

为了扶持各地特殊教育的发展,国家从1989年起每年设立2000多万元的特殊教育补助费。用于补助新建或由普通学校改办的各类残疾儿童学校,为扩大招生规模而改建的残疾少年儿童学校,普通小学附设的残疾少年儿童班的基建费或设备购置费,残疾少年儿童学校统编教材编写费,残疾儿童早期教育机构(包括民政部门办的儿童福利机构中残疾儿童教育部分)的教学设备补助费等多方面开支。除中央设立了这笔特殊教育专项补助费,各省、自治区、直辖市也按国务院的要求,在地方财政中相应设立特殊教育补助费,如山东每年

230万元，辽宁每年200万元，江苏每年170万元，河南每年130万元……特殊教育专项补助费的设立，不仅缓解了普及特殊义务教育所需经费不足的矛盾，也唤起了社会各界对特殊教育工作的重视。

五、关于特殊教育教师的待遇

教育残疾学生是一项非常艰巨、辛苦的工作。特殊教育教师为此要付出极大的心血，同时，还要与歧视残疾学生及其特殊教育工作的世俗偏见做斗争。为表示对特殊教育教师的尊重，国家决定从1956年起"对于盲聋哑中小学的员工，除按中、小学工资标准分别评定外，对教员、校长、教导主任还应按评定之等级工资，另外加发15%，以表示鼓励"。1985年，国务院工资制度改革小组，原劳动人事部在有关通知中重申："盲聋哑学校的教师(包括校长、教导主任等)，可按原规定发给本人基础工资加职务工资之和的15%的补贴费。弱智儿童学校的教师也可按此规定执行。"1989年3月，原劳动部、财政部发出专函，规定盲、听障人士、弱智等特殊学校的"其他在编正式职工也可按此办法发给相当本人工资15%的特教补贴费"。这样，所有在特殊学校工作的正式教职员工都享受到特殊教育的补贴。各地对普通学校特殊班的兼职教师、负责残疾学生随班就读教学工作的教师，也在工作量和酬金上给予适当补贴。给特殊教育教师特教补贴费，已经写入《中华人民共和国残疾人保障法》。

1991年，山西省、北京市政府决定，将当地特殊教育教师享受的特教补贴费标准从15%提高到25%。鉴于特殊学校(班)教职员工一退休就不再享受特教补贴的情况，黑龙江省人大常委会在有关文件中决定该省"从事特殊教育工作满25年并在特殊教育岗位上退休的，其特殊教育津贴计入基本工资"。这些地方对特殊教育教职工的鼓励政策，较之中央的政策更为优惠。特殊教育补贴费的发放，是对从事特殊教育工作者所付出的艰辛劳动的承认和尊重，也激励了教职工献身于残疾儿童的教育工作。

第四节 关于学前特殊教育的法律条例

一、《中华人民共和国残疾人教育条例》

(一)学前教育

残疾幼儿的学前教育主要通过以下机构实施。
(1) 残疾幼儿教育机构。
(2) 普通幼儿教育机构。
(3) 残疾儿童福利机构。
(4) 残疾儿童康复机构。
(5) 普通小学的学前班和残疾儿童、少年特殊教育学校的学前班。

残疾儿童家庭应当对残疾儿童实施学前教育。残疾幼儿的教育应当与保育、康复结合实施。卫生保健机构、残疾幼儿的学前教育机构和家庭，应当注重对残疾幼儿的早期发现、早期康复和早期教育。卫生保健机构、残疾幼儿的学前教育机构应当就残疾幼儿的早期发现、早期康复和早期教育提供咨询、指导。

(二)义务教育(学前教育发展趋势)

地方各级人民政府应当将残疾儿童、少年实行义务教育纳入当地义务教育发展规划并统筹安排实施。

县级以上各级人民政府对实施义务教育的工作进行监督、指导、检查，应当包括对残疾儿童、少年实施义务教育工作的监督、指导、检查。

适龄残疾儿童、少年的父母或者其他监护人，应当依法使其子女或者被监护人接受义务教育。

残疾儿童、少年接受义务教育的入学年龄和年限，应当与当地儿童、少年接受义务教育的入学年龄和年限相同；必要时，其入学年龄和在校年龄可以适当提高。

县级人民政府教育行政部门和卫生行政部门应当组织开展适龄残疾儿童、少年的就学咨询，对其残疾状况进行鉴定，并对其接受教育的形式提出意见。

适龄残疾儿童、少年可以根据条件，通过下列形式接受义务教育。

(1) 在普通学校随班就读。
(2) 在普通学校、儿童福利机构或者其他机构附设的残疾儿童、少年特殊教育班就读。
(3) 在残疾儿童、少年特殊教育学校就读。

地方各级人民政府应当逐步创造条件，对因身体条件不能到学校就读的适龄残疾儿童、少年，采取其他适当形式进行义务教育。

对经济困难的残疾学生，应当酌情减免杂费和其他费用。

残疾儿童、少年特殊教育学校(班)的教育工作，应当坚持思想教育、文化教育、劳动技能教育与身心补偿相结合；并根据学生残疾状况和补偿程度，实施分类教学，有条件的学校实施个别教学。

残疾儿童、少年特殊教育学校(班)的课程计划、教学大纲和教材，应当适合残疾儿童、少年的特点。

残疾儿童、少年特殊教育学校(班)的课程计划和教学大纲由国务院教育行政部门制订；教材由省级以上人民政府教育行政部门审订。

普通学校应当按照国家有关规定招收能适应普通班学习的适龄残疾儿童、少年就读，并根据其学习、康复的特殊需要对其提供帮助。有条件的学校，可以设立专门辅导教室。

县级人民政府教育行政部门应当加强对本行政区域内的残疾儿童、少年随班就读教学工作的指导。

随班就读残疾学生的义务教育，可以适用普通义务教育的课程计划、教学大纲和教材，但是对其学习要求可以有适度弹性。

实施义务教育的残疾儿童、少年特殊教育学校应当根据需要，在适当阶段对残疾学生进行劳动技能教育、职业教育和职业指导。

二、1994年的《残疾人教育条例》的修订

1994年颁布施行的《残疾人教育条例》(以下简称《条例》)对保障残疾人受教育的权利、发展残疾人教育事业发挥了重要作用。随着经济社会发展和教育改革的深入，教育现代化

逐步推进，残疾人教育与其他教育相比还比较薄弱。其主要表现在：残疾人教育理念相对滞后，需要进一步推进融合教育；特殊教育资源不足、分布不均，残疾人入学还存在一定困难；残疾人教育教学规范需要加强，教育质量有待于进一步提升；残疾人教育教师的数量、质量还不能满足残疾人教育发展的需要；对残疾人教育的保障和支持需要加强。为了有效解决这些问题，有必要从残疾人教育的发展目标和理念、入学安排、教学规范、教师队伍建设以及保障和支持等方面对《条例》进行修改、完善。

教育部于2012年12月向国务院报送了《残疾人教育条例(修订草案)(送审稿)》。法制办收到此件后，先后两次书面向有关部门、地方政府、行业协会、部分学校以及专家学者征求意见，并向社会公开征求意见，会同教育部向5省(市)教育行政部门、各级各类学校发放调查问卷，赴浙江、广西、重庆和新疆进行调研，召开地方教育行政部门、特殊教育学校座谈会。在此基础上，法制办会同教育部等有关部门对送审稿反复研究、修改，推出了《残疾人教育条例(修订草案)》。

2017年1月11日，国务院常务会议审议通过了《残疾人教育条例(修订草案)》，2017年2月1日，国务院正式公布《条例》。

这次《条例》修订在思路上主要把握了以下几点：①总结实践经验，将近几年有关促进残疾人教育事业发展的文件中行之有效的政策、措施上升为法律制度。②立足实际情况，推进融合教育，在统筹规划、合理配置特殊教育资源的基础上完善残疾人入学安排，规范教育教学活动，使残疾学生接受与其身心状况相适应的教育。③明确政府责任，加强对残疾人教育的保障和支持。

《条例》根据残疾人教育发展形势变化和实际需求，对残疾人教育事业发展目标和理念进行了调整、规定，即：发展残疾人教育事业应当保障义务教育，着重发展职业教育，积极开展学前教育，逐步发展高级中等以上教育；残疾人教育应当提高教育质量，积极推进融合教育，优先采取普通教育方式。

为了方便残疾人入学，提高残疾人教育普及程度，《条例》作出以下规定：①政府根据残疾人教育发展的需要，选择部分普通学校建立特殊教育资源教室或者设置特殊教育学校，招收残疾儿童、少年接受义务教育。②残疾儿童、少年按照其接受教育能力，进入普通学校或者特殊教育学校接受义务教育，不能到学校就读的，通过提供送教上门或者远程教育等方式实施义务教育。③扩大职业教育、学前教育招生规模，为残疾人接受非义务教育提供更多机会。

为了强化对教育教学的规范，提升残疾人教育质量，《条例》在规范残疾人教育教学方面采取了相应措施：①义务教育，招收残疾学生的普通学校应当将残疾学生合理编入班级，安排专门从事残疾人教育的教师或者经验丰富的教师承担教育教学工作。教育行政部门支持特殊教育学校建立特殊教育资源中心，在一定区域内提供特殊教育指导和支持服务。②职业教育，残疾人职业教育以提高就业能力为主，培养技术技能人才，并加强对残疾学生的就业指导。③高中以上的教育，教育行政部门以及其他有关部门、学校充分利用现代信息技术，以远程教育等方式为残疾人接受成人高等教育、高等教育自学考试等提供便利和帮助。

为了提高残疾人教育教师专业水平，加强教师队伍建设，《条例》也做了规定：①明确任职特殊要求。专门从事残疾人教育工作的特殊教育教师，不是特殊教育专业毕业的，按照教师法的规定取得教师资格后，还应当经省级教育行政部门组织的特殊教育专业培训并考核合格。②合理配置教师。教育行政部门应当会同有关部门在核定的编制总额内，为特殊教育学校配备承担教学、康复等工作的特殊教育教师，在指定招收残疾学生的普通学校设置特殊教育教师等专职岗位。③提高待遇。特殊教育教师和其他从事特殊教育的相关专业人员根据国家有关规定享受特殊岗位补助津贴及其他待遇，普通学校的教师承担残疾学生随班就读教学、管理工作的，应当将其承担的残疾学生教学、管理工作纳入其绩效考核内容，并作为核定工资待遇和职务评聘的重要依据。

为了加强对残疾人教育的保障和支持，《条例》采取了三个措施：①保障经费投入。残疾人教育所需经费纳入本级政府预算，残疾人就业保障金可以按规定用于特殊教育学校开展职业教育。②加强特殊教育学校建设。政府按照国家有关规定为特殊教育学校配备必要的残疾人教育教学、康复评估和康复训练等仪器设备。③减免费用。学校按照国家有关规定对经济困难的残疾学生减免学费和其他费用，并优先给予补助。

三、修订后的《残疾人教育条例》之亮点

修订后的《残疾人教育条例》强调保障教育机会平等、积极推进融合教育、加强对残疾人教育的支持保障，体现了对残疾人平等受教育权的尊重。可以说凸显了以下三大亮点。

(一)保障教育机会平等

盲人姑娘董丽娜2011年两次报名参加北京高等教育自学考试均遭拒绝一事，曾引发了社会的广泛关注。

公平是对残疾人最大的尊重，而教育公平是社会公平的基础一环。

如何保障我国8500万残疾人平等接受教育的机会？修订后的《残疾人教育条例》提出："学前教育机构、各级各类学校及其他教育机构应当依照本条例以及国家有关法律、法规的规定，实施残疾人教育；对符合法律、法规规定条件的残疾人申请入学，不得拒绝招收。""残疾人家庭应当帮助残疾人接受教育"。"残疾人参加国家教育考试，需要必要支持条件"。

为了方便残疾人入学，提高残疾人教育普及程度，修订后的条例还作出了多项规定：县级以上地方人民政府应当根据残疾人教育发展的需要统筹规划、合理布局，设置特殊教育学校，并按照国家有关规定配备必要的残疾人教育教学、康复评估和康复训练等仪器设备；适龄残疾儿童、少年需要专人护理，不能到学校就读的，由县级人民政府教育行政部门统筹安排，通过提供送教上门或者远程教育等方式实施义务教育，并纳入学籍管理。

对于《条例》的这些明确要求，中国人民大学法学院教授丁相顺认为，此次条例的修订，是我国积极履行联合国《残疾人权利公约》义务、保障残疾人受教育权的又一具体举措，标志着中国与国际公约相衔接的残疾人法律体系的进一步完善，在我国残疾人教育发展历史上具有里程碑式的重要意义。

(二)积极推进融合教育

华东师范大学教育学部教授汪海萍说："融合取向是这次条例修改体现的一大亮点。"修订后的《条例》提出"积极推进融合教育""优先采取普通教育方式"，进一步明确了

我国残疾人教育的发展方向。

融合教育是指将对残疾学生的教育最大限度地融入普通教育。这一理念在修订后的《条例》中贯彻始终，部分相关内容如下所述。

"适龄残疾儿童、少年能够适应普通学校学习生活、接受普通教育的，依照《中华人民共和国义务教育法》的规定就近到普通学校入学接受义务教育。"

"在特殊教育学校学习的残疾儿童、少年，经教育、康复训练，能够接受普通教育的，学校可以建议残疾儿童、少年的父母或者其他监护人将其转入或者升入普通学校接受义务教育。"

融合教育也需要条件的支持。《条例》提出，适龄残疾儿童、少年能够接受普通教育，但是学习生活需要特别支持的，根据身体状况就近到县级人民政府教育行政部门在一定区域内指定的具备相应资源、条件的普通学校入学接受义务教育。适龄残疾儿童、少年不能接受普通教育的，由县级人民政府教育行政部门统筹安排进入特殊教育学校接受义务教育。

(三) 加强政策支持保障

在总结我国特殊教育发展政策和实践经验的基础上，修订后的《条例》进一步明确了各级政府和有关部门发展残疾人教育的职责，对残疾人教育的入学安排、教育教学活动、资源配置、师资配备和经费保障等作了明确规定。

国务院法制办有关负责人介绍，为了加强对残疾人教育的保障和支持，修订后的《条例》作出了三方面的规定：一是保障经费投入。残疾人教育所需经费纳入本级政府预算，残疾人就业保障金可以按规定用于特殊教育学校开展职业教育；二是加强特殊教育学校建设。政府按照国家有关规定为特殊教育学校配备必要的残疾人教育教学、康复评估和康复训练等仪器设备；三是减免费用。学校按照国家有关规定对经济困难的残疾学生减免学费和其他费用，并优先给予补助。

中国残联教育就业部副主任李东梅说："这次《条例》的修订，是送给千千万万残疾人及其家庭的一份实实在在的新年大礼。"《条例》的修订和实施，为残疾人教育事业提供了更加坚实有力的法治保障，必将推动残疾人教育取得更大发展，进一步促进教育公平。

🔖 拓展阅读

《中华人民共和国残疾人教育条例》全文扫描右侧二维码。

《中华人民共和国残疾人教育条例》全文.docx

四、第一期特殊教育提升计划

2014年1月8日，国务院办公厅转发了"第一期特殊教育提升计划(2014—2016年)"，明确了近阶段我国特殊教育事业发展的目标与任务，指明了特殊教育事业发展的方向，对未来三年全国特殊教育工作进行了全面的部署。第一期特殊教育提升计划是中华人民共和国成立以来，最清晰地推出我国特殊教育发展的总体思路和推进策略的文件，是落实《国家中长期教育改革和发展规划纲要(2010—2020年)》的重要举措。

"第一期特殊教育提升计划(2014—2016年)"实施以来，教育部会同有关部门认真贯彻落实党中央、国务院决策部署，加大力度支持特殊教育，指导各地全面完成一期提升计划各项任务。三年来的实践表明，一期提升计划的实施是卓有成效的，实现了预期的总体目标、完成了六个重点任务：一是残疾儿童少年接受义务教育的人数大幅度增加，从2013年到2016年，特殊学校从1933所增加到2080所，在校接受特殊教育学生人数从36.8万人增加到49.2万人，全国视力、听力、智力三类残疾儿童青少年义务教育入学率达到90%以上。二是初步建立了现代特殊教育的理念，形成"办好特殊教育"的共识，37个国家特殊教育改革实验区共出台了150多份地方性文件，建立了一定发展特殊教育的规章制度，形成了政府主管、部门协作的工作格局。三是特教发展得到了地方政府的高度重视和大力支持。各级政府大幅度地增加了资金投入，无论是特殊学校和实施融合教育普通学校的办学条件明显地得到改善。四是按照教育部颁布的特殊教育师资标准，加强了师资队伍建设和专业人员的培训，基本落实了特殊教师的特教津贴。五是重视特教的内涵发展，通过颁布实施的三类特殊学校义务教育课程标准，提高教育教学质量。六是加强顶层设计，建立完善区域性特殊教育信息平台，全方位推进区域性特殊教育支持保障体系的建设，开始形成了布局合理、学段衔接、普职融通、医教结合、送教上门的特殊教育支持保障体系。

但是，由于我国地域广、人口多、底子薄、区域发展不平衡，仍然存在一些有待于进一步解决的问题，主要是各级政府在发展特殊教育，推动普特融合、普职融合，建立资金投入的长效机制、专业力量薄弱以及特殊教育评估与督导等方面责任还没有完全到位，需要通过实施第二期提升计划来进一步解决。

拓展阅读

"第一期特殊教育提升计划"全文扫描右侧二维码。

"第一期特殊教育提升计划"全文.docx

五、第二期特殊教育提升计划

发展特殊教育是推进教育公平、实现教育现代化的重要内容，是坚持以人为本理念、弘扬人道主义精神的重要举措，是保障和改善民生、构建社会主义和谐社会的重要任务。为此，在第一期特殊教育提升计划的基础上，又进行了第二期特殊教育提升计划的实施。

(一)第二期特殊教育提升计划的特点、总体目标与实施要求

为全面贯彻党中央、国务院"办好特殊教育"的要求，先后颁布了新修订的《中华人民共和国残疾人教育条例》和"第二期特殊教育提升计划(2017—2020年)"。如何贯彻实施这两个国家政策法规，进一步加快特殊教育改革发展，开创我国特殊教育事业的新局面，是当前教育界特别关注的问题。

第二期特殊教育提升计划明确地阐述了两期特殊教育提升计划之间的衔接和递进，强调了完善特殊教育体系、康复服务体系、特教发展支持保障体系以及运行机制。与第一期特殊教育提升计划相比，第二期特殊教育提升计划特别增加了发展特殊教育的四项基本原则：一是坚持统筹推进，普特结合。二是坚持尊重差异，多元发展。三是坚持普惠加特惠，特教特办。四是政府主导，多方参与。这四项发展我国特殊教育的基本原则，更加明确体现了现代特殊教育发展的融合教育、因材施教、特教特办和政府主导的发展方向。

以此为总体基调，在制定未来四年特殊教育发展的总体目标中强调了各类特殊教育普

及水平的全面提高，支持保障能力的全面增强，教育质量的全面提升，其中，对残疾儿童少年义务教育入学率要求从第一期的达到 90% 以上提升到 95% 以上，要求非义务教育阶段特殊教育的规模显著扩大。值得指出的是，第二期提升计划中三项重点任务比第一期有明显的递进：一是从提高普及水平到完善特殊教育体系。二是从加强条件保障提高到增强特殊教育保障能力。三是从提升教育教学质量到强调提高特殊教育质量。

第二期特殊教育提升计划提出了六条主要措施：一是提高义务教育的普及水平，要求精准核实未入学适龄儿童少年的数据，通过不同的方式落实"一人一案"，使残疾儿童少年义务教育入学率达到 95% 以上。二是加快包括学前阶段、高中与中等职业教育阶段、高等教育阶段在内非义务教育阶段的教育，加强职业指导，多种形式开展残疾青壮年文盲扫盲工作。三是健全特殊教育经费投入机制，要求在落实义务教育阶段特教学校学生预算内公用均经费 6000 元的基础上，根据招收重度残疾、多重残疾儿童的实际适当增加年度预算，设立特教专项补助资金。四是健全特殊教育专业支撑体系，包括成立残疾人教育专家委员会，健全残疾儿童入学评估机制，建立特殊教育资源中心，加强学校、家庭、社会之间的合作、信息交流和教育资源共享。五是加强专业化特殊教育队伍建设，加大特殊教育专业的招生和专业人才的培养，支持有条件的高校加强学前、高中及职业教育的特教师资培养和各级教师培训，制定特殊学校教职工编制标准，落实特教津贴等工资倾斜政策，改善特殊教育教师的工作与生活环境。六是大力推动特殊教育课程教学改革，依照 2016 年年底新公布的盲、聋和培智学校课程标准编写各科教材，研制多重残疾、自闭症等学生的课程指南，加强学前、高中及职业教育课程资源建设，推行差异教育和个别教学，探索适合残疾学生发展的考试评价体系，保证评价的科学性、规范性和独立性。

（二）贯彻《中华人民共和国残疾人教育条例》，认真实施"第二期特殊教育提升计划"

新修订的《中华人民共和国残疾人教育条例》于 2017 年 1 月 11 日经国务院第 161 次常务会议修订通过、2017 年 5 月 1 日开始施行。新修订的《中华人民共和国残疾人教育条例》在 1994 年颁布的《残疾人教育条例》的基础上进行了大幅的修订与补充。从立法基础、指导思想、法规的权威与修改补充的内容来看，新修订的《中华人民共和国残疾人教育条例》进一步体现了《中华人民共和国教育法》《中华人民共和国义务教育法》和国家有关教育法规的立法精神，是我国残疾人教育与特殊教育发展历史上最全面和具体地指导残疾人教育与特殊教育发展的专项法规。贯彻新修订的《中华人民共和国残疾人教育条例》，将会促进我国特殊教育的内涵发展与普通教育的深化改革。

（1）将特殊教育的发展纳入教育综合改革的范畴，进一步加强国家的顶层设计，理顺各级教育管理部门普特分离的管理机制，通过普通教育的改革来解决随班就读、融合教育和一系列阻碍特殊教育发展的问题，统筹实施特殊教育与普通教育的评估督导。

（2）围绕提高残疾儿童义务教育普及水平这一中心任务来实施第二期特殊教育提升计划。从第一期提升计划确定的三类残疾儿童少年义务教育入学率 90% 的目标，到第二期提升计划确定的各类残疾儿童少年义务教育入学率 95% 的目标，不仅是指标数值提高了，而且普及对象也扩大了，特别是有相当一部分重度残疾和多重残疾儿童，教育难度显著增加，普及任务相当艰巨。因此，我们仍然要将提高残疾儿童义务教育普及水平，作为实施第二期提升计划的重中之重。

（3）应从我国特殊教育发展的实际出发，坚持以随班就读为主体、以特殊教育学校为骨干、以送教上门和远程教育为补充的发展模式。同时，在特殊学校转型的过程中，一定要做好特殊学校的功能转型，千万不能轻易地取消或弱化特殊学校的特教功能和淹没特教资源相对集中的优势。

（4）从随班就读儿童的申报、筛查、鉴定、安置和教育、教学质量的提高这五大环节进行精准监管，尽力将义务教育阶段的融合教育向早期融合教育、高中职业教育和高等教育两头延伸。

（5）按照三类特殊教育学校义务教育课程标准和特殊教育教师专业标准的要求，提高特殊教育的质量，切实解决好特殊教育师生比例失衡、教师编制紧张、专业力量薄弱等严重影响办好特殊教育的问题。

（6）从普特融合的角度，加强顶层设计和统一监管，深化普通学校和特殊学校的改革，加快互接性的功能调整，在素质教育的层面上发挥融合互补，共同营造良好的育人环境，帮助普通儿童和特殊儿童都能在相互尊重、差异认同、自重自信、相互帮助的文明环境中成长，实现普特融合的双赢效应。[1]

总之，必须认真贯彻落实新修订的《中华人民共和国残疾人教育条例》，以务实的态度将第二期特殊教育提升计划抓紧抓实抓好，重点聚焦于残疾人的教育，努力满足残疾儿童少年的发展需要，推动我国特殊教育发展开创新的局面，为人类的科学、文明与进步作出更大的贡献。

拓展阅读

"第二期特殊教育提升计划"全文和《美国特殊教育立法》的具体内容见二维码。

"第二期特殊教育提升计划"全文.docx

美国特殊教育立法.docx

本 章 小 结

本章具体介绍了中华人民共和国成立前和成立后的特殊教育立法概况，也介绍了特殊义务教育的相关法规内容，对政策法规中关于学前特殊教育的条例进行了简要阐述。

《中华人民共和国残疾人保障法》(以下简称《保障法》)于1990年12月28日第7届全国人民代表大会常务委员会第17次会议通过，1990年12月28日中华人民共和国主席令第36号公布，自1991年5月15日起施行。实施后的第三年，1994年《残疾人教育条例》的出台是与《保障法》相配套的第一部有关残疾人教育的专项行政法规。这项法规于2017年进行了重新修订。

为了更好地开展残疾人教育，体现教育公平，国家从2014年起，先后开展了第一期残疾人教育提升计划(2014—2016年)，第二期残疾人教育提升计划(2017—2020年)，并在第二期实施中大力提倡融合教育。

---

[1] 资料来源：尹连春特教工作室(https://www.jianshu.com/p/af1f8c0c68ae)

思考与练习

论述题
1. 简述中华人民共和国成立前的特殊教育立法。
2. 简述中华人民共和国成立后的特殊教育立法。
3. 简述关于特殊教育相关法律法规。
4. 简述学前特殊教育的相关法规。

参 考 文 献

[1] 雷江华. 学前特殊儿童教育[M]. 上海：华中师范大学出版社，2008.
[2] 毛连塭. 特殊儿童教学法[M]. 台北：心理出版社，1999.
[3] 吴春燕. 转变观念——实施全纳教育的前提[J]. 中国特殊教育，2005.
[4] 刘建梅，赵凤兰. 特殊儿童早期训练与指导[M]. 上海：复旦大学出版社，2013.
[5] 刘贤伟. "全纳教育"呼唤中国完善特殊教育政策和教育立法[J]. 中国特殊教育，2007.
[6] 柳树森. 全纳教育导论[M]. 武汉：华中师范大学出版社，2007.
[7] 桂红美. 儿童心理情绪与行为问题临床分析与防治[J]. 科技视界，2013.
[8] 王辉. 情绪与行为问题儿童的心理行为特征及诊断和评估[J]. 现代特殊教育，2008.
[9] 片成男，山本登志哉. 儿童自闭症的历史、现状及其相关研究[J]. 心理发展与教育，1999.
[10] 梁志斌. 自闭症儿童的干预内容与方法[J]. 中国临床康复，2005.
[11] 段云峰. 自闭症的病因和治疗方法[J]. 中国科学生命科学，2015.
[12] 王娟. 关于建立自闭症三级预防体系的思考[J]. 现代特殊教育，2012.
[13] 张巧明，杨广学. 特殊儿童心理与教育[M]. 北京：北京大学出版社，2015.
[14] 代伟. 浅析感觉统合训练在自闭症儿童中的应用[J]. 金田，2014(3).
[15] 刘惠军，李亚莉. 应用行为分析在自闭症儿童康复训练中的应用[J]. 中国特殊教育，2007.
[16] 甘诺. 儿童恐怖与恐怖症的病因及治疗[J]. 中国特殊教育，2002.
[17] 王强虹. 试论蒙台梭利的弱智儿童教育理论与实践[J]. 西南师范大学学报，1997.
[18] 迎杰. 蒙台梭利教育理论在智障儿童教育中的运用[J]. 才智，2013.
[19] 王萍，万超. 学前教育学[M]. 长春：东北师范大学出版社，2014.
[20] 李宏. 奥尔夫音乐教育理念视角下学前儿童家庭音乐教育刍议[J]. 戏剧之家，2014.
[21] 龚红梅. 奥尔夫音乐教育在智障儿童教学中的应用[J]. 艺术教育，2011.
[22] 赵婷. 初探奥尔夫教学法对特殊儿童教育的意义[J]. 创新教育，2013.
[23] 王熠娜. 谈奥尔夫音乐在特殊教育中的治疗作用[J]. 高考(综合版)，2015.
[24] 王和平. 特殊儿童的感觉统合训练[M]. 北京：北京大学出版社，2011.
[25] 张莲华. 感觉统合训练在特殊儿童教育中的实践[J]. 教学文萃，2015.
[26] 李芳芳，杨柳. 沙盘游戏疗法在特殊儿童干预中的应用研究[J]. 绥化学院学报，2015.
[27] 王倩. 游戏治疗与特殊儿童[J]. 现代特殊教育，2007.

附录.docx